MIDDLE EAST WAR
【図解】
中東戦争

■作画　上田 信
■解説　沼田和人

新紀元社

CONTENTS

中東戦争の歴史

イスラエルとパレスチナの間で現在も続く中東のパレスチナ問題。そのパレスチナに関連する前史と、さらに中東戦争からレバノン侵攻までの戦史を解説する。

■前史

地中海の東沿岸に位置し、ユダヤ教、イスラム教、キリスト教の聖地として有名なエルサレムを有するパレスチナ。有史以来、ユダヤ民族、アラブ民族、ローマ帝国、イスラム教国、キリスト教国などがその地の支配を巡って戦乱を繰り返してきた。

紀元前1020年、パレスチナにユダヤ人がイスラエル王国（ヘブライ王国）を建国して以降、同地はアッシリアやバビロニアの支配期を経て、紀元前63年にローマ帝国領になった。この時代にユダヤ人は二度の反乱を起こすが、失敗。それによりユダヤ人の大半は135年、パレスチナの地から追放され、世界へと離散していったのである。

その後、636年にエルイスラム帝国がパレスチナを支配すると、パレスチナ地域でのイスラム化が進むとともにエルサレムを中心にイスラム教、ユダヤ教、キリスト教各徒の共存が始まる。そして11世紀〜13世紀にかけての十字軍とイスラム帝国の戦いを経て、パレスチナは1517年、オスマン帝国領となった。

ローマ帝国によりパレスチナの地を追われて以来、世界各地に定住したユダヤ人は、宗教観の違いなどから長年差別や迫害を受けてきた。19世紀後半になると、特にロシアにおける反ユダヤ主義が激しくなったことから、迫害を逃れて国外へ移住するユダヤ人が増加、その数は1891〜1910年の間に約100万人に達したといわれている。

そうした迫害などに対して、テオドール・ヘルツルなどの有識者によるパレスチナ（イスラエル）への帰還と国家建設を提唱するシオニズム運動が活発化する。そして、1897年8月29日、スイスのバーゼルで「第1回シオニスト会議」が開催された。この会議では、パレスチナへの入植の促進、各国ユダヤ人の組織化と民族意識の強化などを決議し、「バーゼル綱領」として発表された。さらにこれを実行するための機関として「シオニスト機構」（後の世界シオニスト機構）も設立されたことで、ユダヤ人の本格的なパレスチナ移住が動き出したのである。

シオニズム運動に続き、パレスチナに大きな変化をもたらしたのが第一次大戦であった。当時パレスチナを含めた中東地域を治めていたオスマン帝国は戦前にドイツとの秘密同盟を結んでいた関係と、ロシア支配下のトルコ系民族の解放などを目的に、1914年、ドイツの同盟国側として第一次大戦に参戦する。

それに対してイギリスは、ドイツの中東進出を阻止するとともにオスマン帝国が領有する中東の支配権を握るため、中東地域での軍事活動を展開することになった。この中東戦域のパレスチナとシナイ半島方面における作戦に、イギリスはオスマン帝国から独立を求めていたアラブ人の民族主義運動を利用したのである。

イギリスは1915年7月14日、メッカのハーシム家当主のフサイン・イブン・アリーに働きかけ、高等弁務官ヘンリー・マクマホンとフサインとの間で書簡（フサイン＝マクマホン協定）の交換が始めた。1916年3月まで続いたこの書簡交換によって、イギリスはオスマン帝国の支配下にあったアラブ人の独立支持を条件に、アラブ人の武装蜂起によってオスマン帝国を倒す内容で協力を取り付けたのである。この協定に従い、イギリス軍の支援を受けたフサインは1916年6月10日、オスマン帝国に対して蜂起し、戦闘を開始した（アラブ反乱）。

その一方でイギリスは1916年5月16日、サイクス・ピコ協定をフランス、ロシアと秘密裏に締結する。これは第一次大戦後、オスマン帝国領を3カ国で分割統治するという内容であった。さらにイギリスは1917年11月2日、バルフォア宣言を発表する。同宣言は、イギリスが戦争継続のために欧米のユダヤ系資本家から協力を得ることができるよう、シオニズム運動の支持とユダヤ人のパレスチナ居住の支援を表明したものであった。イギリスの採ったこれらの政策は、後に「三枚舌外交」と呼ばれ、パレスチナ問題の原因の一つとなっていく。

アラブ反乱とイギリス軍の作戦によりシナイ半島とパレスチナ地域では1916年12月以降、オスマン軍の敗北が続き、1917年12月9日にイギリスのエルサレム占領に至った。1918年には、中東戦域のコーカサス、ペルシア（現イラン）、メソポタミア（現イラク）などの各戦線でオスマン軍は敗北し、10月30日、ムドロス休戦協定後、オスマン帝国の降伏によって中東地域の戦闘は終了したのである。

■イギリスのパレスチナ統治と内戦

1918年11月、第一次大戦が終結すると、イギリスはサイクス・ピコ協定に基づきシリア南部とメソポタミアを統治下に治めた。パレスチナは、当初フランスとの共同統治地区であったが、

同地を占領していたイギリスは、1920年4月25日から委任統治を始めると、1923年9月29日、国際連盟の委任承認を経て、パレスチナは制式にイギリスの委任統治領となった。この年のパレスチナの人口はアラブ人約61万人、ユダヤ人は約6万人であった。その後、シオニズム運動やバルフォア宣言の他、1933年以降になると、ドイツのヒトラー政権下でのユダヤ人排斥の影響もあって、パレスチナのユダヤ人の人口は1936年に約40万人までに膨らんでいく。

移住したユダヤ人は、パレスチナの都市や農地などの不動産をアラブ人地主から買い上げたため、アラブ人の失業と耕地を失う小作農が増加。また、新たに移住したユダヤ人は、地域社会での融合を避けたことからアラブ人との間に軋轢が生じることになった。

アラブ人のユダヤ人に対する不満は暴動として現れる。委任統治以前から暴動は多発していたが、1936年4月に起きた暴動はパレスチナ・アラブ反乱へと発展する。アラブ系住民のユダヤ人移民に対する不満とイギリスから独立を求めたこの反乱では、アラブ系住民がユダヤ人地区や農園だけでなく、イギリスが管理する鉄道や石油パイプラインを攻撃したことから、イギリスは軍を投入し鎮圧にあたった。1939年9月まで続いたこの反乱は失敗に終わり、イギリス人、ユダヤ人、アラブ人の死者約5700人という被害を出して終結した。

事件後、イギリスはパレスチナへのユダヤ人移民に制限をかけるが、第二次大戦の勃発でパレスチナへの移民は一時減少した。しかし、終戦とともに移民が再び増加すると、アラブ人とユダヤ人の対立激化を防ぐためにイギリスは再びユダヤ人移民を厳しく制限する。すると、今度はユダヤ人の反英活動が活発化することになってしまった。

ユダヤ人のイギリスに対するテロ攻撃は過激の一途をたどり、委任統治政府の施設やインフラの破壊だけでなく、イギリス兵に対するテロなどが多発したのである。

アラブ人とユダヤ人の衝突、そして両者の反英活動の板挟みとなってしまい、打つ手のなくなったイギリスは統治を断念し、パレスチナからの撤収を決定する。こうしてイギリスが放棄したパレスチナ問題の解決は国連が担うこととなった。

イギリスに代わって国連が提示した解決案は、パレスチナをアラブ人とユダヤ人の国家に分割し、エルサレムは国際管理下に置くというものであった。しかしこの案は当時、パレスチナの土地を6%しか所有していなかったユダヤ人に対し、58%の領土を与え、残る43.5%がアラブ国家になるというもので、パレスチナのアラブ人および周辺のアラブ諸国が受け入れるはずもなく、猛反発する。しかし、1947年11月29日、国連総会においてパレスチナ分割案は可決されてしまった。

パレスチナ分割決議が可決された結果、翌日にはパレスチナで、アラブ人のユダヤ人に対するテロ攻撃が始まる。これをきっかけに報復の応酬が続き、暴動は内戦へと拡大していく。パレスチナからの撤収を決めていたイギリスは、この内戦にはほとんど関わろうとせず、様々な問題を抱えたまま、イギリスのパレスチナ委任統治は1948年5月14日に終了したのであった。

■第一次中東戦争

イギリスの委任統治が終了した5月14日、イスラエルは独立を宣言する。このイスラエル建国により、パレスチナのユダヤ人とアラブ人の対立は内戦から周辺各国を巻き込んだ戦争へと発展していくことになる。

イスラエルの建国宣言に対してエジ

プト、レバノン、シリア、イラク、トランスヨルダンは、同日、イスラエルに宣戦を布告し、翌15日にアラブ軍のパレスチナ侵攻によって第一次中東戦争が始まったのである。

戦闘は当初、アラブ軍がエルサレム旧市街地を占領するなど優勢であったが、休戦の間に軍を再編し、態勢を立て直したイスラエルは反攻に移り、被占領地の奪還や占領地域を広げていった。その後、国連の仲介で1949年2月23日、イスラエルとエジプトが休戦協定を締結すると、7月までにイスラエルと参戦各国との間で停戦協定が結ばれ、戦闘は終結した。

この第一次中東戦争において、パレスチナのガザ地区はエジプト領、エルサレム旧市街とヨルダン川西岸地区はトランスヨルダン領となったが、イスラエルはパレスチナの75%におよぶ土地を占領し、領土を拡大したことから、戦いはアラブ側の敗退に終わったのである。また、イスラエル被占領地から逃れたアラブ人からなるパレスチナ難民という問題が新たに発生することになった。

■第二次中東戦争

第二次中東戦争は、王制に不満を持つエジプト軍のガマム・アブドル・ナセル率いる青年将校グループ「自由将校団」が1952年7月23日に起こしたクーデター「エジプト革命」と、王制を倒した後、エジプト共和国の大統領に就任したナセルが、1956年7月26日、スエズ運河の国有化を宣言したことなどを発端に始まった。

この背景には、エジプトのイギリス影響下からの脱却とイスラエルに対抗する軍事力の強化。中東戦争の再発を避けたいイギリス、アメリカ、フランスのエジプトへの軍事援助の中止と、それに伴うエジプトのソ連陣営への接近などが影響していた。

このような複雑な政治状況の中での運河国有化宣言に対して、英仏両国は運河の利権を守るためエジプトに対する軍事介入を計画した。さらにシナイ半島先端部のチラン海峡での船舶の自由航行権を求めていたイスラエルとの利害関係も一致したことから、3カ国による軍事作戦が実行されることになったのである。

戦闘は1956年10月29日、イスラエルの攻撃から始まった。イスラエル軍はシナイ半島をスエズ運河と半島南端方面へと侵攻し、11月5日には英仏両軍がスエズ運河のポートサイドとポートファハドに侵攻して同地を占領するに至った。

しかし、この軍事介入は国際的な非難を浴びることになる。国連も英仏およびイスラエルに対して、即時停戦と占領地域からの撤退を求めた他、米ソの圧力もあり、国連での総会決議が11月2日に可決されると、11月6日に英仏、8日にイスラエルが決議を受諾し停戦する。そして国連はエジプトへ緊急軍を派遣し、英仏軍は11月22日に撤退。イスラエル軍も1957年3月8日、シナイ半島の占領地から完全撤退したのであった。

■第三次中東戦争

第二次中東戦争停戦から1965年までの期間、イスラエルと周辺諸国との緊張関係は収まることはなく、国境地帯では小規模な衝突が続いていた。このような状況において、1964年に結成されたパレスチナ解放機構（PLO）のイスラエルに対するテロ攻撃の活発化（1965年以降）。エジプトとシリアの防衛協定締結（1966年11月）。さらにイスラエル軍がシリア国境に集結しているというソ連からの誤情報によるエジプト軍のシナイ半島への進駐（1967年5月15日）とチラン海峡の封鎖（5月22日）。そしてシリアに続いてエジプト

とヨルダンの防衛協定締結（5月30日）など一連の出来事により、イスラエルとアラブ側の軍事的緊張はより一層高まっていった。

このようなアラブ側の一連の動向に対してイスラエルは1967年6月4日に開戦を決定し、翌5日、空軍の奇襲攻撃によって第三次中東戦争は始まったのである。

イスラエルの航空先制攻撃によりエジプト、シリア、ヨルダンの航空基地と航空機は破壊され、アラブ側は開戦1日目にして制空権を失ってしまう。地上戦においても機甲、機械化旅団を主力とした部隊が機動戦を展開し、イスラエル軍はガザ地区とシナイ半島に展開するエジプト軍を各地で撃破しながら、6月7日にスエズ運河東岸に達した。同時にヨルダン軍に対する攻撃は、ヨルダン川西岸地区において開始され、第一次中東戦争で占領されていたエルサレム旧市街地区を6月7日に奪還するなどの戦果を挙げている。そして6月9日には、シリア軍が守るゴラン高原も攻撃・占領した。

イスラエル軍の奇襲攻撃により総崩れとなったアラブ軍は、まず6月8日、エジプトとヨルダンが停戦し、最後まで抵抗したシリアも6月10日、停戦に応じて戦闘は終了した。

第三次中東戦争は勃発から停戦までの期間が6日間であったことから、「六日戦争」とも呼ばれている。

■消耗戦争

第三次中東戦争停戦後もイスラエルとエジプトの間では散発的ではあるが、衝突が続いていた。そのような状況の中、アラブ側は1967年8月、スーダンのハルツームでアラブ首脳会談を開催する。そして9月1日、参加各国はイスラエルに対する継続的な闘争と「講和、承認、交渉」を拒否するという内容のハルツーム決議を発表した。

イスラエルとエジプトで続く衝突とアラブ首脳会談におけるハルツーム決議を踏まえて、改めてパレスチナ問題の解決を図った国連は、11月22日、安保理決議242号を採択する。この決議は要約すると、イスラエルの占領地からの撤退と引き換えに、アラブ側はイスラエルを認めて共存するという内容である。ただしイスラエルの全占領地からの撤退とパレスチナ難民の対策は曖昧なままであった。しかし、この決議はイスラエルとアラブ側に受け入れられることはなかった。

これらの情勢に対してエジプトでは、失ったシナイ半島を取り戻すため散発的な攻撃を継続して加え、シナイ半島からのイスラエル軍撤退を促す方針を採ることになる。後に消耗戦争と呼ばれるこの戦いは、当初、スエズ運河を挟んだ地帯でのエジプトとイスラエル両軍が互いに砲撃戦やコマンド部隊の攻撃などを繰り返す小規模な戦闘であったが、次第に爆撃や海戦などにエスカレートしていった。そして1969年9月、エジプトが消耗戦争の開始を公式に宣言したことで、準戦争状態となり陸海空での戦いが続いたが、アメリカの仲介によって1970年8月8日に停戦に至った。

また、この時期、イスラエル支配下のパレスチナ解放を訴えて闘争を続けてきたPLOの下部組織、パレスチナ解放人民戦線（PFLP）が1970年9月6日、旅客機同時ハイジャック事件を引き起こした。当時、ヨルダンが受け入れていたパレスチナ人の難民キャンプを拠点にPLOは活動しており、ヨルダン政府は活動の一部を黙認していたが、この事件と、ヨルダン国内で勢力を伸ばすPLOに危機感を持ったヨルダン国王フセイン1世は9月15日、国内からのPLO一掃を指示。翌日、ヨルダン軍の攻撃によりPLOとの間でヨルダン内戦が始まる。戦況はヨルダン軍の優勢の

まま進み、9月19日にはPLO支援のため、シリアがヨルダンに進攻する事態に発展するが（9月23日に撤退）、9月27日、双方の合意により停戦した。そしてPLOは1971年7月23日以降、活動拠点をレバノンへと移したのであった。

■第四次中東戦争

エジプトのナセル大統領の仲介などによりヨルダン内戦は終結に至ったが、休戦翌日の1970年9月28日、心労がたたり、ナセルは心臓発作により急逝する。ナセルの後を継いでエジプト大統領に就任したのが副大統領のアンワル・アッ=サダトである。

サダトは、イスラエルに対する強硬政策を引き継ぎ、第三次中東戦争で失ったシナイ半島を奪還するため、1973年10月6日、エジプトはシリアと共闘してイスラエルへ侵攻を開始。第四次中東戦争が勃発した。この戦いは、ユダヤ教の贖罪日（ヨム・キプール）に開始されたことから「ヨム・キプール戦争」とも呼ばれている。

開戦前に第三次中東戦争で失った兵器をソ連からの援助で回復させ、部隊を再編したエジプト軍は、新型の戦車や航空機、地対空ミサイルなどの兵器を整えて攻撃を開始した。戦闘はエジプト・シリア軍の先制攻撃で始まり、エジプト軍は開戦当日にスエズ運河を渡河して東岸地帯を確保。シリア軍もゴラン高原へ侵攻し、一部の部隊はヨルダン川まで迫る勢いであった。

先制攻撃を受けたイスラエルは、シナイ半島とゴラン高原の二正面作戦を強いられることになり、緒戦において苦戦するが、アメリカからの兵器支援などにより態勢を整え直すと反撃に移り、シナイ半島のエジプト軍の背後を突くため10月15日にはスエズ運河西岸への逆渡河作戦を実施してスエズ運河東岸のエジプト軍を包囲。ゴラン高

原においてもシリア軍に対し反撃を始め形勢を逆転させた。

そのような戦況の中、10月22日に採択された国連安保理の停戦決議とアメリカのキッシンジャー国務長官の仲介により10月23日に停戦が成立。その後、国連は第二次国際連合緊急軍を創設し、10月26日、現地へ到着した第一陣の停戦監視も始まり、第四次中東戦争は終結したのだった。

この戦争では、アラブ石油輸出国機構（OAPEC）がイスラエル支持国への石油禁輸や原油価格を引き上げたことから、第一次オイルショックを引き起こして世界経済に混乱を与えるという副作用も生じさせた。

■中東和平への道

緒戦の勝利を活かすことができず、エジプトはまたもイスラエルに敗れたが、この状況がイスラエルを和平交渉の場に引き出すきっかけとなった。

サダト大統領は、第四次中東戦争前に、エジプトにとって有利な形でイスラエルと和平交渉を模索していた。また、和平の実現は長年続く戦争により疲弊した国内経済の立て直しに必要としたことから、サダトはこれまでの親ソ連から親米路線へと転換し、1977年11月19日にはイスラエルを訪問する。サダトはこの訪問でイスラエルのベギン首相と会談を行い、和平への道を開くことになる。

この後、アメリカのカーター大統領の仲介により、1978年9月17日、アメリカのキャンプデービッドで会談が開催された。サダトとベギンは12日間にわたる協議の結果、「両国間の平和条約の締結交渉の開始」「イスラエル軍のシナイ半島からの完全撤退とエジプトへの返還」「パレスチナの統治についての協議の開始」などの二国間の取り決めに対して合意した。

そして1979年3月26日、アメリカ

のワシントンD.C.において、エジプト・イスラエル平和条約が締結される。イスラエル建国と中東戦争の勃発から31年、アラブ諸国でエジプトが初めてイスラエルと国交を結んだのであった。

■イスラエルのレバノン侵攻

ヨルダン内戦によりその活動拠点をレバノンに移したPLOは、レバノン南部からイスラエル北部に対する攻撃を繰り返していた。攻撃はロケット弾や榴弾砲による砲撃戦などであったが、1982年6月3日、PLOがロンドンでイスラエルの駐英大使の暗殺未遂事件を起こしたことから、イスラエルはレバノン領内のPLO拠点を叩き、レバノンから一掃するために地上部隊の投入を決定する。イスラエル軍のレバノン侵攻は「ガリラヤの平和作戦」と命名され、1982年6月6日に実行された。

イスラエルの当初の目的は、国境沿い40km以内のエリアにあるPLO拠点の制圧であったが、作戦はレバノンの首都ベイルート占領へと拡大していった。そして6月14日、ベイルートの包囲を完了させたイスラエルは、市街戦をなるべく避けるため市街地を砲撃と爆撃により攻撃した。この包囲はアメリカが仲介した和平協定をイスラエル、レバノン、PLOが合意する8月18日まで続いた。そして和平協定に基づき撤退するPLOを監視・監督するため、8月21日以降、フランス軍空挺部隊、アメリカ海兵隊などの国連平和維持軍がレバノンに到着すると、PLOは順次ヨルダン、シリア、チュニジアなどに移動していった。

PLOのレバノン撤退後もベイルートに進駐を続けたイスラエル軍は、2005年に撤収した。しかし、その後も情勢の変化により2006年7月12日、再度レバノンに進攻するなど、イスラエルとパレスチナの問題は21世紀の現在も解決することなく続いている。

第一次大戦以降のパレスチナ/中東問題　関係年表

〔イギリス統治時代〕

1919年	1月2日	「ファイサル・ワイツマン協定」
	18日	パリ講和会議(ヴェルサイユ会議)始まる
	27日	エルサレムで第1回パレスチナ・アラブ議会開催
	4月	第三次アリヤー始まる(1922年まで)
1920年	4月4日	エルサレム暴動。エルサレム旧市街地と周辺地域でイスラム住民がユダヤ人を襲撃
	6月15日	ハガナー創立
	8月10日	連合国とオスマン帝国、講和条約調印(セーヴル条約)
1922年	9月	イギリス、パレスチナ委任統治開始
1926年	3月	レバノン共和国建国
	8月15日	エルサレムの嘆きの壁をめぐりユダヤ人とアラブ人が衝突「嘆きの壁事件」
	8月23日	アラブ人民族主義者によるユダヤ人への攻撃が始まり、内戦が激化
1931年		ユダヤ人武装組織「イルグン・ツヴァイ・レウミ」結成される
1932年	9月23日	サウジアラビア建国
1933年	1月30日	ヒトラー、ドイツ首相就任パレスチナへのドイツ系ユダヤ人移民が急増
	8月1日	ドイツ国内のユダヤ人に対する迫害が始まる
1934年	12月	国民防衛党結成/パレスチナ・アラブ党結成
1935年	3月21日	ペルシア、国名をイランに改称
1936年	4月15日	イギリスの支配とユダヤ人入植に反対するアラブ住民の暴動が激化、パレスチナ独立戦争始まる(1938年まで)
1939年	9月1日	第二次世界大戦勃発
1941年	6月21日	イギリス軍と自由フランス軍がシリアに上陸、ダマスカス占領
1942年	1月20日	ナチス、ヴァンゼー会議においてヨーロッパ・ユダヤ人問題の最終的解決を決議
1944年	9月20日	イギリス陸軍にユダヤ旅団創設
1945年	3月22日	アラブ連盟発足
	4月30日	ヒトラー総統自殺
	5月1日	フランス軍ベイルートに上陸
	7日	ドイツ降伏
	8月31日	ユダヤ抵抗運動設立(ハガナー、エツェル、リーハイ)
	9月2日	第二次世界大戦終結
	10月24日	国際連合設立
1946年	4月17日	シリア共和国独立
		7月22日、ユダヤ人過激派組織「イルグン・ツバイ・レウミ」、イギリス委任統治政府の建物を爆破死者約100人
1947年	2月18日	イギリス、パレスチナの委任統治放棄を宣言
	11月29日	国連、国際連合総会決議181案を決議(パレスチナ分割決議)

〔イスラエル建国以降〕

1948年	3月14日	パレスチナのイギリス委任統治終了英軍はパレスチナから撤退同日、ユダヤ国民評議会が発足
	4月9日	デイル・ヤシーン事件。ユダヤ人武装組織がアラブ人村落のデイル・ヤシーン村を襲撃非武装村民の100余人を虐殺
	5月14日	イスラエル建国宣言。同日アラブ連盟5カ国はイスラエルに宣戦布告。「第一次中東戦争」勃発
	19日	アラブ軍団がエルサレムを包囲。エジプト軍部隊はテル・アビブへ迫る
	28日	アラブ軍、エルサレム旧市街地占領
	31日	イスラエル国防軍設立
	6月11日	国連の仲介により約4週間の休戦(7月8日まで)
	7月9日	戦闘再開。イスラエル軍の機甲部隊がエジプト軍を先制攻撃
	18日	再休戦イスラエル軍はイギリスの圧力を受け国境線まで撤退
	10月16日	シナイ半島ネゲブ砂漠で戦闘再開イスラエル軍が北部のガラリア地方に進出

1949年	2月25日	ダヴィド・ベン=グリオン、イスラエル初代首相に就任
	3月23日	レバノン・イスラエル休戦協定
	4月3日	トランスヨルダン王国・イスラエル休戦協定
	6月1日	ヨルダン・ハシミテ王国(トランスヨルダン王国名改称)、ヨルダン川西岸地区とエルサレム旧市街を領土に入れる
	7月20日	シリア・イスラエル休戦協定。第一次中東戦争停戦
1952年	7月23日	エジプト革命。ファルーク国王退位
	10月22日	イラン、英国と国交断絶
1953年	6月18日	エジプト共和国建国
1954年	10月19日	エジプト・イギリス、スエズ運河地帯からの英軍全面撤兵協定に調印
1956年	6月13日	イギリス軍エジプトからの撤退完了
	7月26日	エジプトがスエズ運河の国有化を宣言
	10月29日	「第二次中東戦争」(スエズ動乱)始まるイスラエル軍、チラン海峡封鎖線を突破しシナイ半島へ進撃
	31日	英仏軍、イスラエル軍を支援しエジプト空軍基地を爆撃エジプト軍シナイ防衛部隊、スエズ運河正面へ撤退
	11月2日	国連緊急総会、停戦決議を採択アメリカがイギリスの国連憲章違反を非難し、軍の撤退を要求
	5日	英仏軍空挺部隊がエジプトのポートサイドとポートファドに降下、翌日陸軍部隊もポートサイド上陸、イスラエル軍はガザとシナイ半島を占領
	6日	第二次中東戦争停戦
	21日	停戦監視のため、第一次国際連合緊急軍(UNEF)がシナイ半島に展開。エジプト・シリア・ヨルダンが軍事同盟締結。ソ連の軍事援助が強化される
	12月22日	英仏軍、エジプトから撤退完了
1957年	1月1日	パレスチナ民族解放運動の政党ファタハ結成
	19日	エジプト、シリア、サウジアラビア、ヨルダンの軍事同盟「アラブ連帯協定」締結
	3月	イスラエル軍、シナイ半島から撤退
1958年	2月1日	「アラブ連合共和国」設立(エジプト/シリア)「アラブ連邦」設立(イラク王国/ヨルダン王国)
	5月10日	レバノン内戦(レバノン危機)始まる(10月25日まで)
	7月15日	アメリカ、レバノン政府保護のため第6艦隊と地上部隊を派兵
1960年	7月26日	イランがイスラエルを承認。アラブ連合はイランと断交
1964年	5月28日	パレスチナ解放機構(PLO=Palestine Liberation Organization)結成
1967年	5月16日	ナセルの要請を受け、第一次国際連合緊急軍がシナイ半島から撤退する
	18日	アラブ連合軍、シナイ半島に進駐
	6月5日	「第三次中東戦争勃発」(六日戦争)同日、アラブ諸国はイスラエルに宣戦布告
	6日	イスラエル軍ガザを占領アラブ連合軍はスエズ運河を封鎖する
	7日	イスラエル軍はシナイ半島を制圧し、東エルサレムの全域を確保。ヨルダンが停戦を受諾
	8日	アラブ連合が停戦を受諾。イスラエル軍はヨルダン川西岸全域を占領、シリア領ゴラン高原に進出
	10日	シリア・イスラエルが停戦し、第三次中東戦争停戦
	28日	イスラエル軍がエルサレム全市を掌握
	7月14日	国連緊急総会、イスラエルのエルサレム併合撤回案を採択
	10月21日	エジプト海軍ミサイル艇、対艦ミサイルを使用してイスラエル駆逐艦を撃沈(「エイラート事件」)
	11月22日	国連、イギリス提案の中東問題に関する国連安保理決議242号を採択。アラブ側は決議をボイコット
	12月	パレスチナ解放人民戦線(PFLP=Popular Front for the Liberation of Palestine)創設
1968年	7月23日	PFLPがハイジャック作戦を開始。ローマ発テルアビブ行きのエルアル機がハイジャックされアルジェリアに強制着陸。その後、民間航空機のハイジャック事件が多発する

	9月8日	イスラエルとアラブ連合共和国間で、消耗戦争始まる（70年8月8日まで）
1969年	2月4日	ヤーセル・アラファト、PLO執行委員会議長に就任
	7月3日	国連緊急安保理事会、イスラエル非難決議案を採択 イスラエルは決議受け入れを拒否
	9月9日	イスラエル軍、エジプト領ザファラナに上陸
	10月22日	レバノン政府軍とパレスチナ・ゲリラが最初の武力衝突
	11月2日	レバノン左派・PLO、レバノン国内におけるPLOの自治とイスラエルに対する武装闘争の権利承認で合意 「カイロ秘密協定」が成立
1970年	7月30日	ソ連軍のMiG-21とイスラエル軍のファントム戦闘機、エジプト上空で空中戦。MiG戦闘機5機が撃墜される
1972年	5月30日	日本赤軍3人がテルアビブのロッド空港（現ベン・グリオン国際空港）で自動小銃を乱射。死者24人、重軽症者78人
	9月5日	パレスチナ武装組織「黒い9月」、ミュンヘン・オリンピックの選手村を襲撃。人質のイスラエル選手やコーチ11人が殺害される。武装組織側はミュンヘン空港で西ドイツ警察との銃撃戦により5人が死亡
	8日	イスラエル、ミュンヘン・オリンピック事件の報復として、シリアとレバノンのPLO基地を爆撃
	16日	イスラエル軍地上部隊がレバノン南部に侵入 パレスチ・ナゲリラ基地を襲撃
1973年	10月6日	「第四次中東戦争」（10月戦争）始まる。エジプト軍がスエズ運河を渡りバーレブ・ラインを突破する シリアも同時に戦闘を開始
	11日	イスラエル軍、シリア戦線で反撃を開始。国境を越えシリアのダマスカスまで30kmの地点まで進出 ソ連が本格介入を検討
	15日	エジプト戦線のイスラエル軍、スエズ運河正面で反撃に転じる
	16日	イスラエル軍がスエズ運河を越えてエジプト領内に侵入 エジプト第3軍がシナイ半島に取り残される
	22日	国連、国連安保理決議338号を採択 第四次中東戦争が停戦
	23日	イスラエル軍、国連安保理決議を無視して、エジプト軍への攻撃を続行
	25日	停戦が発効
	29日	第7回アラブ連盟首脳会議、PLOをパレスチナの唯一の代表として承認
	11月13日	国連総会、PLOをオブザーバーとして招請し、パレスチナ人の民族自決権と国家樹立の権利を認める

〔中東戦争以降〕

1975年	5月13日	レバノン内戦が勃発
	7月4日	エンテベ空港奇襲作戦。6月27日にハイジャックされたエールフランス機の人質救出のため、イスラエル軍特殊部隊がウガンダのエンテベ空港を奇襲。ハイジャック犯7人、警備のウガンダ兵45人を殺害して救出に成功。人質1人が死亡
	10月21日	シリア軍がベイルートを制圧。レバノン停戦協定を締結
	11月10日	アラブ平和維持軍がレバノン全土に展開 PLOはベイルートへの本部設置とレバノン南部での活動が認められる
1977年	3月11日	ファタハのゲリラ部隊がイスラエルの海岸に上陸。活動によりイスラエル人約100人を殺傷
	16日	国連安保理はイスラエルに撤兵を要求 暫定国連軍の派遣を決める
	4月	パレスチナ解放戦線（PLF=Palestine Liberation Front）アブ・アッバス派が結成される
1978年	3月15日	イスラエル軍、レバノンに侵攻
	9月15日	イスラエル・エジプト「キャンプデービッド合意」（17日まで）。この和平合意により、イスラエルのベギン首相とエジプトのサダト大統領がノーベル平和賞を受賞
1979年	3月26日	エジプトとイスラエル平和条約締結
	5月	シナイ半島がエジプトに返還される
1980年	1月26日	エジプトとイスラエル国交樹立
	7月30日	イスラエル国会、「エルサレム基本法」を採択

		エルサレムを恒久の首都と定める
	9月	イラン・イラク戦争勃発
1981年	6月7日	「バビロン作戦」イスラエル空軍機、イラクの原子力センターを爆撃
	7月21日	イスラエル・レバノン停戦協定発効
	10月6日	エジプトのサダト大統領暗殺
	12月14日	イスラエル国会、ゴラン高原併合を可決
1982年		レバノンで、イスラム主義の政治・武装組織ヒズボラ結成 イスラエル軍レバノンへ侵攻。PLOチュニジアに撤退
1987年	12月8日	ガザ地区とヨルダン川性の地区で、第一次インティファーダ始まる（1993年9月13日まで）
1988年	11月15日	ヨルダン川西岸地区とガザ地区を領土とするパレスチナ国建国
1990年	8月2日	イラク、クエートに侵攻。湾岸戦争勃発
1991年	1月18日	イラク、イスラエルに対してミサイル攻撃を開始
	10月30日	スペインのマドリードで、中東和平会議開催（11月1日まで）。アメリカ、ソ連、イスラエル、エジプト、ヨルダン、レバノン、シリア、パレスチナ代表団が参加
1993年	8月20日	イスラエルとPLO、暫定自治政府原則の宣言に調印（オスロ合意）
	9月13日	イスラエルとPLO、パレスチナ暫定自治協定を締結
1994年	10月26日	イスラエルとヨルダンが平和条約を締結
	12月10日	アラファト議長、ノーベル平和賞受賞
1995年	11月4日	イスラエルのラビン首相暗殺される
1996年	2月8日	自衛隊のゴラン高原派遣
	2月25日	ヒズボラのテロ攻撃に対してイスラエル軍「怒りの葡萄作戦」発動
1997年	1月17日	「ヘブロン合意」、イスラエル・パレスチナ自治政府が成立
2000年	9月28日	第二次インティファーダ始まる
2001年	8月27日	PFLPのムスタファ議長がイスラエル軍のロケット弾攻撃により殺害される
	9月11日	アメリカにおいて同時多発テロ発生
	10月17日	ムスタファ議長殺害の報復として、PFLPがイスラエルのレハヴアム・ゼエヴィ観光大臣を暗殺
2002年	3月27日	アラブ連盟首脳会議、「アラブ中東和平案」を採択
	29日	イスラエル軍、ヨルダン川西岸のパレスチナ自治区において「防禦の盾作戦」実施（5月10まで）
	6月16日	ヨルダン川西岸地区との境界に分離壁の建設を始める
2003年	3月20日	イラク戦争勃発
2004年	11月11日	PLO議長アラファト死去
2005年	9月12日	イスラエル軍、ガザ地区より撤退
2007年	11月27日	アメリカのアナポリスにおいて中東和平国際会議が開催
2008年	12月27日	「ガザ紛争」、ガザ地区のハマス勢力に対するイスラエル軍の空爆と地上侵攻（2009年1月18日まで）
2009年	6月4日	カイロ演説。アメリカのオバマ大統領、エジプトのカイロ大学においてパレスチナとイスラエルの共存を訴える
2010年	12月10日	チェニジアでジャスミン革命。「アラブの春」始まる
2011年	1月25日	エジプトの反政府デモが激化
	2月11日	エジプト、ムバラク大統領失脚
	15日	リビア内戦始まる（10月23日まで）
	3月15日	シリア内戦始まる
	27日	イスラエル軍、ハマスやヒズボラのロケット弾攻撃に対処するため、地対空ミサイル「アイアン・ドーム」を配備
2012年	11月14日	イスラエル軍、「防衛の柱作戦」をガザ地区で実施（11月21日まで）
2013年	1月15日	自衛隊、ゴラン高原派遣から撤収
2014年	7月8日	イスラエル軍がガザ地区へ侵攻（8月26日まで）
2017年	12月6日	アメリカ、イスラエルの首都をエルサレムと認定宣言
2018年	3月30日	ガザ地区で、パレスチナ人の帰還権を求める「帰還の大行進」デモ始まる
2020年	1月28日	アメリカのトランプ大統領、イスラエルのネタニアヌ首相とともに中東和平案を発表
	9月1日	ハマス・イスラエル6か月間の停戦を合意
2021年	5月7日	東エルサレムでパレスチナ人とイスラエル警察が衝突。ハマスのロケット弾攻撃とイスラエル軍の報復空爆へと発展
2022年	7月15日	アメリカのバイデン大統領、ベツレヘムでパレスチナ自治政府のアッバース大統領と会談
	10月11日	イスラエルとレバノン、海洋境界について暫定合意

《 イスラエルの領土 》

■ 1947年の国連分割案による領土
■ 第一次中東戦争（1948〜1949年）で獲得した領土
■ 第三次中東戦争（1967年）で占領した領土
□ 第四次中東戦争（1973年）で占領した領土

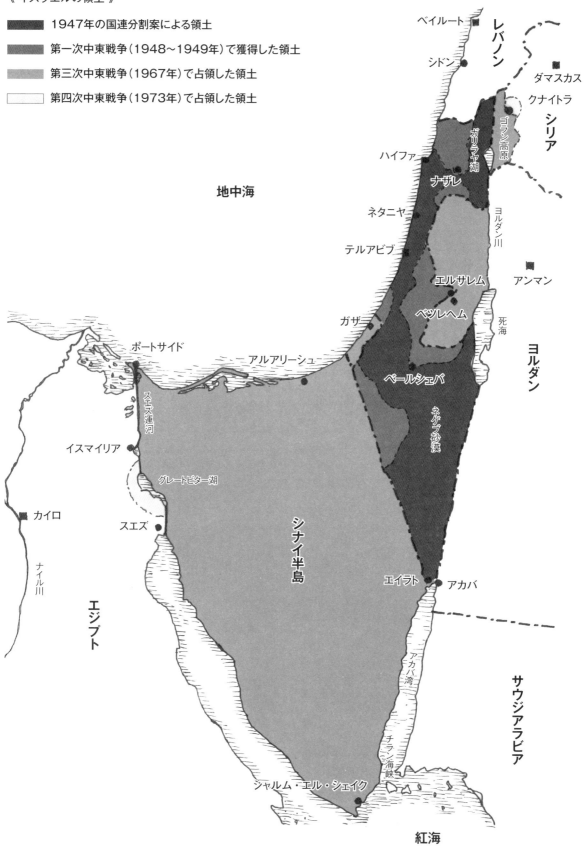

ベイルート

レバノン

シドン

ダマスカス

シリア

クナイトラ

ゴラン高原

ガリラヤ湖

ハイファ

ナザレ

ネタニヤ

ヨルダン川

地中海

テルアビブ

アンマン

エルサレム

ベツレヘム

ガザ

死海

ヨルダン

ポートサイド

アルアリーシュ

ベールシェバ

ネゲブ砂漠

スエズ運河

イスマイリア

グレートビター湖

カイロ

スエズ

シナイ半島

エイラト

アカバ

ナイル川

エジプト

アカバ湾

サウジアラビア

チラン海峡

シャルム・エル・シェイク

紅海

第一次/第二次
中東戦争 地上戦

第一次／第二次中東戦争

■第一次中東戦争
（1948年5月～1949年7月）

1948年5月14日のイスラエル建国宣言に対して宣戦布告したレバノン、シリア、トランスヨルダン、イラク、エジプトの5カ国は、5月16日、パレスチナへ侵攻する。こうして第一次中東戦争が勃発した。

開戦当初のアラブ軍の戦力は、約40000名の兵力と航空機300機、戦車270両、野砲150門であった。一方のイスラエルの兵力は約29000名で、将兵の中には第二次大戦の実戦経験者もおり、この点に関してはアラブ軍に勝っていたが、装備する兵器には戦力といえる航空機、戦車、重火砲はなく、小火器が主体で、なおかつその数は著しく不足していた。

戦闘が始まると、圧倒的な戦力差の前にイスラエルは、5月28日、ヨルダン軍にエルサレム旧市街地を占領されるなど、各地で苦戦を強いられていた。国連の提案により6月11日～7月9日まで最初の休戦が実施されると、イスラエルはこの休戦を利用して部隊の再編成を行い、5月26日、イスラエル国防軍（Israel Defense Forces ＝ IDF）を創設した。また、海外から入手した戦闘機や重火器なども行き渡り始め、武装を強化したイスラエル軍は、ガリラヤ、テルアビブ、エルサレム周辺などで反攻を開始した。

二度目の休戦（7月18日～10月15日）を挟み、その後もイスラエル軍の反転攻勢は続き、占領された地域を奪

《 第一次中東戦争の戦況図 》

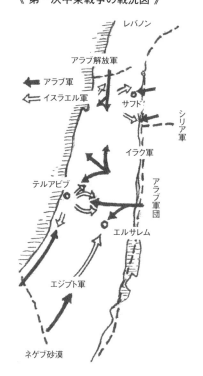

《 第二次中東戦争前のシナイ半島 》

レバノン　シリア
ゴラン高原
ガリラヤ湖
テルアビブ　エルサレム
死海
ポートサイド
ポートファハド
スエズ運河
シナイ半島
イスラエル
ミトラ峠
スエズ
エジプト
ヨルダン
アカバ湾　（1950年、トランスヨルダンから改名）

シナイ半島を侵攻するイスラエル軍は、戦車の他にM3ハーフトラックなどで歩兵の移動も機械化し機動戦を展開した。

還しつつ、支配地域を広げていった。そして、1949年2月23日、イスラエルがエジプトと停戦協定を締結すると、7月20日までにアラブ連合の各国も停戦協定を結び、第一次中東戦争は終結した。

■第二次中東戦争
（1965年10〜11月）

第一次中東戦争に敗北したエジプトでは、1952年7月23日、エジプト軍の自由将校団の軍事革命（エジプト革命）により王制が倒され、1953年6月18日にエジプト共和国が樹立した。初代大統領のガマール・アブドゥル＝ナセルはソ連陣営に接近し、1955年9月にチェコスロバキアと軍事援助協定を結ぶと、兵器を輸入して軍事力の強化を進めた。また、アカバ湾から紅海に通じるチラン海峡のイスラエル船舶の通過禁止策も強化していた。

そのような状況の中で、サダトは1956年7月26日にスエズ運河の国有化を宣言する。この国有化宣言により運河の利権を失うことを恐れたイギリスとフランスは、封鎖されたチラン海峡

の船舶航行の自由を望むイスラエルと組んで、エジプトへの軍事介入に踏み切ったのである。

■イスラエル軍の侵攻

第二次中東戦争（スエズ戦争、スエズ動乱などとも呼ばれる）は、10月29日のイスラエル軍によるシナイ半島への侵攻で始まった。まず初めに空挺部隊がミトラ峠に降下し、地上では10個旅団の部隊がシナイ半島の北部沿岸、中部、南部アカバ湾方面の三方向から侵攻を開始した。

エジプトが軍備を増強したのと同様に、軍備を整えたイスラエル軍の攻撃を受けたエジプト軍は各地で防戦一方となり、退却も始めたことから、北部に侵攻したイスラエル軍部隊は11月2日、スエズ運河に到達。中部と南部を侵攻した部隊も11月5日までに、シナイ半島南端まで到達した。

■イギリス軍、フランス軍の介入

イギリス軍、フランス軍の作戦行動は、11月1日の両国海軍機動部隊の空母艦載機によるエジプトへの爆撃から始まった。爆撃により制空権を握った英仏軍は、11月5日にイギリス軍空挺部隊が運河西岸にあるポートサイド

へ降下、またフランス軍空挺部隊も東岸のポートファハドに降下して、同都市を占領する。そして空挺作戦が行われた翌6日に地上部隊が海上より上陸した。

しかし、イギリス軍とフランス軍が軍事行動を開始した翌日の11月2日、国連において即時停戦撤退を求める総会決議が採択されたことから、この軍事行動は国際的な非難を受けることとなった。さらにアメリカとソ連の圧力もあって、イギリス軍とフランス軍は11月7日、イスラエル軍は、翌8日に国連の決議を受け入れ、停戦に同意した。その後、イギリス軍とフランス軍は、12月11日までにエジプトから撤退を完了させ、イスラエル軍も翌1957年3月8日、シナイ半島から全面撤退していった。

ポートサイドとポートファハドの戦いで、エジプト軍はSU-100自走砲を街の防衛に使用した。

イスラエル軍の戦闘車両

第一次中東戦争の開戦当初、イスラエルが保有していた装甲車両は、トラック改造の装甲車が主力であり、戦車は委任統治時代の末期にイギリス軍から盗み出したM4シャーマン、クロムウェル巡航戦車の計6両であった。その後、6月の休戦中にフランスから10両のオチキスH39を輸入し、最初の戦車大隊が編成されている。また、イギリス製の装甲車はエジプト軍から鹵獲した車両を再利用した。

《 第一次中東戦争 》

ハンバー Mk.3

武装ジープ
MG34機関銃などを搭載して多用した。

オチキスH39

M3A1 スカウトカー
キャビン部分を改造。銃塔を増設してMG34などの機関銃を搭載した。

M3ハーフトラック
6ポンド砲を装備。

3/4tダッジ
装甲板を張った改造装甲車。

ユニバーサルキャリア

ハンバー Mk.4

クロムウェル巡航戦車

M4A2シャーマン
若い女性を使って戦車兵を誘惑し、イギリス軍から盗み出したという逸話が残る。他にイタリアから購入したスクラップを再整備し、運用した。

《 第二次中東戦争 》

主力戦車は世界各地からかき集めてきたM4シャーマン戦車であった。また当時、イスラエル軍にとっては最新型となるAMX-13をフランスから輸入している。

M4シャーマン
76mm砲装備型

M50スーパーシャーマン。
フランス製75mm砲を搭載。

M3/M5ハーフトラック
ハーフトラックは砂漠の機動戦に欠かせない車両であった。

M5/M5A1

M3/M3A1

AMX-13
第二次中東戦争前にフランスから150両を購入。

M4A3 105mm榴弾砲搭載型
この車両はドーザーブレードを装備。

シャーマンクラブ
M4の地雷処理型。

アラブ諸国軍の戦闘車両

《 第一次中東戦争 》

アラブ諸国軍は旧宗主国であったイギリスとフランス製の車両を装備しており、開戦時の保有数はイスラエル軍より勝っていた。

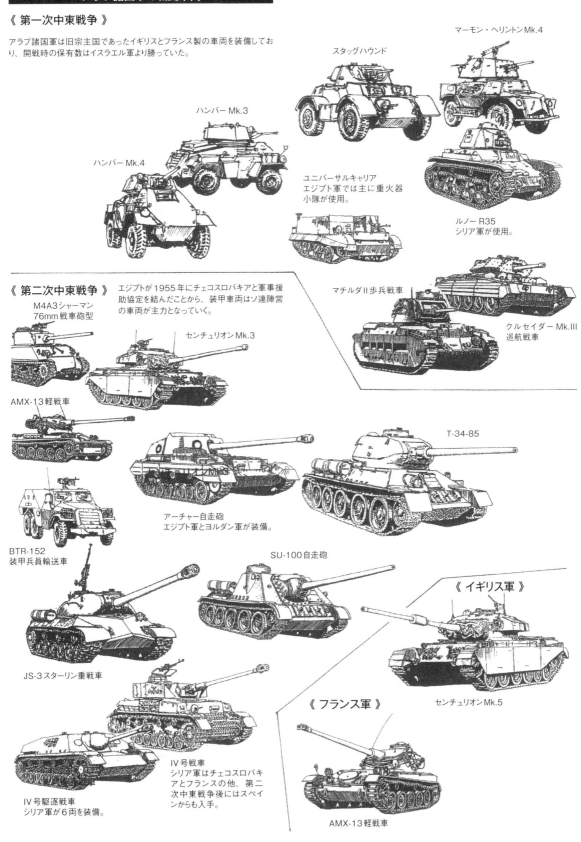

マーモン・ヘリントン Mk.4

スタッグハウンド

ハンバー Mk.3

ハンバー Mk.4

ユニバーサルキャリア
エジプト軍では主に重火器
小隊が使用。

ルノー R35
シリア軍が使用。

マチルダII歩兵戦車

クルセイダー Mk.III
巡航戦車

《 第二次中東戦争 》

エジプトが1955年にチェコスロバキアと軍事援助協定を結んだことから、装甲車両はソ連陣営の車両が主力となっていく。

M4A3シャーマン
76mm戦車砲型

センチュリオン Mk.3

AMX-13軽戦車

T-34-85

アーチャー自走砲
エジプト軍とヨルダン軍が装備。

BTR-152
装甲兵員輸送車

SU-100自走砲

《 イギリス軍 》

JS-3スターリン重戦車

センチュリオン Mk.5

IV号戦車
シリア軍はチェコスロバキアとフランスの他、第二次中東戦争後にはスペインからも入手。

IV号駆逐戦車
シリア軍が6両を装備。

《 フランス軍 》

AMX-13軽戦車

両陣営が使用した小火器

イスラエルとアラブ両陣営は、戦前にイギリスの影響下にあったことから、第一次中東戦争ではともにイギリス製の各種小火器を装備していた。

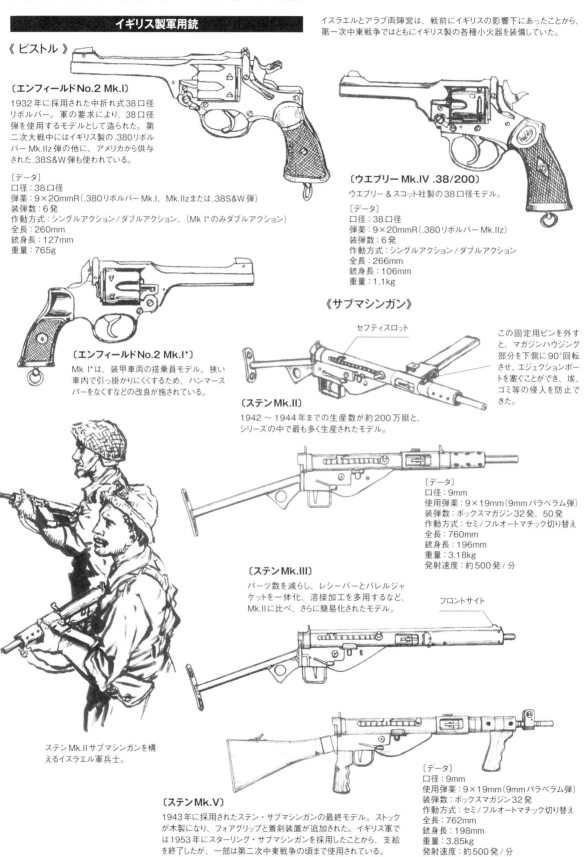

《 ピストル 》

〔エンフィールドNo.2 Mk.I〕

1932年に採用された中折れ式38口径リボルバー。軍の要求により、38口径弾を使用するモデルとして造られた。第二次大戦中にはイギリス製の.380リボルバー Mk.IIz弾の他に、アメリカから供与された.38S&W弾も使われている。

〔データ〕
口径：38口径
弾薬：9×20mmR(.380リボルバー Mk.I、Mk.IIzまたは.38S&W弾)
装弾数：6発
作動方式：シングルアクション / ダブルアクション、(Mk I*のみダブルアクション)
全長：260mm
銃身長：127mm
重量：765g

〔エンフィールドNo.2 Mk.I*〕

Mk I*は、装甲車両の搭乗員モデル。狭い車内で引っ掛かりにくくするため、ハンマースパーをなくすなどの改良が施されている。

〔ウエブリー Mk.IV .38/200〕

ウエブリー＆スコット社製の38口径モデル。

〔データ〕
口径：38口径
弾薬：9×20mmR(.380リボルバー Mk.IIz)
装弾数：6発
作動方式：シングルアクション / ダブルアクション
全長：266mm
銃身長：106mm
重量：1.1kg

《サブマシンガン》

セフティスロット

この固定用ピンを外すと、マガジンハウジング部分を下側に90°回転させ、エジェクションポートを塞ぐことができ、埃、ゴミ等の侵入を防止できた。

〔ステンMk.II〕

1942 ～ 1944年までの生産数が約200万挺と、シリーズの中で最も多く生産されたモデル。

〔データ〕
口径：9mm
使用弾薬：9×19mm(9mmパラベラム弾)
装弾数：ボックスマガジン32発、50発
作動方式：セミ / フルオートマチック切り替え
全長：760mm
銃身長：196mm
重量：3.18kg
発射速度：約500発 / 分

〔ステンMk.III〕

パーツ数を減らし、レシーバーとバレルジャケットを一体化、溶接加工を多用するなど、Mk.IIに比べ、さらに簡易化されたモデル。

フロントサイト

ステンMk.IIサブマシンガンを構えるイスラエル軍兵士。

〔ステンMk.V〕

1943年に採用されたステン・サブマシンガンの最終モデル。ストックが木製になり、フォアグリップと着剣装置が追加された。イギリス軍では1953年にスターリング・サブマシンガンを採用したことから、支給を終了したが、一部は第二次中東戦争の頃まで使用されている。

〔データ〕
口径：9mm
使用弾薬：9×19mm(9mmパラベラム弾)
装弾数：ボックスマガジン32発
作動方式：セミ / フルオートマチック切り替え
全長：762mm
銃身長：198mm
重量：3.85kg
発射速度：約500発 / 分

《 ライフル 》

〔SMLE（ショート・マガジン・リー・エンフィールド）No.1 Mk.I〕

1902年に制定されたSMLEライフルシリーズ最初のモデル。

〔データ〕
口径：7.7mm
弾薬：7.7×56mmR（.303ブリティッシュ弾）
装弾数：ボックスマガジン10発
作動方式：ボルトアクション
全長：1132mm
銃身長：640mm
重量：4.19kg

No.1 Mk.IIIはイギリス統治時代からエジプト軍も使用していた。

〔SMLE No.1 Mk.III〕

1907年に採用されたMk.Iの改良モデル。第一次大戦から第二次大戦まで大量使用され、戦後も植民地軍などでの使用が続いた。

〔データ〕
口径：7.7mm
弾薬：7.7×56mmR（.303ブリティッシュ弾）
装弾数：ボックスマガジン10発
作動方式：ボルトアクション
全長：1119mm
銃身長：637mm
重量：3.32kg

〔ライフル No.1 Mk.V〕

リアサイトの位置を銃身部からボルト後部へ移動するなど、改良を加えたモデル。1922～1924年にかけて2万挺が製造された。

リアサイト →

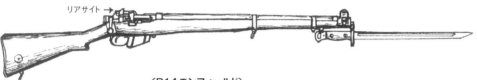

〔P14エンフィールド〕

口径7mmのP13エンフィールド・ライフルを改良したモデルで、1914年にイギリス軍に採用された。SMLEライフルより命中精度が良いことから、主に狙撃銃として使用されている。

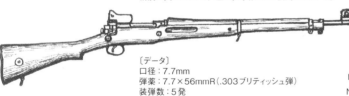

〔データ〕
口径：7.7mm
弾薬：7.7×56mmR（.303ブリティッシュ弾）
装弾数：5発
作動方式：ボルトアクション
全長：1175mm
銃身長：660mm
重量：4.25kg

〔ライフル No.4 Mk.I〕

No.1 Mk.IIIの改良モデル。1931年に採用されていたが、大量生産は1941年以降となった。第二次大戦を経て1954年のL1A1ライフルの採用まで、イギリスおよび英連邦、旧英領国の主力ライフルであった。

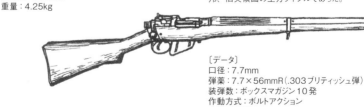

〔データ〕
口径：7.7mm
弾薬：7.7×56mmR（.303ブリティッシュ弾）
装弾数：ボックスマガジン10発
作動方式：ボルトアクション
全長：1129 mm
銃身長：640mm
重量：4.11kg

〔No.4 Mk.I（T）〕

No.4 Mk.IIIのスナイパーモデル。ショルダーストックにチークピースが付属し、スコープNo.32（3倍率）を装着している。

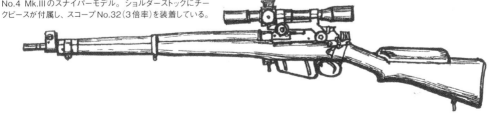

《 機関銃 》

第一次大戦後、委任統治時代のパレスチナではユダヤ人機動警備隊にもルイスMk.Iが配備されていた。

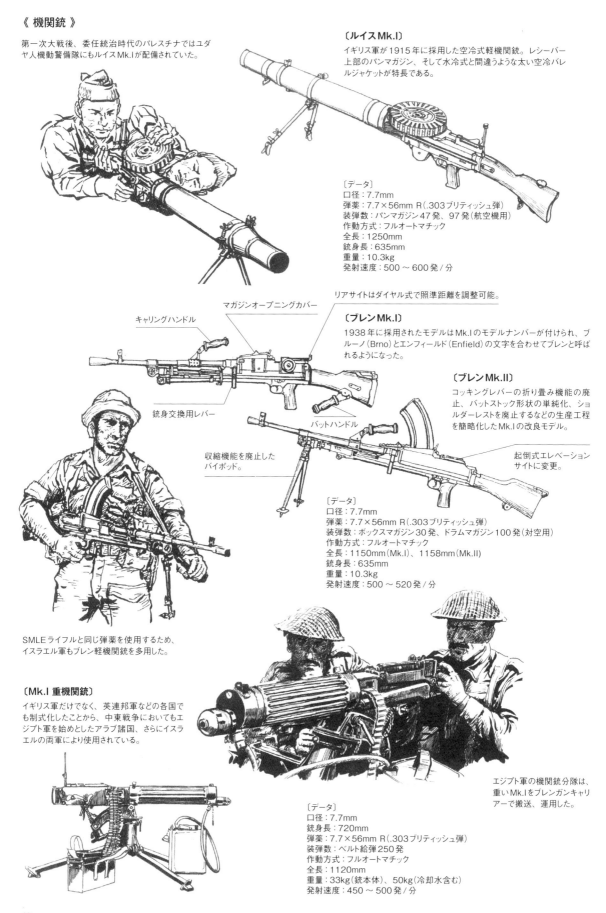

〔ルイスMk.I〕

イギリス軍が1915年に採用した空冷式軽機関銃。レシーバー上部のパンマガジン、そして水冷式と間違うような太い空冷バレルジャケットが特長である。

〔データ〕
口径：7.7mm
弾薬：7.7×56mm R(.303ブリティッシュ弾)
装弾数：パンマガジン47発、97発(航空機用)
作動方式：フルオートマチック
全長：1250mm
銃身長：635mm
重量：10.3kg
発射速度：500～600発/分

リアサイトはダイヤル式で照準距離を調整可能。

キャリングハンドル
マガジンオープニングカバー
銃身交換用レバー

〔ブレンMk.I〕

1938年に採用されたモデルはMk.Iのモデルナンバーが付けられ、ブルーノ(Brno)とエンフィールド(Enfield)の文字を合わせてブレンと呼ばれるようになった。

〔ブレンMk.II〕

コッキングレバーの折り畳み機能の廃止、バットストック形状の単純化、ショルダーレストを廃止するなどの生産工程を簡略化したMk.Iの改良モデル。

バットハンドル

収縮機能を廃止したバイポッド。

起倒式エレベーションサイトに変更。

〔データ〕
口径：7.7mm
弾薬：7.7×56mm R(.303ブリティッシュ弾)
装弾数：ボックスマガジン30発、ドラムマガジン100発(対空用)
作動方式：フルオートマチック
全長：1150mm(Mk.I)、1158mm(Mk.II)
銃身長：635mm
重量：10.3kg
発射速度：500～520発/分

SMLEライフルと同じ弾薬を使用するため、イスラエル軍もブレン軽機関銃を多用した。

〔Mk.I 重機関銃〕

イギリス軍だけでなく、英連邦軍などの各国でも制式化したことから、中東戦争においてもエジプト軍を始めとしたアラブ諸国、さらにイスラエルの両軍により使用されている。

エジプト軍の機関銃分隊は、重いMk.Iをブレンガンキャリアーで搬送、運用した。

〔データ〕
口径：7.7mm
銃身長：720mm
弾薬：7.7×56mm R(.303ブリティッシュ弾)
装弾数：ベルト給弾250発
作動方式：フルオートマチック
全長：1120mm
重量：33kg(銃本体)、50kg(冷却水含む)
発射速度：450～500発/分

イギリス製以外の小火器

《 ピストル 》

中東戦争ではイギリス製以外の各国小火器もイスラエル、アラブ両軍で多用されている。特にイスラエル軍は第一次から第二次中東戦争の時期にかけて、不足する兵器を揃えるためヨーロッパを中心に、様々なルートを経て第二次大戦後の余剰小火器を入手した。イギリス製が主流のアラブ陣営もヨーロッパの各国から兵器を購入したが、1955年にソ連陣営からの援助が始まると、以後、装備する主力小火器は共産国製に変わっていった。

〔S&W.38/200（ビクトリーモデル）〕
第二次大戦時、アメリカでイギリス軍向けに生産された.38-200弾仕様モデル。

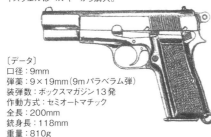

〔データ〕
口径：38口径
弾薬：9×20mmR（.380リボルバーMk.IIz弾）
装弾数：6発
作動方式：ダブルアクション
全長：261mm
銃身長：127mm
重量：900g

〔M1911 .455（ブリティッシュコルト.455）〕
第一次大戦中、イギリスがアメリカに発注して口径を.455弾に改修したモデル。

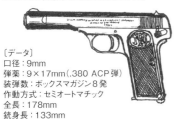

〔データ〕
口径：.455口径
弾薬：11.55×19.3mmR（.455ウエブリーオート弾）
装弾数：ボックスマガジン7発
作動方式：セミオートマチック
全長：217mm
銃身長：128mm
重量：1.1kg

〔ブラウニング ハイパワー M1935〕
イスラエルはベルギーから購入。

〔データ〕
口径：9mm
弾薬：9×19mm（9mパラベラム弾）
装弾数：ボックスマガジン13発
作動方式：セミオートマチック
全長：200mm
銃身長：118mm
重量：810g

〔FNブラウニングM1922〕
M1910を軍用向けに拡大化したモデル。

〔データ〕
口径：9mm
弾薬：9×17mm（.380 ACP弾）
装弾数：ボックスマガジン8発
作動方式：セミオートマチック
全長：178mm
銃身長：133mm
重量：700g

〔Mle1935S〕
1938年にフランス軍が採用したオートマックピストル。

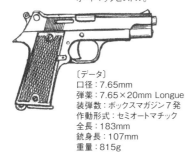

〔データ〕
口径：7.65mm
弾薬：7.65×20mm Longue
装弾数：ボックスマガジン7発
作動形式：セミオートマチック
全長：183mm
銃身長：107mm
重量：815g

〔ルガー P08〕
1908年に帝政ドイツ軍が採用した軍用拳銃。ドイツ製の拳銃は、ライフルなどと同様にチェコスロバキアから輸入されている。

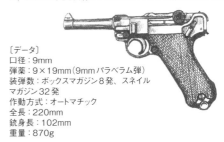

〔データ〕
口径：9mm
弾薬：9×19mm（9mmパラベラム弾）
装弾数：ボックスマガジン8発、スネイルマガジン32発
作動方式：オートマチック
全長：220mm
銃身長：102mm
重量：870g

〔ワルサー P38〕
1938年に制定されたドイツ軍の大型軍用ピストル。

〔データ〕
口径：9mm
弾薬：9×19mm（9mmパラベラム弾）
装弾数：ボックスマガジン8発
作動方式：セミオートマチック
全長：216mm
銃身長：125mm
重量：945g

〔マウザー C96（M1898）〕
マウザー社の大型オートマチックピストル。第二次大戦後の余剰兵器をイスラエルやエジプトはチェコスロバキアから大量に購入している。

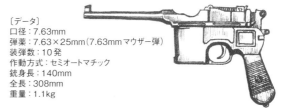

〔データ〕
口径：7.63mm
弾薬：7.63×25mm（7.63mmマウザー弾）
装弾数：10発
作動方式：セミオートマチック
銃身長：140mm
全長：308mm
重量：1.1kg

〔ベレッタM1934〕
第二次大戦時のイタリア軍小型軍用ピストル。

〔データ〕
口径：9mm
弾薬：9×17mm（.380ACP弾）
装弾数：ボックスマガジン7発
作動方式：セミオートマチック
全長：150mm
銃身長：88mm
重量：625g

〔Vz.1927〕
チェコスロバキア製のオートマチックピストル。チェコスロバキアは自国製兵器も輸出した。

〔データ〕
口径：7.65mm
弾薬7.65×17mm（.32ACP弾）
装弾数：ボックスマガジン8発
作動方式：セミオートマチック
全長：155mm
銃身長：90.5mm
重量：670g

《 サブマシンガン/カービン 》

〔MP40〕

ステン・サブマシンガンと同じ9mmパラベラム弾を使用するドイツ製のMP40も使われた。このイラストは、MP40の初期生産型で、マガジンハウジング部分にリブはなく、コッキングハンドルはMP38と同じ形状をしている。

〔MP40/I〕

マガジンハウジングにリブを追加、ボルトが前進位置で固定できるフォアードロックセフティ機構も追加された。これによりコッキングハンドルの形状も変更されている。

〔データ〕
口径：9mm
銃身長：250mm
弾薬：9×19mm（9mmパラベラム弾）
装弾数：ボックスマガジン32発
作動方式：フルオートマチック
全長：833mm、630mm（ストック折り畳み時）
重量：4.027kg
発射速度：500発/分

〔M1928A1〕

アメリカ製のトンプソン・サブマシンガンは、エジプト軍も第二次大戦中から装備していた小火器である。戦後も使用を継続しており、1950年代にはエジプト国内でコピー品も少数生産している。イギリス軍仕様のため、垂直型のフォアグリップが付けられたモデルもあった。

〔データ〕
口径：11.43mm
銃身長：267mm
弾薬：11.43×23mm（.45ACP弾）
装弾数：ボックスマガジン20発/30発、ドラムマガジン50発/100発
作動方式：フルオートマチック
全長：860mm
重量：4.9kg
発射速度：500発/分

M1928A1を構えるイスラエル軍兵士。

〔M1カービン〕

そのコンパクトなサイズにより、第一次中東戦争の際にはイスラエルの特殊部隊などが使用した。

〔データ〕
口径：30口径
弾薬：7.62×33mm（.30カービン弾）
装弾数：ボックスマガジン15発
作動方式：セミオートマチック
全長：904mm
銃身長：458mm
重量：2.49kg

〔ベレッタM1938/42〕

M1938Aの改良モデル。エジプトとシリアがイタリアから購入し、制式化した。

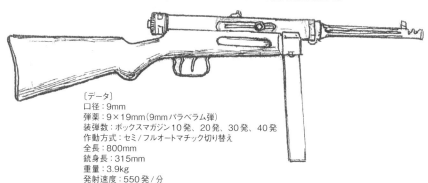

〔データ〕
口径：9mm
弾薬：9×19mm（9mmパラベラム弾）
装弾数：ボックスマガジン10発、20発、30発、40発
作動方式：セミ/フルオートマチック切り替え
全長：800mm
銃身長：315mm
重量：3.9kg
発射速度：550発/分

《 ライフル 》

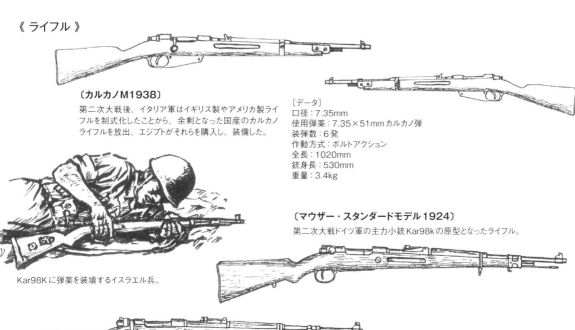

〔カルカノM1938〕

第二次大戦後、イタリア軍はイギリス製やアメリカ製ライフルを制式化したことから、余剰となった国産のカルカノライフルを放出、エジプトがそれらを購入し、装備した。

〔データ〕
口径：7.35mm
使用弾薬：7.35×51mmカルカノ弾
装弾数：6発
作動方式：ボルトアクション
全長：1020mm
銃身長：530mm
重量：3.4kg

Kar98Kに弾薬を装填するイスラエル兵。

〔マウザー・スタンダードモデル1924〕

第二次大戦ドイツ軍の主力小銃Kar98kの原型となったライフル。

ストックに握り溝がなくなった。

〔Kar98k〕

第一次中東戦争時、イスラエル軍の主力ライフルとなったのがKar98kだった。チェコスロバキアからの輸入品で、その後FN FALを採用すると使用弾薬を共通化するため、1955年から7.62x51mmNATO弾への改造がベルギーのFN社にて行われている。

〔データ〕
口径：7.92mm
弾薬：7.92×57mm
装弾数：5発
作動方式：ボルトアクション
全長：1100mm
銃身長：600mm
重量：4.85kg

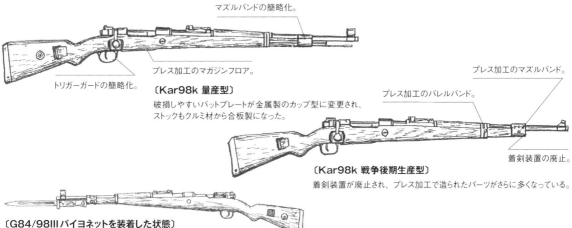

マズルバンドの簡略化。

プレス加工のマガジンフロア。

トリガーガードの簡略化。

〔Kar98k 量産型〕

破損しやすいバットプレートが金属製のカップ型に変更され、ストックもクルミ材から合板製になった。

プレス加工のマズルバンド。

プレス加工のバレルバンド。

着剣装置の廃止。

〔Kar98k 戦争後期生産型〕

着剣装置が廃止され、プレス加工で造られたパーツがさらに多くなっている。

〔G84/98Ⅲ バイヨネットを装着した状態〕

バイヨネットは、全長：385mm、刀身長：252mm。

〔チェコスロバキア製Kar98k〕

第二次大戦後にチェコスロバキアで生産されたモデル。冬季に手袋をはめたまま操作できる大型のトリガーガードが特長。

〔Vz.24〕

〔データ〕
口径：7.92mm
弾薬：7.92×57mm
装弾数：5発
作動方式：ボルトアクション
全長：1100mm
銃身長：590mm
重量：4.2kg

チェコスロバキアがライセンス生産したモデル。第二次大戦前から各国に輸出されていた。イスラエルはこれらのチェコスロバキア製を多数輸入しており、FN FAL採用後も後方部隊で使用され、1970年代まで予備役用のライフルとして装備が続いた。

〔Vz.33〕

Vz.24の軽量化モデル。このライフルもチェコスロバキアがドイツのマウザーから製造権を得て、ライセンス生産したモデルである。1924年にチェコスロバキア軍の制式ライフルに制定された他、各国に輸出された。

〔データ〕
口径：7.92mm
弾薬：7.92×57mm
装弾数：5発
作動方式：ボルトアクション
全長：992mm
銃身長：481mm
重量：3.5kg

《 機関銃 》

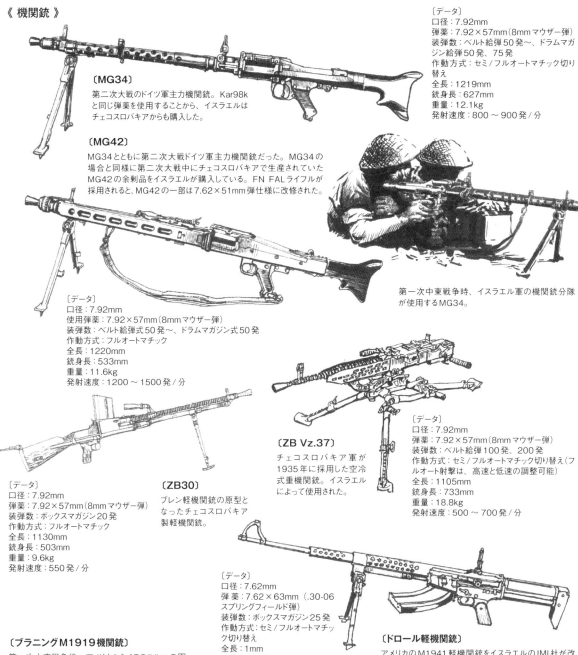

〔MG34〕
第二次大戦のドイツ軍主力機関銃。Kar98k
と同じ弾薬を使用することから、イスラエルは
チェコスロバキアからも購入した。

〔データ〕
口径：7.92mm
弾薬：7.92×57mm（8mmマウザー弾）
装弾数：ベルト給弾50発〜、ドラムマガジン給弾50発、75発
作動方式：セミ/フルオートマチック切り替え
全長：1219mm
銃身長：627mm
重量：12.1kg
発射速度：800〜900発/分

〔MG42〕
MG34とともに第二次大戦ドイツ軍主力機関銃だった。MG34の
場合と同様に第二次大戦中にチェコスロバキアで生産されていた
MG42の余剰品をイスラエルが購入している。FN FALライフルが
採用されると、MG42の一部は7.62×51mm弾仕様に改修された。

〔データ〕
口径：7.92mm
使用弾薬：7.92×57mm（8mmマウザー弾）
装弾数：ベルト給弾式50発〜、ドラムマガジン式50発
作動方式：フルオートマチック
全長：1220mm
銃身長：533mm
重量：11.6kg
発射速度：1200〜1500発/分

第一次中東戦争時、イスラエル軍の機関銃分隊
が使用するMG34。

〔ZB Vz.37〕
チェコスロバキア軍が
1935年に採用した空冷
式重機関銃。イスラエル
によって使用された。

〔データ〕
口径：7.92mm
弾薬：7.92×57mm（8mmマウザー弾）
装弾数：ベルト給弾100発、200発
作動方式：セミ/フルオートマチック切り替え（フルオート射撃は、高速と低速の調整可能）
全長：1105mm
銃身長：733mm
重量：18.8kg
発射速度：500〜700発/分

〔データ〕
口径：7.92mm
弾薬：7.92×57mm（8mmマウザー弾）
装弾数：ボックスマガジン20発
作動方式：フルオートマチック
全長：1130mm
銃身長：503mm
重量：9.6kg
発射速度：550発/分

〔ZB30〕
ブレン軽機関銃の原型と
なったチェコスロバキア
製軽機関銃。

〔データ〕
口径：7.62mm
弾薬：7.62×63mm（.30-06
スプリングフィールド弾）
装弾数：ボックスマガジン25発
作動方式：セミ/フルオートマチック切り替え
全長：1mm
銃身長：559mm
重量：6.49kg
発射速度：600発/分

〔ドロール軽機関銃〕
アメリカのM1941軽機関銃をイスラエルのIMI社が改
良、国産化した軽機関銃。口径を7.92mmに改修し、
さらにストックの形状や銃身交換を容易にするなどの改
良が行われている。

〔ブラウニングM1919機関銃〕
第一次中東戦争後、アメリカからイスラエルへの軍
事援助が始まると、アメリカ製小火器も増えていっ
た。M1919機関銃は歩兵部隊の他、戦車や装
甲兵員輸送車などの車両に搭載して使用された。

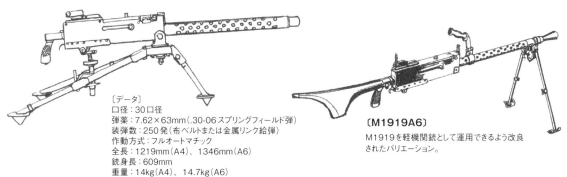

〔データ〕
口径：30口径
弾薬：7.62×63mm（.30-06スプリングフィールド弾）
装弾数：250発（布ベルトまたは金属リンク給弾）
作動方式：フルオートマチック
全長：1219mm（A4）、1346mm（A6）
銃身長：609mm
重量：14kg（A4）、14.7kg（A6）
発射速度：400〜550発/分

〔M1919A6〕
M1919を軽機関銃として運用できるよう改良
されたバリエーション。

アラブ諸国軍が使用した小火器

第二次大戦後のアラブ各国は、イスラエルに対抗するためチェコスロバキア、イタリア、ベルギーなどから兵器を輸入して軍備を強化した。

《 ピストル 》

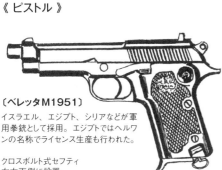

〔データ〕
口径：9mm
弾薬：9×19mm（9mmパラベラム弾）
装弾数：ボックスマガジン8発
作動方式：セミオートマチック
全長：204mm
銃身長：116mm
重量：935g

〔ベレッタM1951〕
イスラエル、エジプト、シリアなどが軍用拳銃として採用。エジプトではヘルワンの名称でライセンス生産も行われた。

クロスボルト式セフティ
左右両側に設置。

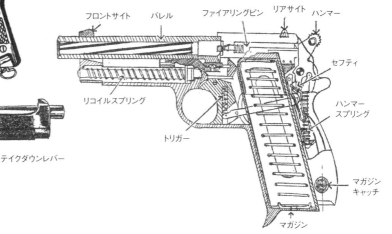

フロントサイト　バレル　ファイアリングピン　リアサイト　ハンマー

リコイルスプリング　テイクダウンレバー　トリガー　マガジン　セフティ　ハンマースプリング　マガジンキャッチ

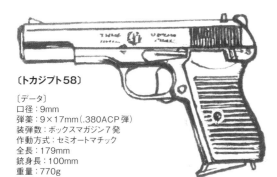

〔トカジプト58〕
〔データ〕
口径：9mm
弾薬：9×17mm（.380ACP弾）
装弾数：ボックスマガジン7発
作動方式：セミオートマチック
全長：179mm
銃身長：100mm
重量：770g

エジプトが1958年にハンガリーに発注したオートマチックピストル。トカレフTT-1933をベースに造られた9mm口径モデルで、「トカレフ」と「エジプト」を合わせて「トカジプト」と呼ばれる。当初軍用銃として発注されたが、エジプト軍は採用せず、警察が使用した。エジプト以外には、シリアとレバノンでも使用されている。

〔ワラム48〕
ワラムは、ハンガリーのFÉG社によってワルサーPPをベースに設計・製造されたAP9のエジプト輸出名称。AP9の口径は9mmであるが、エジプト仕様は7.65mmに改装された。

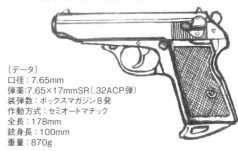

〔データ〕
口径：7.65mm
弾薬：7.65×17mmSR（.32ACP弾）
装弾数：ボックスマガジン8発
作動方式：セミオートマチック
全長：178mm
銃身長：100mm
重量：870g

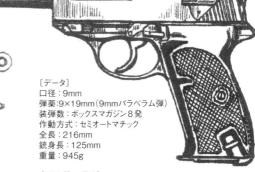

〔データ〕
口径：9mm
弾薬：9×19mm（9mmパラベラム弾）
装弾数：ボックスマガジン8発
作動方式：セミオートマチック
全長：216mm
銃身長：125mm
重量：945g

〔ブラウニング ハイパワー M1935〕
〔データ〕
口径：9mm
弾薬：9×19mm（9mmパラベラム弾）
装弾数：ボックスマガジン13発
作動方式：セミオートマチック
全長：200mm
銃身長：118mm
重量：810g

〔ワルサー P1〕
P1は第二次大戦後、西ドイツ軍が採用したP38の改良モデル。1958年にレバノンが軍用に購入している。

《 ライフル 》

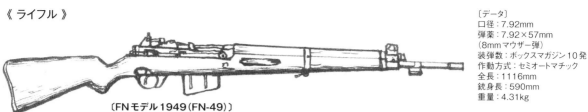

〔データ〕
口径：7.92mm
弾薬：7.92×57mm
（8mmマウザー弾）
装弾数：ボックスマガジン10発
作動方式：セミオートマチック
全長：1116mm
銃身長：590mm
重量：4.31kg

〔FNモデル1949（FN-49）〕
ベルギーのFN社が1947年に開発したオートマチックライフル。口径7mmから7.92mmまでのバリエーションが生産されているが、エジプト軍は7.92mm口径モデルを使用。1948年に37602挺を購入している。

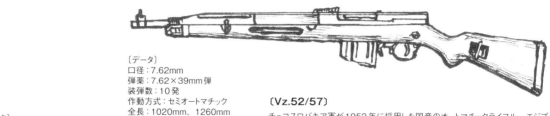

〔データ〕
口径：7.62mm
弾薬：7.62×39mm弾
装弾数：10発
作動方式：セミオートマチック
全長：1020mm、1260mm
（バイヨネット展開時）
銃身長：520mm
重量：3.85kg

〔データ〕
口径：6.5mm
弾薬：6.5×55mmスウェーデン弾
装弾数：ボックスマガジン10発
作動方式：セミオートマチック
全長：1214mm
銃身長：622mm
重量：4.71kg

〔Vz.52/57〕
チェコスロバキア軍が1952年に採用した国産のオートマチックライフル。エジプト軍やシリア軍の他、イスラエル側でも使用されている。ライフルの弾薬をワルシャワ条約機構加盟国の規格に合わせる改良が1957年に行われ、7.62×39mm弾を使用するモデルはVz.52/57の名称に変更された。

〔Ag m/42〕
ハキムライフルのベースとなったスウェーデンのオートマチックライフル。リュングマンM42の名称でも知られる。スウェーデン軍では1942年から1960年代半ばまで、主力ライフルとして使用していた。

〔データ〕
口径：7.92mm
弾薬：7.92×57mm
（8mmマウザー弾）
装弾数：ボックスマガジン10発
作動方式：セミオートマチック
全長：1216mm
銃身長：638mm
重量：4.75kg

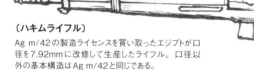

〔ハキムライフル〕
Ag m/42の製造ライセンスを買い取ったエジプトが口径を7.92mmに改修して生産したライフル。口径以外の基本構造はAg m/42と同じである。

〔FN FAL〕
イスラエルが国産化した他に、1950年代にシリアがベルギーより輸入して一時的に使用。1960年代にはヨルダンも制式に採用した。

〔G3A3〕
西ドイツのH&K社が開発し、西ドイツ連邦軍が1964年に採用したアサルトライフル。G3は国内だけでなく海外にも輸出され、ヨルダン、レバノン、シリアが装備している。

〔データ〕
口径：7.62mm
弾薬：7.62×51mm NATO弾
装弾数：ボックスマガジン5発、10発、20発、30発
作動方式：セミ/フルオートマチック切り替え
全長：1025mm
銃身長：450mm
重量：4.75kg

その他の小火器

《 ライフルグレネード 》

《 手榴弾 》

〔ミルズ手榴弾〕
イギリス軍が第一次大戦より使用
した手榴弾。パレスチナでは中
東戦争勃発前からイスラエル軍、
アラブ諸国軍の双方が暴動やテ
ロ事件の際に使用していた。

〔データ〕
重量：765g
全長：95.2mm
直径：61 mm
炸薬：バラトール 71g

ライフルグレネードの射撃姿勢。発射
時の反動を避けるため、ストックを地
面に固定する。目標までの距離はライ
フルの角度で調整し、射程は最大
200mだった。

〔No.1 Mk.Iカップ式ディスチャージャー〕
No.1 Mk.III*ライフル用に開発されたカップ式ディ
スチャージャー（発射器）。ミルズ手榴弾の底部に
アダプターを取り付け、空砲で打ち出した。

《 迫撃砲 》

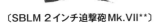

イスラエル軍が改造したディ
スチャージャー。発射時にラ
イフルの角度を測るための角
度計が取り付けられている。

〔SBLM 2インチ迫撃砲Mk.VII**〕
1918年にイギリス軍が採用した歩兵小隊支援用の軽迫撃砲。通
常、射手と装填手の2名で運用。砲弾は砲口から装填し、発射
レバーを操作して発射する。有効射程は約450m。榴弾の他に
照明弾、発煙弾が用意されていた。イスラエル軍、アラブ諸国軍
の双方が使用している。

〔データ〕
口径：50mm
重量：4.8kg
砲身長：530mm
仰角：45 ～ 90°
最大射程：520m

〔5cm le Gr.W36迫撃砲〕
ドイツ軍が1936年に採用した歩
兵小隊用の小型迫撃砲。イスラ
エルはチェコスロバキアより入手
したといわれている。

〔データ〕
口径：50mm
重量：14kg
砲身長：465mm
仰角：42 ～ 90°
最大射程：520m

〔2インチ迫撃砲Mk.II*/Mk.II**〕
2インチ迫撃砲のユニバーサルキャリア搭載モデル。
歩兵用モデルとは形が異なる大型の長方形型ベースプ
レートが付属する。

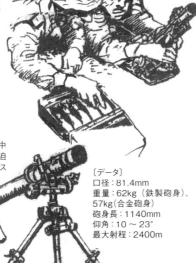

〔8cm Gr.W34迫撃砲〕
ドイツ軍が1934年に採用した中
型迫撃砲。同迫撃砲も5cm迫
撃砲と同様にイスラエルはチェコ
スロバキアから入手した。

〔データ〕
口径：81.4mm
重量：62kg（鉄製砲身）、
57kg（合金砲身）
砲身長：1140mm
仰角：10 ～ 23°
最大射程：2400m

〔ML 3インチ迫撃砲〕
イギリス製の中型迫撃砲。イギ
リス軍は1930年代～1960
年代まで使用していた。中東
戦争ではエジプト軍、ヨルダン
軍などが装備している。

〔データ〕
口径：81mm
重量：50.8kg
砲身長：1190mm
仰角：45 ～ 80°
最大射程：1463m（Mk.I）、
2560m（Mk.II）

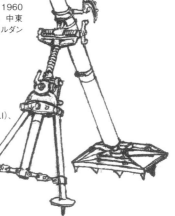

両陣営が使用した戦闘車両

《 ウィリスMB（1/4tトラック） 》

アメリカ製のジープおよび軽四輪駆動車

1948年5月に勃発した第一次中東戦争では、イスラエル軍、アラブ諸国軍ともに第二次大戦時の中古車両の寄せ集めで部隊を編成していたが、第二次中東戦争になると、これらの中古車両に加え、アメリカ、イギリス、フランス、ソ連製などの新型車両も投入されるようになった。また、両陣営が使用した車両の中には独自に改造を施した車両も少なくなかった。

《 機関銃装備型 》

〔M2重機関銃装備型〕

フロントシート間直後にピントルマウントを設置し、12.7mm（.50）口径のM2重機関銃を装備。

「ジープ」の愛称で広く知られる軽四駆の先駆車。第二次大戦終結までに639245台製造。ウィルスオーバーランド社製の車両はMBの名称で、フォード社製はGPWの名で呼ばれる。高性能で、使い勝手も良いウィリスMBは戦後も世界各国で使用された。

〔M1919A4機関銃装備型〕

7.62mm（.30）口径のM1919A4機関銃を装備。M2装備型よりも火力は劣るが、走行性能、射撃時安定性などは優れていた。

〔M2、BAR装備型〕

助手席前部にM2重機関銃、車体後部のリアパネルに7.62mm（.30口径）のM1918A2 BARを装備。

〔M1919A4機関銃装備型〕

上の車両と異なり、こちらは助手席前方にM1919A4機関銃を装備。フロントウィンドーは取り外している。

〔対空用M2重機関銃装備型〕

仰角を取りやすい背の高いピントルマウントにM2重機関銃を装備。

〔M1919A4機関銃装備型〕

フロントウィンドーを取り外すことなく、助手席外側にピントルマウントを増設し、M1919A4機関銃を装備している。

《 重武装型 》

〔37mm対戦車砲搭載型〕

後部に37mm対戦車砲を搭載し、助手席前部には水冷式M1917A1機関銃を装備。37mm対戦車砲の搭載は無理があり、試作のみで終わった。

〔105mm無反動砲搭載型〕

後部に105mm無反動砲を搭載している。

〔ロケットランチャー搭載型〕

車体後部に12連装4.5インチ・ロケットランチャーを装備。発射時の爆風を防ぐために前部は鋼板で覆われている。

《 戦後のジープ後継車両 》

〔ウィリスM38〕
軍用ジープの最終量産シリーズとしてM38、M38A1合わせて1950〜1952年までに60344台が生産された。

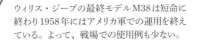

ウィリス・ジープの最終モデルM38は短命に終わり1958年にはアメリカ軍での運用を終えている。よって、戦場での使用例も少ない。

〔ウィリスM38A1〕
1952年に登場したM38の改良型。ウィリスMDとも呼ばれる。

〔フォードM151〕
M38A1の後継車両として1959年に開発された。「ジープ」の呼び名は、ウィリス社の登録商標だったため、M151は「マット（MUTT）」の名で呼ばれた。

〔M151A1〕
リアサスペンションの欠点を改善した改良型。1964年から生産開始。

〔M151A2〕
1970年に登場したM151最終量産型。大幅な改良が実施されている。

〔M825 M40 106mm無反動砲搭載型〕

〔M825 TOW対戦車ミサイル搭載型〕

M151は、公式には「マット」という名称が与えられていたが、アメリカ兵たちは「ケネディジープ」と呼んでいたんだ。

〔ダッジT214WC52（3/4t 4×4）〕
「ビープ」の愛称でも知られる。

〔シボレー MR（1 1/2t 4×2）〕
第二次大戦初期の主要トラックの一つ。フォード社やGM社でも生産された。

〔シボレー YPG4112（1/1/2t 4×4）〕

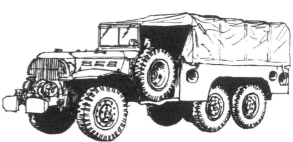

〔ダッジT223WC62（1 1/2t 6×6）〕
T214WC52の延長型。

〔インターナショナルK-7（2 1/2t 4×2）〕

〔GMC CCW-353（2 1/2t 6×4）〕

〔GMC CCKW-353（2 1/2t 6×6）〕
CCKW-353シリーズは、アメリカ製軍用トラックを代表する車種で、GMC
など数社において800000台以上が生産された。「ジミー」の愛称を持つ。

〔GMC CCKW-353A1〕
CCKW-353の密閉キャブ、ショートホイール型。

〔スチュードベーカー US-U2（2 1/2t 6×6）〕
アメリカ軍ではあまり使用されず、生産車の大半は海外供与された。

〔インターナショナルM5H6（2 1/2t 6×6）〕

〔GMC AFKWX-353（2 1/2t 6×6）〕

〔ダイヤモンドT968A（4t 6×6）〕
軍用トラックとしては、2 1/2tトラックに次いで多用された。

〔ホワイト666（6t 6×6）〕
量産型トラックとしては最大クラスだった。

〔マックNo.2（7 1/2t 6×6）〕
大半がガントラックとして活用された。

《 イギリス/カナダ製軍用車両 》

高性能なイギリス製ランドローバーは、世界中で使われているぞ。

〔ランドローバー Mk.I〕
1947年から開発が始まったイギリス製四輪駆動車の最初の量産型。ランドローバー・シリーズは、イギリス軍のみならず、多くの国で制式採用されている。

〔ランドローバー Mk.IIA〕
Mk.IIシリーズは、1958年から量産開始。ホイールベースが88インチと109インチの2種造られた。

〔ランドローバー Mk.III〕
1971年から量産開始。

〔ローバー 7 野戦救急車型〕
Mk.IIAの109インチ型をベースとした救急車型。

〔ベッドフォードQLD〕
イギリスのボクスホール社が量産した兵員・貨物輸送汎用トラック。

〔シボレー C15A〕
GMシボレー・カナダ社とフォード・カナダ社において生産されたCMPシリーズは、第二次大戦時のイギリスおよび英連邦軍の主力トラックだった。

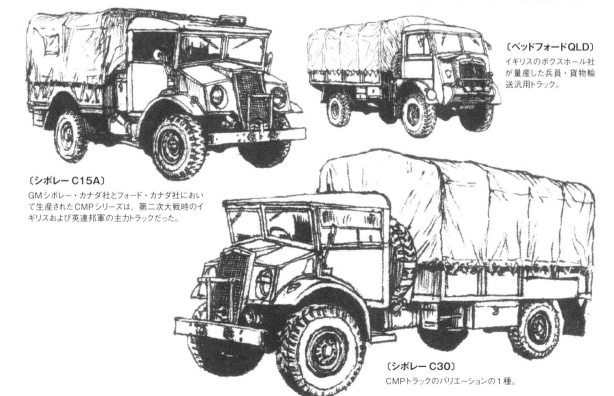

〔シボレー C30〕
CMPトラックのバリエーションの1種。

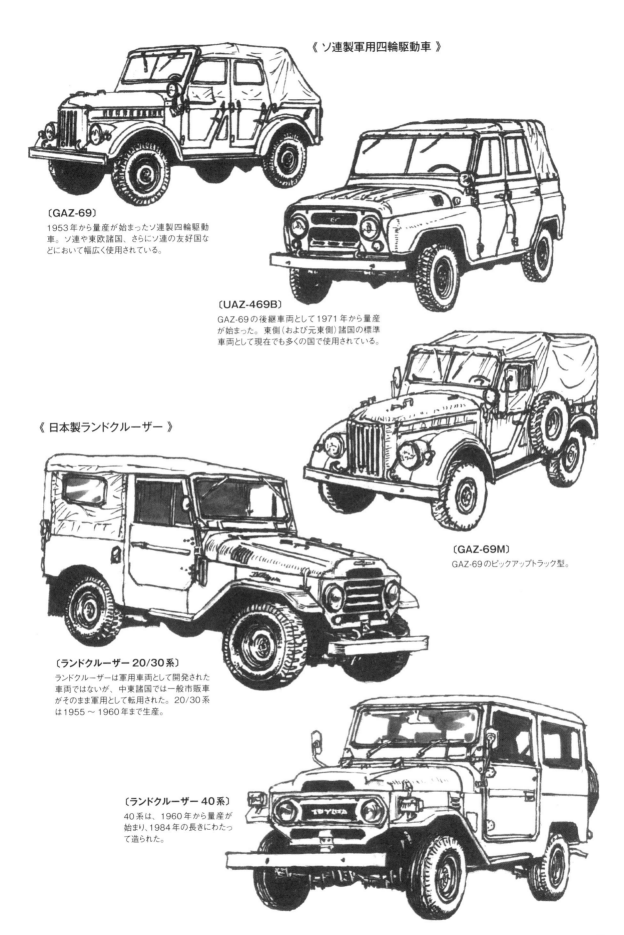

《 ソ連製軍用四輪駆動車 》

〔GAZ-69〕
1953年から量産が始まったソ連製四輪駆動車。ソ連や東欧諸国、さらにソ連の友好国などにおいて幅広く使用されている。

〔UAZ-469B〕
GAZ-69の後継車両として1971年から量産が始まった。東側（および元東側）諸国の標準車両として現在でも多くの国で使用されている。

《 日本製ランドクルーザー 》

〔GAZ-69M〕
GAZ-69のピックアップトラック型。

〔ランドクルーザー 20/30系〕
ランドクルーザーは軍用車両として開発された車両ではないが、中東諸国では一般市販車がそのまま軍用として転用された。20/30系は1955～1960年まで生産。

〔ランドクルーザー 40系〕
40系は、1960年から量産が始まり、1984年の長きにわたって造られた。

イギリス/フランス製戦車

〔巡航戦車Mk.VIII クロムウェルMk.IV〕

1943年より量産が始まったイギリスの巡航戦車。Mk.IVは、QF75mm戦車砲とミーティアエンジンを搭載したクロムウェルの主力型。第一次中東戦争では、イギリス軍駐屯地から盗み出された2両がイスラエル軍によって使用された。

〔データ〕
全長：6.35m
全幅：2.91m
全高：2.49m
重量：27.9t
エンジン：ロールスロイス・ミーティア
V型12気筒液冷ガソリン
装甲厚：8～76.7mm
武装：QF75mm戦車砲×1、
7.92mmベサ機関銃×2
乗員：5名

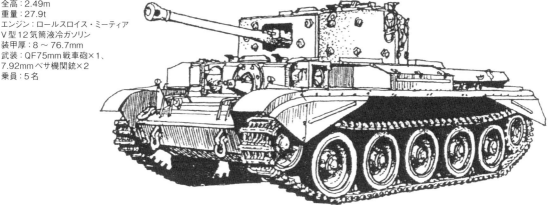

〔歩兵戦車Mk.IIA マチルダII Mk.II〕

1939年に部隊配備が始まったイギリスの歩兵戦車。第二次大戦時にはイギリス軍のみならず英連邦のオーストラリア軍、さらにレンドリースによりソ連軍も使用した。第一次中東戦争ではアラブ諸国軍が使用している。

〔データ〕
全長：5.61m
全幅：2.59m
全高：2.52m
重量：27t
エンジン：AEC V型6気筒液冷ディーゼル×2
装甲厚：13～78mm
武装：2ポンド砲×1、7.92mmベサ機関銃×1
乗員：4名

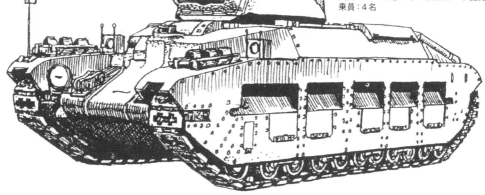

〔巡航戦車Mk.VI クルセーダー Mk.III〕

イギリスのクルセーダー巡航戦車は、1939年から量産が始まり、1942年5月には6ポンド砲を搭載したMk.IIIが登場する。このクルセーダーも第一次中東戦争にアラブ諸国軍が使用した。

〔データ〕
全長：5.98m
全幅：2.64m
全高：2.24m
重量：20t
エンジン：ナフィールド・リバティーV型12気筒
液冷ガソリン
装甲厚：7～51mm
武装：6ポンド砲×1、7.62mmベサ機関銃×1
乗員：3名

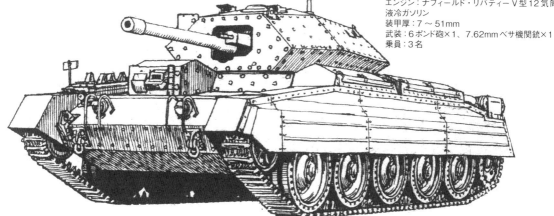

〔オチキスH39〕

1936年から生産が始まったフランス軍軽戦車H35のエンジンと主砲を改良したタイプで、1940年から登場。イスラエル軍創設時はH39などを中心として最初の戦車大隊（2個中隊）が編成された。

〔データ〕
全長：4.22m
全幅：1.85m
全高：2.13m
重量：12t
エンジン：オチキスM1938直列6気筒液冷ガソリン
装甲厚：12～45mm
武装：SA38 37mm戦車砲×1、M1931 7.5mm機関銃×1
乗員：2名

〔ヴィッカーズMk.VIB軽戦車〕

1936年に登場したイギリスのヴィッカーズ社製の軽戦車。

〔データ〕
全長：4.01m
全幅：2.08m
全高：2.26m
重量：5.2t
エンジン：メドウズESTB/AまたはB4直列V型6気筒液冷ガソリン
装甲厚：4～15mm
武装：12.7mmヴィッカーズ重機関銃×1、7.7mmヴィッカーズ機関銃×1
乗員：3名

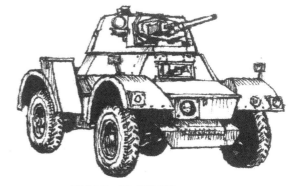

イギリス製装輪装甲車

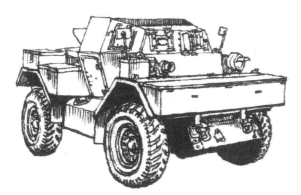

〔ダイムラー Mk.II装甲車〕

イギリスのダイムラー社が開発した威力偵察用の装甲車。1941年4月から量産を開始し、Mk.Iおよび改良型Mk.II合わせて2469両造られている。第一次中東戦争時ではイスラエル軍が使用している。

〔データ〕
全長：3.96m
全幅：2.44m
全高：2.24m
重量：7.5t
エンジン：ダイムラー直列6気筒液冷ガソリン
装甲厚：7～16mm
武装：2ポンド戦車砲×1、7.92mmベサ機関銃×1
乗員：3名

〔ダイムラー・スカウトカー〕

「ディンゴ」の愛称でも知られる偵察用装甲車。イギリスのダイムラー社において開発、1939年から生産が始まり、Mk.I/IB、Mk.II/IIW/IIT、Mk.III合わせて6626両生産された。

〔データ〕
全長：3.18m
全幅：1.72m
全高：1.5m
重量：2.8t
エンジン：ダイムラー直列6気筒液冷ガソリン
装甲厚：最大30mm
武装：7.7mm ブレン機関銃×1
乗員：2名

M4シャーマン戦車

第二次大戦時に連合軍の主力戦車となったM4シャーマン中戦車は、戦後も多くの国で使用された。第一次/第二次中東戦争時、イスラエル軍は中古やスクラップとなっていたM4をかき集め主力戦車として運用。一方のアラブ諸国軍においても主要な戦闘車両の一つとして使われた。

《 代表的なM4シャーマン 》

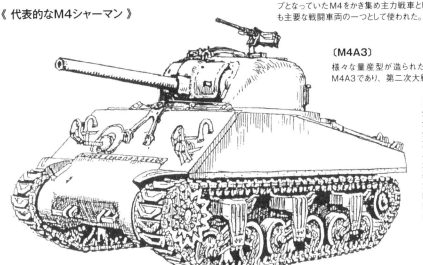

〔M4A3〕

様々な量産型が造られたM4の中でも最も多く生産されたのが、M4A3であり、第二次大戦後期の主力型として各戦線で活躍した。

〔データ〕
全長：6.27m
全幅：2.67m
全高：2.94m
重量：31.6t
エンジン：フォードGAA V型8気筒液冷ガソリン
装甲厚：12.7 ～ 88.9mm
武装：M3 75mm戦車砲×1、M1919A4 7.62mm機関銃×2、M2 12.7mm重機関銃×1
乗員：5名

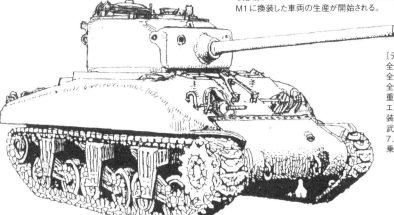

〔M4A1 76.2mm戦車砲型〕

鋳造車体のM4A1は量産当初、短砲身の37.5口径75mm戦車砲M3を搭載していたが、1943年1月には長砲身の52口径76.2mm戦車砲M1に換装した車両の生産が開始される。

〔データ〕
全長：7.39m
全幅：2.67m
全高：2.97m
重量：32t
エンジン：ライトR-975-C1星型9気筒空冷ガソリン
装甲厚：12.7 ～ 107.95mm
武装：M1 76.2mm戦車砲×1、M1919A4 7.62mm機関銃×2、M2 12.7mm重機関銃×1
乗員：5名

〔M4A3 105mm榴弾砲搭載型〕

M4A3をベースとし、主砲を105mm榴弾砲に換装した火力支援型。1944年3～6月までに3039両造られた。

〔データ〕
全長：5.90m
全幅：2.61m
全高：2.74m
重量：31.7t
エンジン：フォードGAA V型8気筒液冷ガソリン
装甲厚：12.7 ～ 107.95mm
武装：M4 105mm榴弾砲×1、M1919A4 7.62mm機関銃×2、M2 12.7mm重機関銃×1
乗員：5名

《 M4シャーマンの車内レイアウト 》

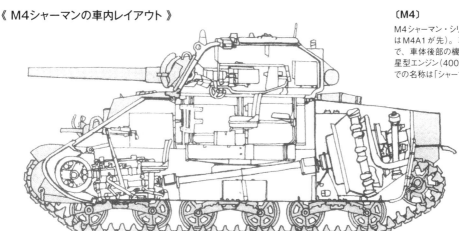

〔M4〕
M4シャーマン・シリーズ最初の量産型（量産開始はM4A1が先）。車体上部は角張った溶接構造で、車体後部の機関室にはライト社製R-975-C1星型エンジン（400hp）を搭載している。イギリス軍での名称は「シャーマンⅠ」。

〔データ〕
全長：5.89m
全幅：2.62m
全高：2.74m
重量：30.35t
エンジン：ライトR-975-C1
星型9気筒空冷ガソリン
装甲厚：12.7 〜 88.9mm
武装：M3 75mm戦車砲×1、
M1919A4 7.62mm機関銃
×2、M2 12.7mm重機関
銃×1
乗員：5名

〔データ〕
全長：7.39m
全幅：2.67m
全高：2.97m
重量：32t
エンジン：ライトR-975-C4星型9気筒空冷ガソリン
装甲厚：12.7 〜 107.95mm
武装：M1 76.2mm戦車砲×1、M1919A4 7.62mm機関銃×2、
M2 12.7mm重機関銃×1
乗員：5名

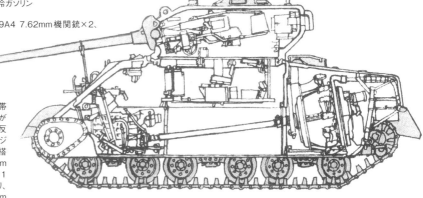

〔M4A1 76.2mm戦車砲型〕
車体上部は、溶接構造式ではなく丸みを帯びた鋳造一体型。M4と比べ、避弾経始が向上し防御性能は良くなっているが、その反面、車内スペースが若干減少した。エンジンは、高出力型のR-975-C4（460hp）を搭載。量産当初は短砲身の37.5口径75mm戦車砲M3を搭載していたが、1944年1月から76.2mm砲搭載型の生産が始まり、同年7月から実戦投入された。76.2mm砲搭載型は高出力型のR-975-C4エンジン（460hp）を搭載。また、1944年9月の生産車からは水平懸架式サスペンションのHVSSも導入されている。図はHVSS装備型。イギリス軍での名称は「シャーマンⅡ」。

〔M4A4〕
大型のクライスラーA57エンジンを搭載したため車体後部が延長されている。1942年6月〜1943年8月までに7499両が生産されたが、それらの大半はイギリスとソ連に供与された。イギリス軍での名称は「シャーマンⅤ」。

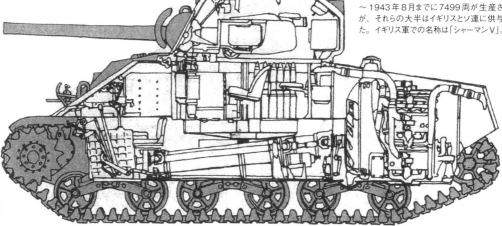

〔データ〕
全長：6.06m
全幅：2.62m
全高：2.74m
重量：31.6t
エンジン：クライスラーA57 30気筒液冷ガソリン
装甲厚：12.7 〜 76.2mm
武装：M3 75mm戦車砲×1、M1919A4 7.62mm機関銃×2、M2 12.7mm重機関銃×1
乗員：5名

《 M4ベースの工兵車両 》

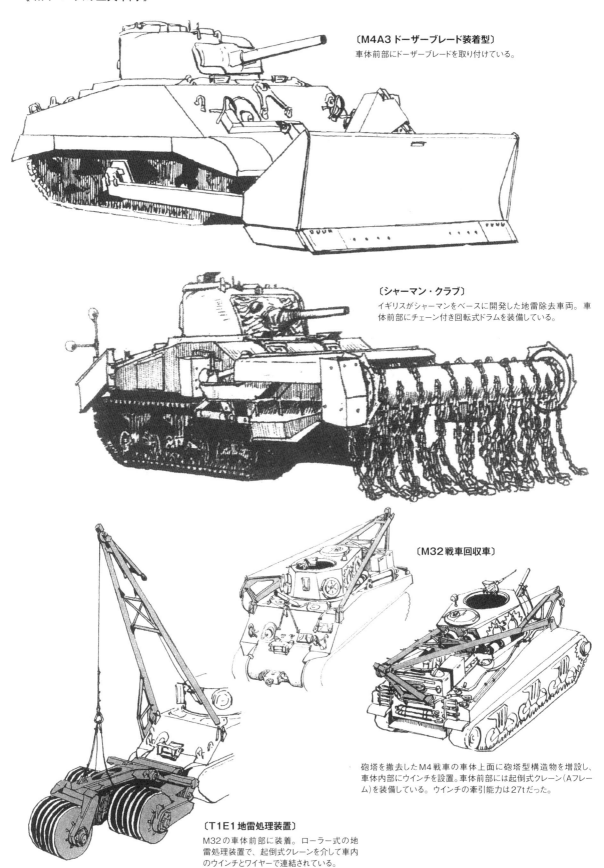

〔M4A3 ドーザーブレード装着型〕
車体前部にドーザーブレードを取り付けている。

〔シャーマン・クラブ〕
イギリスがシャーマンをベースに開発した地雷除去車両。車体前部にチェーン付き回転式ドラムを装備している。

〔M32戦車回収車〕

砲塔を撤去したM4戦車の車体上面に砲塔型構造物を増設し、車体内部にウインチを設置。車体前部には起倒式クレーン（Aフレーム）を装備している。ウインチの牽引能力は27tだった。

〔T1E1 地雷処理装置〕
M32の車体前部に装着。ローラー式の地雷処理装置で、起倒式クレーンを介して車内のウインチとワイヤーで連結されている。

《 M4の車載装備品 》

M4シャーマンの乗員は、車長、砲手、装填手、機銃手、操縦手の5名。砲塔内に前者3名、車体内前部に後者2名が搭乗する。

①乗員用ヘルメット
②ガスマスク、水筒、シートなど乗員用装備類
③ペリスコープ用予備ガラス
④ペリスコープ本体
⑤車内装備工具
⑥予備履帯
⑦車外装備工具
⑧シート、カバー類
⑨M1 サブマシンガン
⑩M1919A4 7.62mm機関銃

⑪M2 12.7mm重機関銃
⑫機関銃用三脚
⑬作業用手袋
⑭牽引ケーブル
⑮12.7mm（.50口径）弾
⑯7.62mm（.30口径）弾
⑰75mm徹甲弾
⑱75mm榴弾
⑲携行糧食

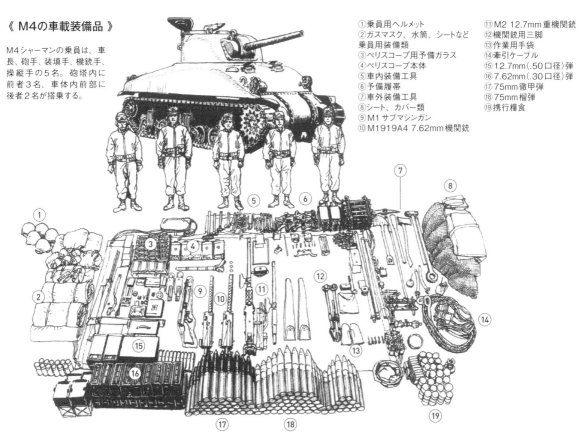

《 M4A3前期型の車内構造 》

①車長席
②無線機
③アンテナ
④エンジン
⑤誘導輪
⑥燃料タンク
⑦予備発電機
⑧無線手兼装填手席
⑨砲塔旋回用スリップリング

⑩砲弾供給器
⑪操縦手席
⑫操向レバー
⑬変速レバー
⑭ギアボックス
⑮操舵ブレーキレバー
⑯機銃手席
⑰砲塔旋回ベアリング
⑱砲尾

⑲砲塔ロック装置
⑳旋回装置
㉑直接照準器
㉒ペリスコープ
㉓ベンチレーター
㉔砲手席
㉕ペリスコープ
㉖M2 12.7mm重機関銃
㉗M3 75mm戦車砲

㉘M1919A4 7.62mm同軸機銃
㉙M1919A4 7.62mm前部機銃

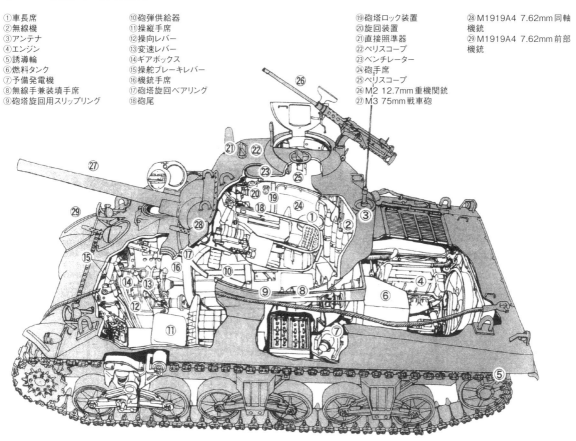

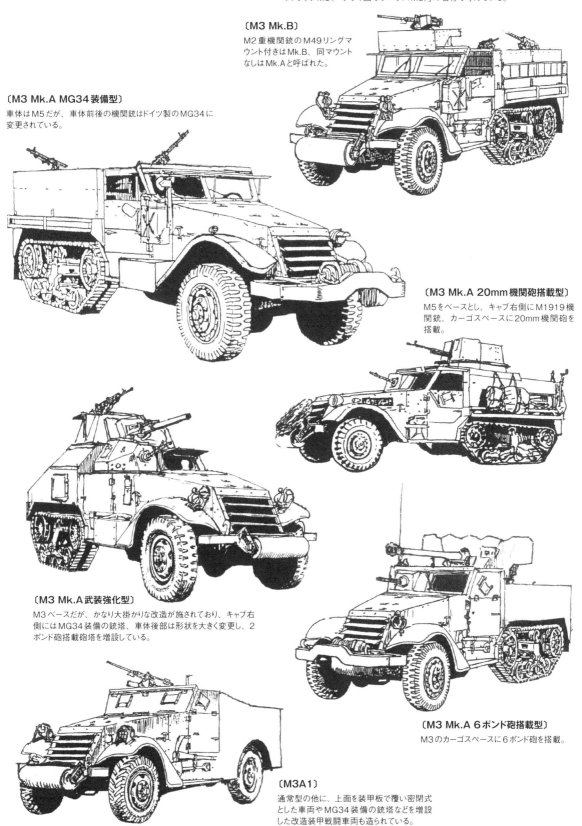

イスラエル軍が使用したM3ハーフトラック

イスラエルは、軍創設時に主力装甲車両の一つとしてM5、M9を含む大量のM3ハーフトラック・シリーズを入手する。イスラエル軍はそれらを装甲兵員輸送車のみならず、各種武装を増設するなど独自の改修を加えた即製装甲戦闘車両（サンドイッチ装甲車）としても活用した。イスラエル軍では、M3、M5、M9の区分けはなく、すべて「ハーフトラックM3（ヘブライ語でザハラムM3）」の名称で呼んでいる。

〔M3 Mk.B〕
M2重機関銃のM49リングマウント付きはMk.B、同マウントなしはMk.Aと呼ばれた。

〔M3 Mk.A MG34装備型〕
車体はM5だが、車体前後の機関銃はドイツ製のMG34に変更されている。

〔M3 Mk.A 20mm機関砲搭載型〕
M5をベースとし、キャブ右側にM1919機関銃、カーゴスペースに20mm機関砲を搭載。

〔M3 Mk.A武装強化型〕
M3ベースだが、かなり大掛かりな改造が施されており、キャブ右側にはMG34装備の銃塔、車体後部は形状を大きく変更し、2ポンド砲搭載砲塔を増設している。

〔M3 Mk.A 6ポンド砲搭載型〕
M3のカーゴスペースに6ポンド砲を搭載。

〔M3A1〕
通常型の他に、上面を装甲板で覆い密閉式とした車両やMG34装備の銃塔などを増設した改造装甲戦闘車両も造られている。

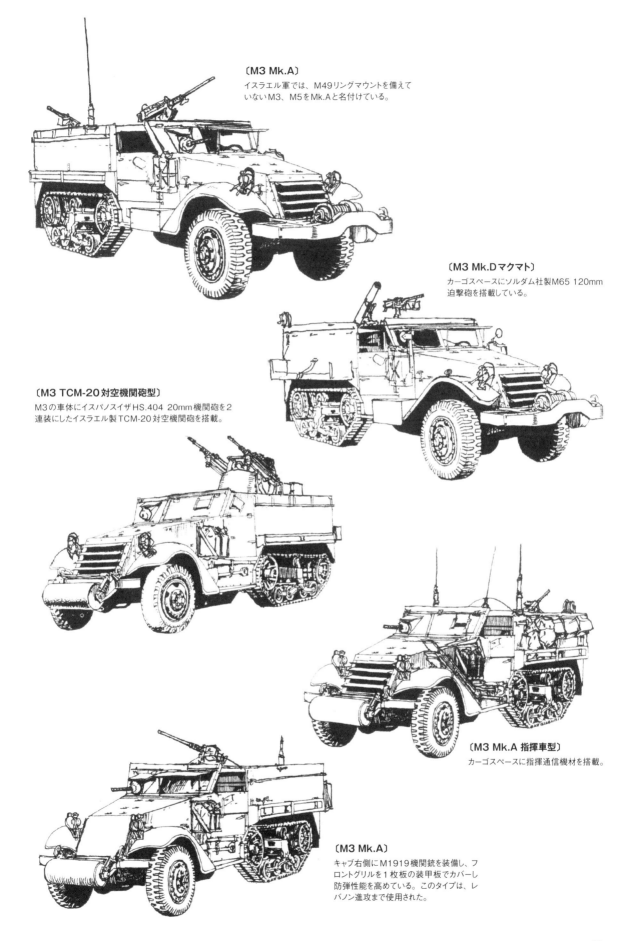

〔M3 Mk.A〕
イスラエル軍では、M49リングマウントを備えて
いないM3、M5をMk.Aと名付けている。

〔M3 Mk.Dマクマト〕
カーゴスペースにソルダム社製M65 120mm
迫撃砲を搭載している。

〔M3 TCM-20対空機関砲型〕
M3の車体にイスパノスイザHS.404 20mm機関砲を2
連装にしたイスラエル製TCM-20対空機関砲を搭載。

〔M3 Mk.A 指揮車型〕
カーゴスペースに指揮通信機材を搭載。

〔M3 Mk.A〕
キャブ右側にM1919機関銃を装備し、フ
ロントグリルを1枚板の装甲板でカバーし
防弾性能を高めている。このタイプは、レ
バノン進攻まで使用された。

第一次中東戦争勃発時、イスラエル軍、アラブ諸国軍ともに第二次大戦兵器の寄せ集めの兵器で編成されていたが、第二次中東戦争の頃には、センチュリオンやAMX-13といった当時最新車両も戦場に投入されるようになった。

《 AMX-13 》

〔AMX-13モデル51（75mm戦車砲型）〕

フランスは、世界各地に散らばる植民地へ空輸可能な軽戦闘車両としてAMX-13を開発する。1951年に制式採用され、1952年からフランス軍部隊に配備が始まる。AMX-13は自国部隊用以外に輸出にも当てられ、エジプト、イスラエル（75mm戦車砲型を150両購入）も購入している。そのため第二次中東戦争ではフランス軍のみならず、イスラエル軍やエジプト軍においてもAMX-13が使用された。

〔データ〕
全長：6.32m
全幅：2.50m
全高：2.30m
重量：14.8t
エンジン：SOFAM 8Gxb V型8気筒液冷ガソリン
装甲厚：10〜25mm
武装：CN-75-50 75mm戦車砲×1、F1 7.5mm機関銃×2
乗員：3名

〔AMX-13/90〕

AMX-13モデル51に搭載されていたCN-75-50 75mm戦車砲（ライフル砲）の内径を大きくし、90mm滑腔砲としたタイプで、車体サイズはそのまま、わずかな重量増加のみで火力が大幅に向上した。

〔データ〕
全長：6.32m
全幅：2.50m
全高：2.30m
重量：15t
エンジン：SOFAM 8Gxb V型8気筒液冷ガソリン
装甲厚：10〜25mm
武装：CN-90-F3 90mm滑腔砲×1、F1 7.62mm機関銃×2
乗員：3名

〔FL-10砲塔の給弾機構〕

AMX-13の最大の特徴は、主砲を固定した砲塔上部が俯仰するという揺動砲塔FL-10の採用である。そのため砲塔内部もかなり特徴的な構造をしており、リボルバー式弾倉を左右に配した自動装填装置が配置されている。

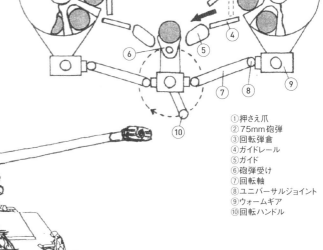

①押さえ爪
②75mm砲弾
③回転弾倉
④ガイドレール
⑤ガイド
⑥砲弾受け
⑦回転軸
⑧ユニバーサルジョイント
⑨ウォームギア
⑩回転ハンドル

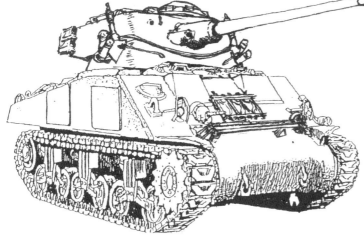

〔M4 エジプト軍改造FL-10砲塔搭載型〕

M4A4車体にAMX-13のFL-10揺動砲塔を搭載したエジプト独自の改造車両。エジプト軍はこの車両を第二次中東戦争で初めて投入、第三次中東戦争でも使用している。

《 センチュリオン戦車 》

戦後第一世代戦車を代表するイギリス製のセンチュリオンは、イギリスのみならず、多くの国で採用された。中東各国においても例外ではなく、ヨルダンが1954〜1956年にMk.1、Mk.3、Mk.5を合わせて50両を受領（後にそれらとは別にMk.7も入手）しており、イラクでは1955年に12両のMk.7を（1957年に40両追加）、エジプトは1956年に計32両のMk.3とMk.5を、クウェートは1961年に25両（形式不明）を受領している。一方、イスラエルはセンチュリオンの導入がアラブ諸国よりも遅れ、1960年代に入ってからイギリスやオランダから余剰となっていたMk.5の導入を開始する。中東におけるセンチュリオンの実戦投入は、1956年の第二次中東戦争からで、イギリス軍がMk.5をエジプト軍がセンチュリオンMk.3を戦場に投入した。

〔データ〕
全長：9.83m
全幅：3.38m
全高：2.94m
重量：50.8t
エンジン：ロールスロイス・ミーティアMk.IVB V型12気筒液冷ガソリン
装甲厚：17〜152mm
武装：Mk.I 20ポンド砲×1、7.92mm ベサ機関銃×1
乗員：4名

〔センチュリオンMk.3〕

第二次大戦時の1943年、イギリスはドイツ軍重戦車に対抗できるA41重巡航戦車の開発に着手し、1945年に試作車両を完成させたが、実戦投入には至らなかった。大戦後、Mk.1、Mk.2を少数生産した後、1948年から初の本格的な量産型となるMk.3の生産に移行した。第二次中東戦争ではエジプト軍がMk.3を使用している。

〔センチュリオンMk.5〕

Mk.3のマイナーチェンジ型で、主砲に排煙器を装備、副武装をM1919A4に変更するなどの改良が加えられた。生産終了後にL7A1 105mm戦車砲への換装も実施されている。第二次中東戦争ではイギリス軍がMk.5を使用した。

〔データ〕
全長：9.83m
全幅：3.38m
全高：2.94m
重量：50.8t
エンジン：ロールスロイス・ミーティアMk.IVB V型12気筒液冷ガソリン
装甲厚：17〜152mm
武装：Mk.I 20ポンド砲×1、M1919A4 7.62mm機関銃×1
乗員：4名

〔 センチュリオンMk.5の車内構造 〕

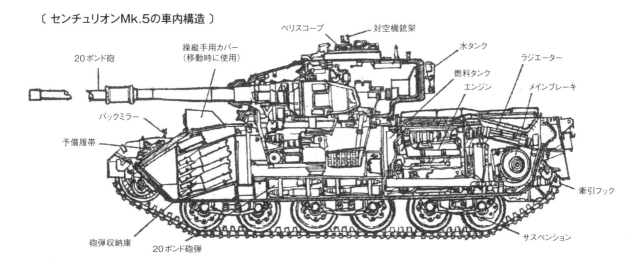

ペリスコープ
対空機銃架
水タンク
操縦手用カバー（移動時に使用）
ラジエーター
燃料タンク
20ポンド砲
エンジン
メインブレーキ
バックミラー
予備履帯
牽引フック
砲弾収納庫
20ポンド砲弾
サスペンション

アラブ諸国軍の装甲車両

第二次大戦直後のアラブ諸国は、イギリス、フランスが宗主国だったこともあり、当初は軍の装備もそれらの国で使用されていたものを使用していた。第一次中東戦争後にソ連、チェコスロバキアなど共産圏からの軍事援助が始まるようになると、エジプト軍などにソ連・東欧兵器の配備が進み、第二次中東戦争では英仏兵器に混じってソ連・東欧製の兵器も大量に使用された。

《 イギリスおよび英連邦製装甲車両 》

〔ハンバー軽偵察車〕
第二次大戦時に開発された偵察用軽装甲車で、1940～1943年までに3600両以上造られた。

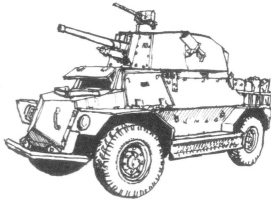

〔マーモン・ヘリントンMk.IVF〕
1940年に南アフリカが開発した偵察用装甲車。1943年から生産が始まったMk.IVは、改設計された車体にQF2ポンド砲搭載砲塔を装備。さらにMk.IVFではフォード・カナダ社製CMPトラックF60Lのシャシーが使用されていた。

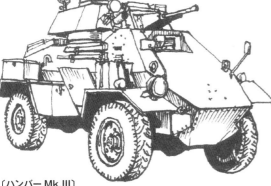

〔ハンバー Mk.III〕
1941年から生産が開始されたイギリス製装甲車。Mk.IIIは、15mmベサ機関銃装備の砲塔を大型化し、無線手も搭乗できるようにしたタイプ。第一次中戦争では、エジプト軍のみならず、イスラエル軍によって歯獲された車両が同軍によっても使用されている。

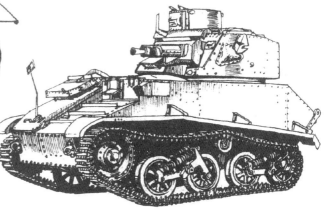

〔Mk.VIB軽戦車〕
1936年から量産が始まったイギリスのヴィッカーズ社製の軽戦車。第二次大戦時には全戦域のイギリス軍に配備されたため、大戦後の中東においても多数が残存していた。

〔ロイドキャリア〕
1939年から生産が始まり、26000両が造られ、イギリス軍および英連邦軍が牽引車両として使用。ユニバーサルキャリアとともに余剰車両が中東戦争で使用されている。

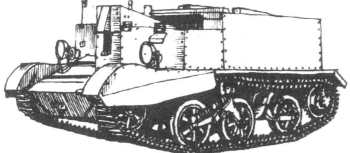

〔ユニバーサルキャリア〕
第二次大戦時のイギリス軍および英連邦軍の主力装軌式汎用輸送車両として全戦域で活躍。生産は1934年から1960年まで続き、その間およそ9万両もの同車両が造られている。中東戦争ではイギリス軍の余剰車両が両陣営において大量に使用された。

《 ソ連製装甲車両 》

〔BTR-40装甲兵員輸送車〕

ソ連において1948年に開発着手され、1950年にソ連軍に制式採用された装輪式4×4の装甲兵員輸送車。GAZ-63のシャシーをベースとしており、全体的なレイアウトは第二次大戦時にレンドリースされたM3スカウトカーが参考にされている。オープントップ式の前部に操縦手と指揮官、後部兵員スペースには歩兵8名が搭乗した。

〔データ〕
全長：5.00m
全幅：1.90m
全高：1.83m
重量：5.3t
エンジン：GAZ-40直列6気筒液冷ガソリン
装甲厚：4〜15mm
武装：SGMT 7.62mm機関銃×1
乗員／兵員：2名／8名

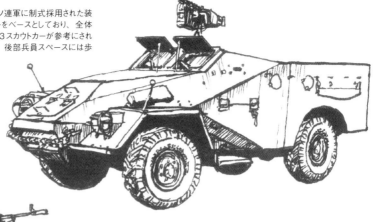

〔データ〕
全長：6.55m
全幅：2.32m
全高：2.36m
重量：8.95t
エンジン：ZIS-123直列6気筒液冷ガソリン
装甲厚：4〜13.5mm
武装：SGMT 7.62mm機関銃×1
乗員／兵員：2名／17名

〔BTR-152装甲兵員輸送車〕

ソ連がBTR-40とともに1950年に制式採用した大型6×6の装輪式装甲兵員輸送車。ZIS-151トラックをベースとし、車体デザインはドイツのSd.Kfz.251とアメリカのM2/M3ハーフトラックを参考にしている。兵員輸送車型の他に多くの派生型も造られ、ソ連、東欧のみならず、社会主義諸国や中東アラブ諸国など多くの国で使用された。

〔BTR-152S装甲指揮車〕

ZIL-157 6×6トラックのシャシーを使用した改良型BTR-152Vをベース車両とし、乗員／兵員スペースの上部を嵩上げ、さらに上面を完全密閉式とした指揮車型。車内には指揮通信機材を設置、車体後部左右には指揮通信用アンテナが設置されている。

第一次/第二次中東戦争時の軍装

イスラエル軍の軍装

第一次中東戦争開戦時、イスラエルにはまだ国軍はなく、アラブ諸国軍に対抗したのは、自警組織から発展したハガナーやシュテルン、レヒ、イルグンなど複数の武装組織だった。イスラエルは第一次休戦期間（1948年6月11日〜7月9日）に、武装組織間の指揮の統一を図るため、再編成を行い、5月26日、新たにイスラエル国防軍（Israel Defense Forces＝IDF）を創設した。当時、将兵の軍装は組織ごとに入手ルートが異なる場合があり、また同じ部隊内でも定数を揃えることが難しく、統一されていなかった。

部隊帽章付きスローチハット

《 ユダヤ人居住地警察官 》

ユダヤ人居住地警察（Jewish Settlement Police）もノートリム所属の部隊として、1936年に創設された。第一次中東戦争時にはハガナーの指揮下で活動している。

カーキドリルシャツ

《 ユダヤ人入植警察官 》

ユダヤ人入植警察（Jewish Supernumerary Police）は、イギリスが治安維持のため1936年に創設したユダヤ人警察組織ノートリム隷下の部隊。イスラエル独立までに2万2000名以上が所属し、第一次中東戦争の際にはハガナーの主要部隊となった。

カーキドリルショートパンツ

ニットキャップ

カルパック帽

詰襟型のカーキドリルジャケット

ルイスMk.I軽機関銃

カーキドリルトラウザース

エンフィールドライフル

P37アンモポーチ

《 パルマッファの隊員 》

パルマッファは委任統治時代、ハガナーの指揮下に編成された精鋭戦闘部隊。開戦時には3個旅団（約2000名）が編成されていた。装備はイギリス軍のP37を使用している。

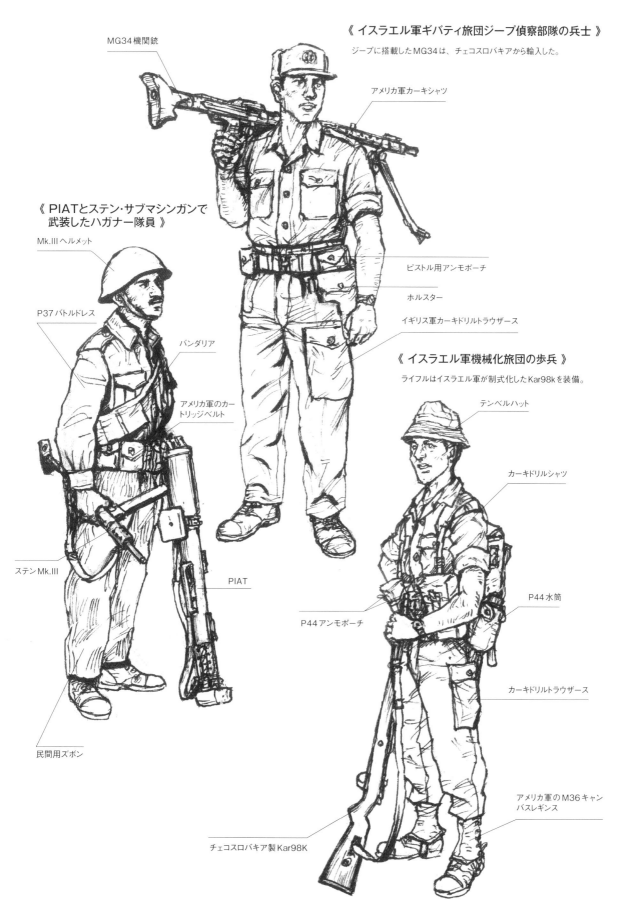

《 イスラエル軍ギバティ旅団ジープ偵察部隊の兵士 》
ジープに搭載したMG34は、チェコスロバキアから輸入した。

MG34機関銃

アメリカ軍カーキシャツ

《 PIATとステン・サブマシンガンで
武装したハガナー隊員 》

Mk.IIIヘルメット

P37バトルドレス

バンダリア

アメリカ軍のカートリッジベルト

ピストル用アンモポーチ

ホルスター

イギリス軍カーキドリルトラウザース

ステンMk.III

PIAT

《 イスラエル軍機械化旅団の歩兵 》
ライフルはイスラエル軍が制式化したKar98kを装備。

テンベルハット

カーキドリルシャツ

P44水筒

P44アンモポーチ

カーキドリルトラウザース

民間用ズボン

アメリカ軍のM36キャンバスレギンス

チェコスロバキア製Kar98K

アラブ諸国軍の軍装

第一次中東戦争に参戦したアラブ諸国の軍隊は、エジプト軍2個旅団と1個サウジアラビア派遣団、ヨルダン軍の精鋭部隊アラブ軍団（2個機械化旅団と2個独立連隊）が主力であった。両国は特にイギリスとの関係が強かったことから、小火器や車両などと同様にイギリス軍の軍装を多く使用している。

SSh-M40ヘルメット

Vz.52ライフル

エジプト軍独自のサンドカラーの野戦服

《 エジプト軍 歩兵伍長 》

カモフラージュネットを被せたMk.Iヘルメット

《 エジプト軍 陸軍少将 》

将校の制服や制帽もイギリス軍に準じたモデルを使用している。

デニム生地のオーバーオール

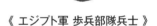

P1907
バイヨネット

ソ連軍ガスマスクバッグ

《 エジプト軍 歩兵部隊兵士 》

第一次中東戦争後、ソ連など共産圏からの軍事援助が始まると、ソ連製装備が増えていく。

ブーツではなくサンダル履き

エンフィールドライフル

《 ヨルダン軍 アラブ軍団装甲車両乗員 》

P40 バトルドレス

ホルスター

P40 バトルトラウザース

《 ヨルダン軍 アラブ軍団の軍曹 》

アラブ軍団の帽章付きヒジャブ

M1928A1 サブマシンガン

P40 バトルドレス

P37 アンモポーチ

P37 レギンス

アンクルブーツ

《 ヨルダン軍 タラール国王
歩兵旅団の伍長 》

M1 ライフル装備のため、カートリッジ
ベルトはアメリカ製を使用している。

M1 ライフル

アメリカ製カートリッジベルト

第三次中東戦争
地上戦

第三次中東戦争

■第三次中東戦争
（1967年6月5〜10日）

　第二次中東戦争終結から11年、1967年に入ると、イスラエルとアラブ側の間に再び緊張が高まっていた。イスラエル国内では、1964年に結成されたパレスチナ解放機構（PLO）によるテロ活動の過激化。シリアでは、前年にPLOの支持する政府がクーデターにより誕生すると、シリア軍はゴラン高原からイスラエル領内の砲撃を始める。それに対して4月にはイスラエル空軍機がシリア軍陣地を爆撃するなど、軍事活動は活発になっていた。また、エジプトも5月14日、シナイ半島へ軍を進駐させ、同地に駐留していた国連緊急軍の撤退を要求。22日にはアカバ湾のチラン海峡を封鎖し、イスラエル

船舶の航行を禁じた。さらにエジプトはシリア、ヨルダンと共同防衛条約を締結して、イスラエルに対する強硬姿勢に出たのである。

　そうしたアラブ側の一連の動きだけでなく、アラブ各国がソ連の軍事援助により第二次中東戦争で失った兵器の補充とともに新型も含めた兵器を入手し、軍備を増強していたこともイスラエルの危機感を強める要因となっていた。この状況を乗り切るため、イスラエルは先制攻撃によりアラブ軍を叩くことを決定する。そして1967年6月5日、イスラエル空軍の奇襲攻撃で第三次中東戦争が始まった。

　イスラエルのこの奇襲攻撃は成功し、アラブ側は各戦線で敗れ、戦いの勝敗はわずか6日間で決して、イスラエル軍の圧勝に終わったのであった。

《 シナイ半島周辺 》

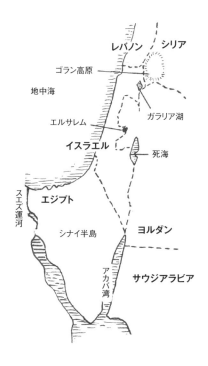

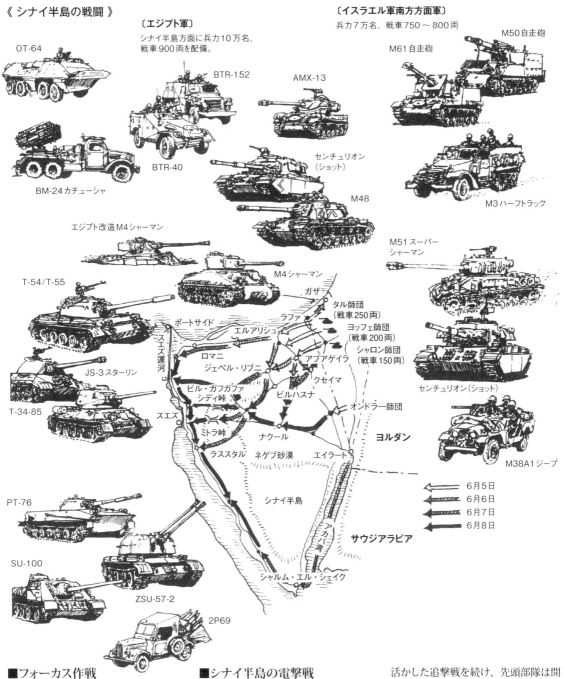

《 シナイ半島の戦闘 》

〔エジプト軍〕

シナイ半島方面に兵力10万名、
戦車900両を配備。

〔イスラエル軍南方方面軍〕

兵力7万名、戦車750～800両

OT-64

BTR-152

AMX-13

M61自走砲

M50自走砲

BTR-40

センチュリオン
（ショット）

M48

M3ハーフトラック

BM-24カチューシャ

エジプト改造M4シャーマン

M51 スーパー
シャーマン

T-54/T-55

M4シャーマン

JS-3スターリン

ガザ

タル師団
（戦車250両）

ポートサイド

ラファ

センチュリオン（ショット）

T-34-85

エルアリシュ

ヨッフェ師団
（戦車200両）

スエズ運河

ロマニ

シャロン師団
（戦車150両）

ビル・ガフガファ

シディ峠

ビルハスナ

アブアゲイラ

クセイマ

M38A1ジープ

スエズ

ミトラ峠

ナクール

オンドラー師団

ヨルダン

PT-76

ラススダル

ネゲブ砂漠

エイラート

6月5日
6月6日
6月7日
6月8日

SU-100

シナイ半島

サウジアラビア

ZSU-57-2

2P69

シャルム・エル・シェイク

■フォーカス作戦

　6月5日の払暁、イスラエル空軍機はレーダー警戒網を避け、低空飛行でアラブ各国の空軍基地を攻撃した。そして一挙に敵航空基地と航空機を破壊し、作戦第1日目にしてアラブ側の空軍力を壊滅した。この攻撃により1日で制空権を掌握したイスラエル軍は、空陸一体の作戦を有利に進めることになった。

■シナイ半島の電撃戦

　イスラエル軍の地上部隊は、空軍の奇襲攻撃と同時に3個機甲師団を主力にシナイ半島およびガザ地区に対しての侵攻を開始した。シナイ半島に展開していたエジプト軍は、5個歩兵師団と2個機甲師団であったが、攻撃を受けるとエジプト軍は各地で総崩れとなり、スエズ運河方面へと退却を始める。
　イスラエル軍の機甲部隊は機動力を

活かした追撃戦を続け、先頭部隊は開戦から4日目の6月8日にスエズ運河に到達する。そしてイスラエル軍は、開戦6日目までにシナイ半島全域を占領することに成功したのである。

■ヨルダン方面の作戦

　エジプトと軍事同盟を結んでいたヨルダンは、6月5日、エルサレムやテルアビブ方面でイスラエル軍に対する攻撃を開始する。そしてエルサレムで

は休戦ラインを越えての戦闘も行った。

イスラエル軍も同日、エルサレム旧市街地を奪還するため作戦を開始する。同奪還作戦にイスラエル軍は、1個空挺旅団と1個機甲旅団を投入。ヨルダン軍も1個旅団を増援するが、イスラエル軍はそれを撃破し、エルサレム旧市街地を6月6日に占領した。次いでイスラエル軍は、ヨルダン川西岸地区に進出し、7日夕方までにヨルダン軍は東岸へと撤退していった。

エジプトとヨルダンは国連安保理の停戦決議を6月8日に受諾。シリアも10日に停戦を受け入れて第三次中東戦争は終結した。

■ゴラン高原占領

シリアは開戦当初、主だった動きは見せず、イスラエル軍に対する砲撃を行うのみであった。イスラエル軍もまた、シリア軍がゴラン高原に築いていた「小マジノ線」と呼ばれる防衛ラインの攻略に慎重であったため、当初は攻撃を控えていたが、6月9日よりゴラン高原への侵攻を開始。航空支援と白兵戦により防衛ラインを突破し、6月10日に同地を占領した。

《 ヨルダン川西岸とゴラン高原 》

レバノン

デル・ハファム

クネイトラ

小マジノ線

ボトミヤ

AMX-13

アル・マゴール

ガリラヤ湖

エルアル

M7 プリースト

76.2mm 野砲

M51 スーパーシャーマン

〔シリア軍〕
兵力6万3000名、戦車750両

IV号戦車
トーチカとして使用。

T-34-85

T-54/T-55

BTR-152

〔イスラエル北部方面軍〕
兵力4個師団、戦車200両

M3 ハーフトラック
機械化歩兵の主力装甲車。

センチュリオン（ショット）

イスラエル

M52自走砲

センチュリオン

M113

M48

AML-90

M51 スーパーシャーマン

センチュリオン（ショット）

ジェニン

カバティア

ナブルス

ヨルダン川

M47

テルアビブ

ラマラー

ジェリコ

エルサレム

〔ヨルダン軍〕
兵力5万5000名、
戦車288両

ランドローバー

サラディン

死海

両陣営の小火器

イスラエル国産のUZIサブマシンガン

第一次中東戦争後、イスラエルのIMI社が設計・開発したイスラエル初の国産小火器。1951年にイスラエル軍が採用し、1954年から生産が始まると、特殊部隊への配備を皮切りに車両部隊、砲兵部隊、歩兵部隊などにも支給された。

〔32連マガジンを装着した状態〕

UZIは第二次中東戦争より使用されている。後に折り畳み式ストックの採用や木製ストックの形状変更、コッキングレバーを大型化するなどの改良が行われた。

〔データ〕
口径：9mm
弾薬：9×19mm（9mmパラベラム弾）
装弾数：ボックスマガジン20発、25発、32発
作動方式：セミ／フルオートマチック切り替え
全長：470mm、650mm（ストック展開時）
銃身長：264mm
重量：3.8kg

UZIは、バレルにグレネードアダプターを装着することで、対戦車榴弾の発射が可能であった。

〔UZI用バイヨネット〕
全長：276mm
刀身長：168mm

バイヨネットを着剣した状態。その際の全長は820mmになるが、白兵戦での効果は低い。

《 UZIの構造 》

ボルト　リコイルスプリング

バレルナット

金属製折り畳み式ストック

フロントサイト　コッキングハンドル　リアサイト

セレクタースイッチ
グリップセフティ
マガジンキャッチ
32連マガジン

空挺部隊の兵科色マルーンの略帽。歩兵軍団の帽章が付く。

ショルダーループから下げた第35空挺旅団部隊章。

コンパクトなUZIは空挺部隊に適した小火器であった。イラストは第35空挺旅団の女性隊員。イスラエルでは女性にも原則2年間の兵役が義務付けられている。

《 フィールドストリッピング 》

UZIは工具を用いることなくここまで分解できる。

レシーバーカバー

バレル

リコイルスプリング

ボルト

バレルナット

レシーバーグループ

ストック
木製ストックは脱着式。

伍長階級章

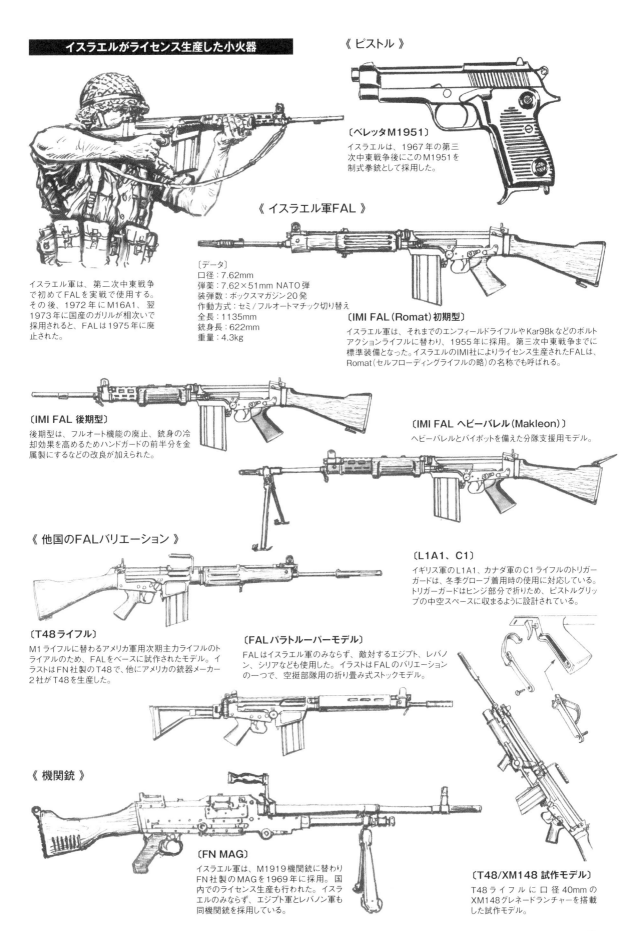

イスラエルがライセンス生産した小火器

《 ピストル 》

〔ベレッタM1951〕
イスラエルは、1967年の第三次中東戦争後にこのM1951を制式拳銃として採用した。

《 イスラエル軍FAL 》

〔データ〕
口径：7.62mm
弾薬：7.62×51mm NATO弾
装弾数：ボックスマガジン20発
作動方式：セミ／フルオートマチック切り替え
全長：1135mm
銃身長：622mm
重量：4.3kg

〔IMI FAL（Romat）初期型〕
イスラエル軍は、それまでのエンフィールドライフルやKar98kなどのボルトアクションライフルに替わり、1955年に採用。第三次中東戦争までに標準装備となった。イスラエルのIMI社によりライセンス生産されたFALは、Romat（セルフローディングライフルの略）の名称でも呼ばれる。

イスラエル軍は、第二次中東戦争で初めてFALを実戦で使用する。その後、1972年にM16A1、翌1973年に国産のガリルが相次いで採用されると、FALは1975年に廃止された。

〔IMI FAL 後期型〕
後期型は、フルオート機能の廃止、銃身の冷却効果を高めるためハンドガードの前半分を金属製にするなどの改良が加えられた。

〔IMI FAL ヘビーバレル（Makleon）〕
ヘビーバレルとバイポットを備えた分隊支援用モデル。

《 他国のFALバリエーション 》

〔L1A1、C1〕
イギリス軍のL1A1、カナダ軍のC1ライフルのトリガーガードは、冬季グローブ着用時の使用に対応している。トリガーガードはヒンジ部分で折りため、ピストルグリップの中空スペースに収まるように設計されている。

〔T48ライフル〕
M1ライフルに替わるアメリカ軍用次期主力ライフルのトライアルのため、FALをベースに試作されたモデル。イラストはFN社製のT48で、他にアメリカの銃器メーカー2社がT48を生産した。

〔FALパラトルーパーモデル〕
FALはイスラエル軍のみならず、敵対するエジプト、レバノン、シリアなども使用した。イラストはFALのバリエーションの一つで、空挺部隊用の折り畳み式ストックモデル。

《 機関銃 》

〔FN MAG〕
イスラエル軍は、M1919機関銃に替わりFN社製のMAGを1969年に採用。国内でのライセンス生産も行われた。イスラエルのみならず、エジプト軍とレバノン軍も同機関銃を採用している。

〔T48/XM148 試作モデル〕
T48ライフルに口径40mmのXM148グレネードランチャーを搭載した試作モデル。

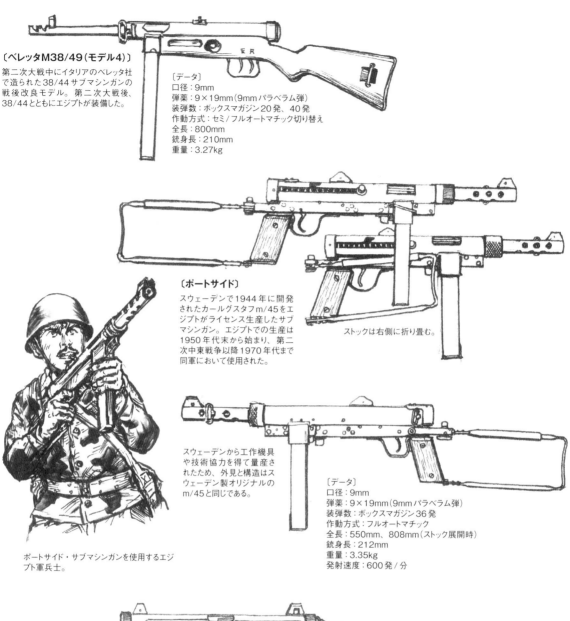

〔ベレッタM38/49（モデル4）〕
第二次大戦中にイタリアのベレッタ社で造られた38/44サブマシンガンの戦後改良モデル。第二次大戦後、38/44とともにエジプトが装備した。

〔データ〕
口径：9mm
弾薬：9×19mm（9mmパラベラム弾）
装弾数：ボックスマガジン20発、40発
作動方式：セミ/フルオートマチック切り替え
全長：800mm
銃身長：210mm
重量：3.27kg

〔ポートサイド〕
スウェーデンで1944年に開発されたカールグスタフm/45をエジプトがライセンス生産したサブマシンガン。エジプトでの生産は1950年代末から始まり、第二次中東戦争以降1970年代まで同軍において使用された。

ストックは右側に折り畳む。

スウェーデンから工作機具や技術協力を得て量産されたため、外見と構造はスウェーデン製オリジナルのm/45と同じである。

〔データ〕
口径：9mm
弾薬：9×19mm（9mmパラベラム弾）
装弾数：ボックスマガジン36発
作動方式：フルオートマチック
全長：550mm、808mm（ストック展開時）
銃身長：212mm
重量：3.35kg
発射速度：600発/分

ポートサイド・サブマシンガンを使用するエジプト軍兵士。

〔ベレッタM12〕
イタリアのベレッタ社が1959年に開発したサブマシンガン。1961年にイタリア軍や国家憲兵隊が採用した。海外にも輸出され、エジプトでは軍や警察に配備された。

〔データ〕
口径：9mm
弾薬：9×19mm（9mmパラベラム弾）
装弾数：ボックスマガジン20発、30発、40発
作動方式：セミ/フルオートマチック切り替え
全長：418mm、645mm（ストック延長時）
銃身長：200mm
重量：3.73kg
発射速度：550発/分

〔MAT-49〕
1949年にフランスで開発されたサブマシンガン。1946年の独立までフランスの統治下にあった関係から独立後にレバノン軍とシリア軍で使用されている。

〔データ〕
口径：9mm
弾薬：9×19mm（9mmパラベラム弾）
装弾数：ボックスマガジン20発、32発
作動方式：フルオートマチック
全長：460mm、720mm（ストック延長時）
銃身長：230mm
重量：3.5kg
発射速度：600発/分

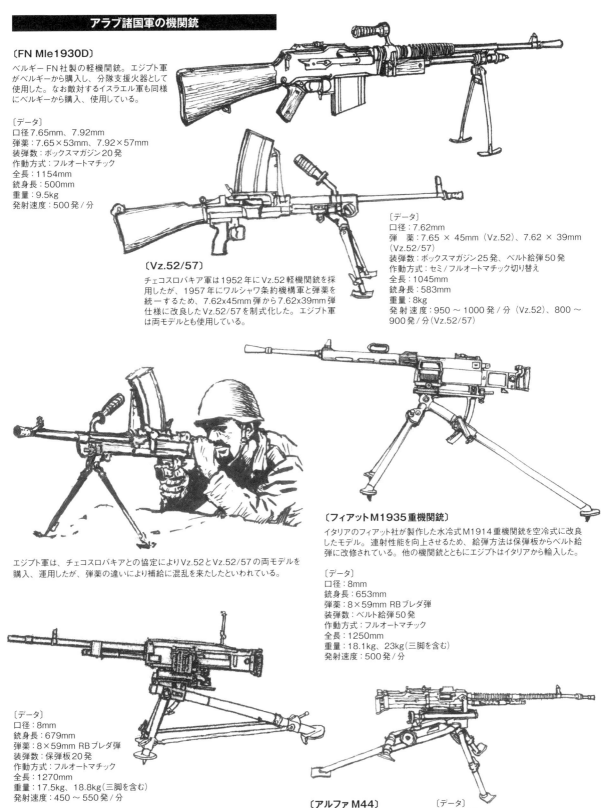

〔FN Mle1930D〕
ベルギーFN社製の軽機関銃。エジプト軍がベルギーから購入し、分隊支援火器として使用した。なお敵対するイスラエル軍も同様にベルギーから購入、使用している。

〔データ〕
口径7.65mm、7.92mm
弾薬：7.65×53mm、7.92×57mm
装弾数：ボックスマガジン20発
作動方式：フルオートマチック
全長：1154mm
銃身長：500mm
重量：9.5kg
発射速度：500発／分

〔Vz.52/57〕
チェコスロバキア軍は1952年にVz.52軽機関銃を採用したが、1957年にワルシャワ条約機構軍と弾薬を統一するため、7.62×45mm弾から7.62×39mm弾仕様に改良したVz.52/57を制式化した。エジプト軍は両モデルとも使用している。

〔データ〕
口径：7.62mm
弾薬：7.65×45mm（Vz.52）、7.62×39mm（Vz.52/57）
装弾数：ボックスマガジン25発、ベルト給弾50発
作動方式：セミ／フルオートマチック切り替え
全長：1045mm
銃身長：583mm
重量：8kg
発射速度：950～1000発／分（Vz.52）、800～900発／分（Vz.52/57）

エジプト軍は、チェコスロバキアとの協定によりVz.52とVz.52/57の両モデルを購入、運用したが、弾薬の違いにより補給に混乱を来したといわれている。

〔フィアットM1935重機関銃〕
イタリアのフィアット社が製作した水冷式M1914重機関銃を空冷式に改良したモデル。連射性能を向上させるため、給弾方法は保弾板からベルト給弾に改修されている。他の機関銃とともにエジプトはイタリアから輸入した。

〔データ〕
口径：8mm
銃身長：653mm
弾薬：8×59mm RBブレダ弾
装弾数：ベルト給弾50発
作動方式：フルオートマチック
全長：1250mm
重量：18.1kg、23kg（三脚を含む）
発射速度：500発／分

〔データ〕
口径：8mm
銃身長：679mm
弾薬：8×59mm RBブレダ弾
装弾数：保弾板20発
作動方式：フルオートマチック
全長：1270mm
重量：17.5kg、18.8kg（三脚を含む）
発射速度：450～550発／分

〔ブレダM1937重機関銃〕
1937年にイタリア軍によって制式採用された8mm口径の重機関銃。連射能力、威力、耐久性など高い評価を得ていた。装弾には保弾板を用いるが、薬室に装填された装弾の薬莢は発射後、排出されず、保弾板に戻されるという特徴ある機能を持っている。第一次中東戦争時、エジプト軍が装備したM13/40中戦車には、このM1937をベースに造られたM1938車載機関銃が搭載されていた。

〔アルファM44〕
1943年にスペインで開発された重機関銃。1955年には使用弾薬を7.62×51mm NATO弾に改修したM55も造られた。エジプト軍によって第二次、第三次中東戦争で使用されている。

〔データ〕
口径：7.92mm
銃身長：750mm
弾薬：7.92×57mm（8mmマウザー弾）
装弾数：ベルト給弾50発
作動方式：フルオートマチック
全長：1450mm
重量：13kg
発射速度：450～550発／分

第二次／第三次中東戦争において当時の主力小銃だったFALに幾つかの欠点が露呈したため、イスラエル軍は新たな主力小銃としてガリルを開発する。ガリルの部隊運用は、第四次中東戦争直後の1974年から始まり、軍だけでなく国境警備隊や警察などでも使用された。2020年までに段階的に廃止され、現在はM16A2、M4カービン、タボールTAR-21などに更新されている。

〔ソ連製AK-47〕

〔フィンランド製 バルメRk62〕

〔イスラエル国産 ガリルARM〕

それまでイスラエル軍が使用していたFALは、砂漠戦における作動不良、全長が長く車両移動の際にかさばることなどが問題視されていた。それに対してアラブ諸国軍側のAK-47やAKMは、砂漠の過酷な環境においても作動する優れた性能を発揮していた。イスラエル軍の一部ではFALに代わり、アラブ諸国軍から鹵獲したAK-47を使用していた部隊もあったことから、イスラエル軍は主力ライフルの国産化を計画、誕生したのがガリルである。開発に当たってイスラエルはAK-47とフィンランドのバルメRk62などを参考に設計している。

ガリルのマガジンは、30連、35連、50連の3種類。30連と35連は主にSARとARで、50連はARMで使用するが、互換性があるので、いずれのモデルにも使用可能だった。

〔マガジン各種〕

30連

35連

50連

ガリルのレシーバーは、AKシリーズと同じような外見を持つが、右手でグリップを握りながら左手で操作できる大型のコッキングレバーなど、ガリル・オリジナルのデザインも採り入れている。

セレクターレバーもグリップを握った状態で操作が可能。

ガリルが公表された当時、話題の一つとなったのが、この栓抜き付きハンドガード。この機能は、それまで兵士が戦場でビンのフタを開ける際、銃の一部に引っ掛けるなどして銃のパーツ変形を招いたことから採用された。

バイポッドの基部にはワイヤーカッター機能を装備。バイポッドを収納位置から展開位置に移動させることで鉄条網などを切断できる。

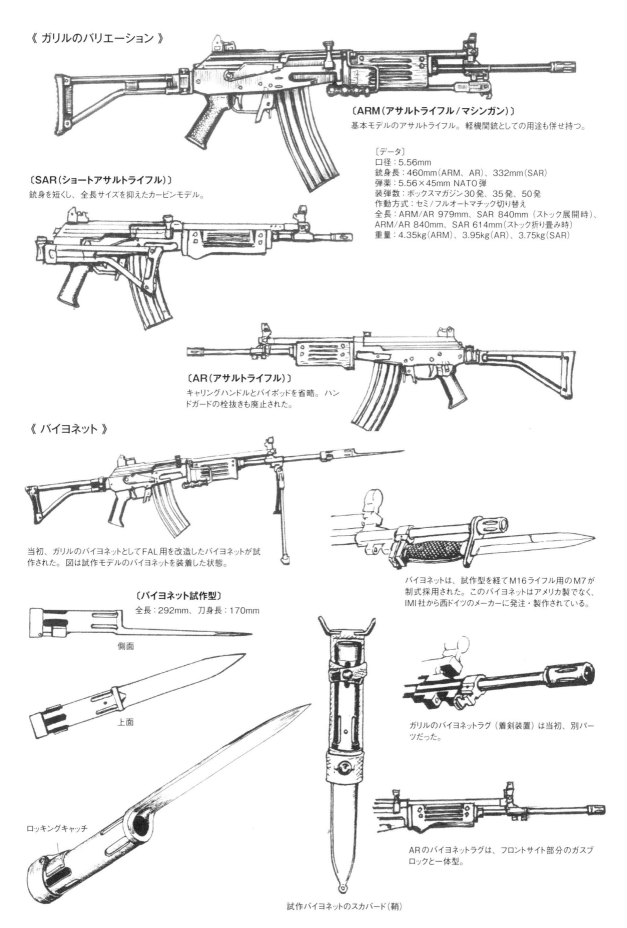

《 ガリルのバリエーション 》

〔ARM（アサルトライフル／マシンガン）〕
基本モデルのアサルトライフル。軽機関銃としての用途も併せ持つ。

〔データ〕
口径：5.56mm
銃身長：460mm（ARM、AR）、332mm（SAR）
弾薬：5.56×45mm NATO弾
装弾数：ボックスマガジン30発、35発、50発
作動方式：セミ／フルオートマチック切り替え
全長：ARM／AR 979mm、SAR 840mm（ストック展開時）、
ARM／AR 840mm、SAR 614mm（ストック折り畳み時）
重量：4.35kg（ARM）、3.95kg（AR）、3.75kg（SAR）

〔SAR（ショートアサルトライフル）〕
銃身を短くし、全長サイズを抑えたカービンモデル。

〔AR（アサルトライフル）〕
キャリングハンドルとバイポッドを省略。ハンドガードの栓抜きも廃止された。

《 バイヨネット 》

当初、ガリルのバイヨネットとしてFAL用を改造したバイヨネットが試作された。図は試作モデルのバイヨネットを装着した状態。

バイヨネットは、試作型を経てM16ライフル用のM7が制式採用された。このバイヨネットはアメリカ製でなく、IMI社から西ドイツのメーカーに発注・製作されている。

〔バイヨネット試作型〕
全長：292mm、刀身長：170mm

側面

上面

ロッキングキャッチ

ガリルのバイヨネットラグ（着剣装置）は当初、別パーツだった。

ARのバイヨネットラグは、フロントサイト部分のガスブロックと一体型。

試作バイヨネットのスカバード（鞘）

M16アサルトライフル

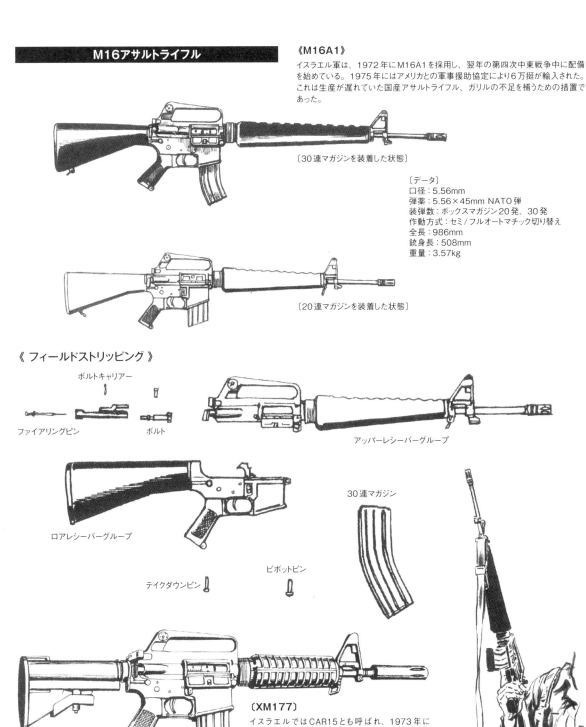

《M16A1》

イスラエル軍は、1972年にM16A1を採用し、翌年の第四次中東戦争中に配備を始めている。1975年にはアメリカとの軍事援助協定により6万挺が輸入された。これは生産が遅れていた国産アサルトライフル、ガリルの不足を補うための措置であった。

〔30連マガジンを装着した状態〕

〔データ〕
口径：5.56mm
弾薬：5.56×45mm NATO弾
装弾数：ボックスマガジン20発、30発
作動方式：セミ/フルオートマチック切り替え
全長：986mm
銃身長：508mm
重量：3.57kg

〔20連マガジンを装着した状態〕

《 フィールドストリッピング 》

ボルトキャリアー

ファイアリングピン

ボルト

アッパーレシーバーグループ

ロアレシーバーグループ

30連マガジン

テイクダウンピン

ピボットピン

〔データ〕
口径：5.56mm
弾薬：5.56×45mm NATO弾
装弾数：ボックスマガジン20発、30発
作動方式：セミ/フルオートマチック切り替え
全長：719mm、826mm（ストック延長時）
銃身長：254mm
重量：2.36kg

〔XM177〕

イスラエルではCAR15とも呼ばれ、1973年にM16A1とともにアメリカから輸入した。当初は軍の特殊部隊のみに配備されていた。2000年のM4カービン採用により、現在、XM177は予備役の歩兵旅団などで使用されている。

〔M16A1カービン〕

コルト社が製作した銃身長370mmのカービンモデルM653。イスラエル軍では、1990年代から配備された。

FALより全長が短く、軽量なM16A1はイスラエル兵に好まれた。

その他の小火器

M203グレネードランチャーを装着したM16A1。

〔M203グレネードランチャー〕
アメリカ軍が1969年から使用するアンダーバレル方式のグレネードランチャー。イスラエル軍ではM16の他、ガリルにも装着して運用した。

〔データ〕
口径：40mm
弾薬：40×46mmグレネード弾
装弾数1発
作動方式：ポンプアクション単発
全長：380mm
銃身長：305mm
重量：1.36kg

M203を装着したガリルを構えるイスラエル軍兵士。

〔IDF M14 SWS（スナイパーウェポンシステム）〕
イスラエル軍が1973～1997年まで使用したスナイパーライフル。1973年にアメリカから輸入したM14ライフルをスナイパーライフルに改造し、ニムロッドまたはカーレス社製6×40スコープを装備している。

〔データ〕
口径：7.62mm
弾薬：7.62×51mm NATO弾
装弾数：ボックスマガジン20発
作動方式：セミオートマチック
全長：1118mm
銃身長：559mm
重量：5.27kg

〔M60機関銃〕
アメリカ軍が1957年に採用した汎用機関銃。ヨルダン軍とレバノン軍、1980年代に入るとエジプト軍も装備。

〔データ〕
口径：7.62mm
弾薬：7.62×51mm NATO弾
装弾数：ベルト給弾100～250発
作動方式：フルオートマチック
全長：110.5mm
銃身長：560mm
重量：10.51kg

〔M2重機関銃〕
M2重機関銃は、戦車を始め装甲車両や輸送用トラックに搭載された他、陣地の防衛用など多用途に使われている。

リアサイト
コッキングハンドル
フロントサイト
トリガー
バレルキャリングハンドル
ハンドルグリップ

起倒式のリーフサイトは、100～2600ヤード（約91～2337m）の照準に対応している。

メルカバMk.3の砲身基部上にもこのM2が搭載されている。M2は主砲と同軸になっており、車内から操作が可能。市街戦で効果があるとされて制式装備となった。

〔データ〕
口径：50口径
弾薬：12.7×99mm（.50 BMG）
装弾数：ベルト給弾110発
作動方式：セミ／フルオートマチック切り替え
全長：1645mm
銃身長：1143mm
重量：38.1kg（本体のみ）、58kg（三脚を含む）
発射速度：485～635発／分

これがM16A1アサルトライフルだ。

このM16は小口径高速弾を使用しており、有効射程200mという近接戦闘自動小銃で、イスラエル軍はアメリカの軍事援助により1975年から装備しています。

《 セフティ操作 》

①マガジンキャッチを押してマガジンを抜く。

②チャージングハンドルを引き、チャンバー内に弾が残っていないか確認する。

③セレクターレバーをSAFE（安全）の位置にする。

《 セレクター 》

セレクターはSAFE（安全）、SEMI（半自動）、AUTO（自動）に切り換えることができ、コッキングはセレクターが安全位置のまま行う。左側にあるボルトキャッチは、ボルトを後退位置で止めるもので、ボルトキャッチの上部を押すとボルトは前進閉鎖する。チャージングハンドルを後方に引くと、ボルトとボルトキャリアが後退する。

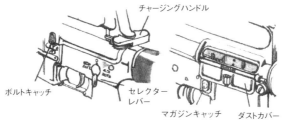

《 ダストカバー 》

トリガー上部のマガジンキャッチを押すと、マガジンが外れる。エジェクションポート（排英口）にはダストカバーがあり、異物が入るのを防いでいる。カバーはボルトが後退すると、自動的に開く。

《 トリガーガード 》

防寒グローブを着用している際、トリガーを引きやすくするためトリガーガードは、前方のスプリングピンを押して開くことが可能。

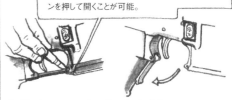

《 フロントサイト（照星）》

フロントサイトは、高さの調整が可能。UPの矢印方向にスプリングピンを押し下げて回す。100mで2.8cm、200mで5.6cmと着弾点の調整ができる。

《 リアサイト（照門）》

L型のピープサイト（孔照門）は、0～300mと300～500m（Lの刻印がある）の切り替え式。左右の調整は、調整用ダイヤルを回して行う。

《 ボルトフォワードアシストノブ 》

ボルトの閉鎖が不完全な場合、ボルトフォワードアシストノブを押して強制閉鎖する。

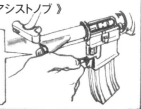

《 分解と手入れ 》

M16は当初、作動不良が多発して欠陥ライフルといわれた。

コラー！ エリザ、M16は射撃後の手入れが特に大切なんだ！

ベトナム戦のアメリカ兵たちはこれを怠って、エライ目にあってるんだゾ。

①マガジンを抜き、チャージングハンドルを引いて、チャンバー内に残弾がないか確認する。

②セレクターをSAFEにしてから弾薬などを利用してテイクダウンピンを左側から押し出す。

③チャージングハンドルを引くと、ボルトとボルトキャリア・グループを引き出すことができる。掃除のためにエキストラクターピンとエキストラクターを取り外す。

《 ボルトの分解 》

①ボルトをボルトキャリアから抜くには、ボルトカムピンを90°回して上方に引き抜く。

②ファイアリングピンを利用し、エキストラクターピンを抜けば、ボルトからエキストラクターを分離できる。

③組み立てる際は、ファイアリングピンを前進させた状態で行う。

ボルト

ファイアリングピン

《 クリーニングキット 》

チャンバーブラシ

クリーニングロッド

ストックは中空構造になっており、内部にクリーニングキットを収納している。
M16の作動システムはシンプルであるが、常にクリーニングをしなければ、安定した作動は望めない。

ボルトを清掃して、ヒビ割れなどを見つけたら、すぐに交換する。

さて、通常分解はここまでだ。射撃後の手入れは、これで十分だが、このピボットピンを抜けば、アッパーレシーバーとロアレシーバーが分離できる。どうだサンディ、完全分解までやってみるか？

ヒェ～～～、軍曹どの～～～、今回はここまでにいたしとうございます～～ッ。

《 クリーニング箇所 》

①銃身とチャンバー内

②ボルトキャリアーキイ

④ボルトキャリアーへの注油

③ガスチューブのクリーニング

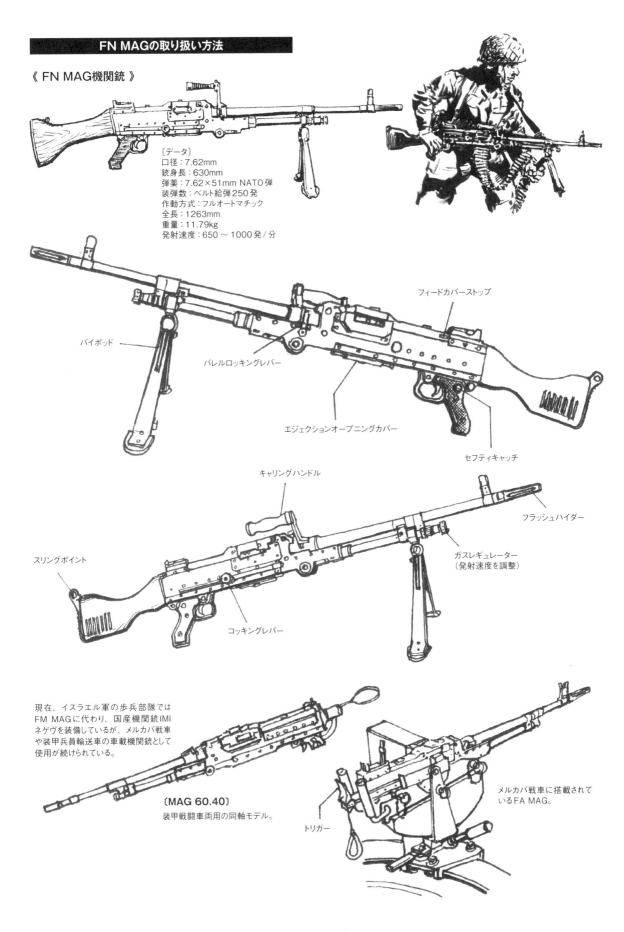

FN MAGの取り扱い方法

《 FN MAG機関銃 》

〔データ〕
口径：7.62mm
銃身長：630mm
弾薬：7.62×51mm NATO弾
装弾数：ベルト給弾250発
作動方式：フルオートマチック
全長：1263mm
重量：11.79kg
発射速度：650～1000発/分

フィードカバーストップ

バイポッド

バレルロッキングレバー

エジェクションオープニングカバー

セフティキャッチ

キャリングハンドル

フラッシュハイダー

スリングポイント

ガスレギュレーター
（発射速度を調整）

コッキングレバー

現在、イスラエル軍の歩兵部隊では
FM MAGに代わり、国産機関銃IMI
ネゲヴを装備しているが、メルカバ戦車
や装甲兵員輸送車の車載機関銃として
使用が続けられている。

〔MAG 60.40〕
装甲戦闘車両用の同軸モデル。

トリガー

メルカバ戦車に搭載されて
いるFA MAG。

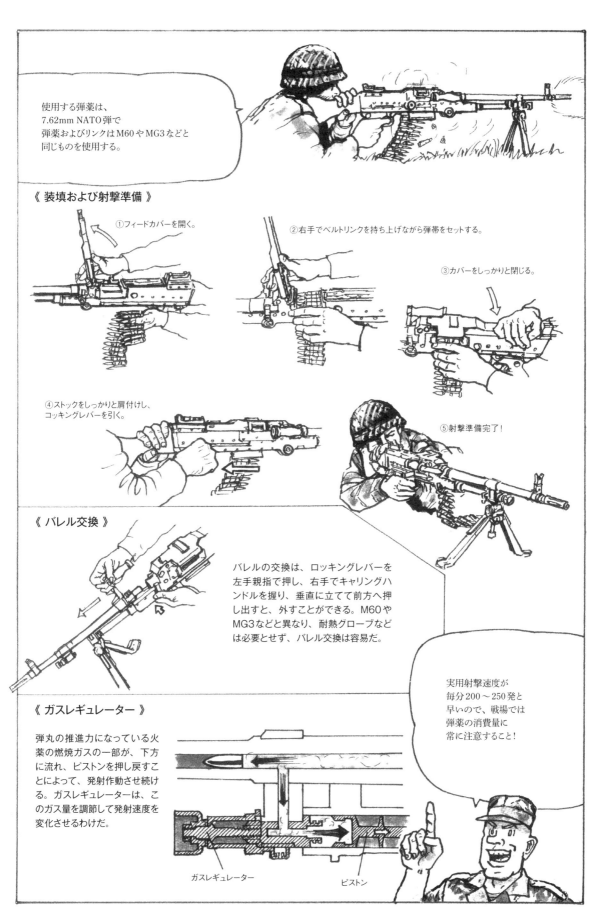

使用する弾薬は、
7.62mm NATO弾で
弾薬およびリンクはM60やMG3などと
同じものを使用する。

《 装填および射撃準備 》

①フィードカバーを開く。

②右手でベルトリンクを持ち上げながら弾帯をセットする。

③カバーをしっかりと閉じる。

④ストックをしっかりと肩付けし、
コッキングレバーを引く。

⑤射撃準備完了!

《 バレル交換 》

バレルの交換は、ロッキングレバーを
左手親指で押し、右手でキャリングハ
ンドルを握り、垂直に立てて前方へ押
し出すと、外すことができる。M60や
MG3などと異なり、耐熱グローブなど
は必要とせず、バレル交換は容易だ。

実用射撃速度が
毎分200〜250発と
早いので、戦場では
弾薬の消費量に
常に注意すること!

《 ガスレギュレーター 》

弾丸の推進力になっている火
薬の燃焼ガスの一部が、下方
に流れ、ピストンを押し戻すこ
とによって、発射作動させ続け
る。ガスレギュレーターは、こ
のガス量を調節して発射速度を
変化させるわけだ。

ガスレギュレーター

ピストン

イスラエル軍の戦闘車両

イスラエルは、1960年代初頭にイギリスから中古のセンチュリオンMk.5を60両購入したのを手始めに、運用各国で余剰になっていた車両を大量に買い集め、センチュリオンはM4火力強化型のM50/M51スーパーシャーマンとともにイスラエル機甲部隊の主力戦車として配備された。しかし、1964年のゴラン高原におけるシリア軍との戦闘においてセンチュリオンは火力不足と機動性能の低さ、パワーパックの信頼性欠如などの欠点を露呈してしまう。そこで、急遽イスラエル軍はセンチュリオンの主砲をL7A1 105mm戦車砲に換装し、火力の向上を図る。その後、エンジンおよび変速機を米国製ディーゼルエンジンと変速機に換装するなどの改良を施し、最終的にはERA装着による防御力の強化なども実施し、順次性能向上を図っていった。イスラエル軍では、オリジナルの20ポンド砲搭載型およびL7A1 105mm戦車砲を搭載したセンチュリオンに「ショット」の名称を、さらにパワーパックを換装するとともに機関室のレイアウトを大幅に変更した改良型には「ショット・カル」の名を与えている。

《 第3次中東戦争時のセンチュリオン 》

〔ショット〕

1964年のゴラン高原での戦訓から主砲の20ポンド砲をL7A1 105mm戦車砲に換装し、火力の強化が図られている。しかし、問題が指摘されていたエンジンおよび変速機などパワーパックはそのままだった。

〔データ〕
全長：9.85m
全幅：3.39m
全高：2.94m
重量：51.8t
エンジン：ロールスルイス・ミーティアMk.IVB V型12気筒液冷ガソリン
装甲厚：17～152mm
武装：L7A1 105mm戦車砲×1、M1919A4 7.62mm機関銃×1
乗員：4名

〔データ〕
全長：9.85m
全幅：3.39m
全高：3.01m
重量：53.82t
エンジン：コンチネンタルAVDS-1790-2A V型12気筒空冷ディーゼル
装甲厚：17～152mm
武装：L7A1 105mm戦車砲×1、M1919A4 7.62mm機関銃×1、M2 12.7mm重機関銃×1
乗員：4名

《 第四次中東戦争時のセンチュリオン 》

〔ショット・カル〕

機動性能および機関部の信頼性向上のためにロールスロイス・ミーティア・ガソリンエンジンをアメリカ製のコンチネルタルAVDS-1790-2Aディーゼルエンジンに変更、さらにメリット・ブラウンZ51R手動変速機もアメリカ製のアリソンCD-850-6自動変速機に交換されている。こうしたエンジン、変速機の換装に伴い、車体後部機関室の形状、レイアウトも大幅に変更された。イスラエル軍での制式名称は「ショット・カル」だが、しばしば「ベングリオン」の非公式名称で呼ばれることもある。

イスラエル軍のスーパーシャーマン

中東戦争当初からイスラエル軍の主力戦車として活躍したM4シャーマンだったが、1950年代半ば、エジプト軍を始めとするアラブ諸国軍にはT-34-85などの強力なソ連・東欧製戦闘車両が供与されるようになると、イスラエル軍は、それらに対抗するためにM4 76.2mm戦車砲型（同軍呼称はM1スーパーシャーマン）の導入とともにM4の火力強化型M50、M51スーパーシャーマンの開発を進めた。

〔M50 Mk.Iスーパーシャーマン〕

AMX-13に搭載されていたフランス製CN-75-50 75mm戦車砲を搭載したM4の火力向上型で、第二次中東戦争から戦場に投入した。CN-75-50を搭載するために砲塔前部には鋳造製砲耳カバーの張り出しを増設し、砲塔後部はカウンターウェイトを兼ねた鋳造製バズルを溶接、大型化している。M50 Mk.Iは、基本的にコンチネンタル製ガソリンエンジン搭載、VVSSサスペンション装備である。図はA1車体だが、A2、A3、A4（このタイプが最も多い）車体やハイブリット車体を用いた車両もあった。

〔データ〕
重量：34t
エンジン：コンチネンタルR-975-C4 星型9気筒空冷ガソリン
武装：CN-75-50 75mm戦車砲×1、M1919A4 7.62mm機関銃×1、M2 12.7mm重機関銃×1
乗員：4～5名

〔M50 Mk.IIスーパーシャーマン〕

60年代頃になると、カミンズ製ディーゼルエンジンやHVSSサスペンションへの換装が行われ、さらに車体側面には、ジェリカンや工具箱、予備転輪、予備履帯などの車外装備品が装備されるようになった。カミンズ製ディーゼルエンジン搭載、HVSSサスペンション装備の後期タイプをM50 Mk.IIとして区別しており、車体は図のA3に限らず、M4全タイプが用いられている。

〔データ〕
重量：34t
エンジン：カミンズVT-8-460-B1 V型8気筒液冷ディーゼル
武装：CN-75-50 75mm戦車砲×1、M1919A4 7.62mm機関銃×1、M2 12.7mm重機関銃×1
乗員：4～5名

〔M51スーパーシャーマン〕

1960年代に入ると、アラブ諸国軍にはより強力なソ連製JS-3スターリン重戦車や最新のT-54/T-55が大量に供与されるようになる。イスラエル軍はそれらに対抗すべく、M50よりも火力を強化したM51スーパーシャーマンを開発する。搭載砲としてフランスがAMX-30用に開発したCN-105-F1 105mm戦車砲をベースとし、砲身長を56口径から44口径に短縮、さらに後座量を抑えるためにマズルブレーキを装備した改良型D1505が開発された。砲塔は内部容積が大きい76.2mm戦車砲搭載型のT23砲塔を用い、防盾は同主砲に対応したものに変更、さらに後部バズルはカウンターウェイトを兼ねた大型のものに改修された。M51の大半は、A1車体をベースとし、カミンズ製ディーゼルエンジン、HVSSサスペンションを装備していた。M51は第三次/第四次中東戦争に投入され、ショットやマガフと遜色ない活躍を見せている。

アメリカ製M48パットン戦車シリーズ

《 M48シリーズ（マガフ1〜5） 》

〔M48〕

1953年にアメリカ軍が制式採用した最初のM48量産型。主砲はM41 90mm戦車砲を搭載しており、車長用キューポラは背の低い旧タイプである。

〔データ〕
全長：8.81m
全幅：3.63m
全高：3.24m
重量：44.9t
エンジン：コンチネンタル AV-1790-5B/7B/7C V型12気筒空冷ガソリン
装甲厚：25.4 〜 177.8mm
武装：M41 90mm戦車砲×1、M1919A4E1 7.62mm機関銃×1、M2 12.7mm重機関銃×1
乗員：4名

イスラエルがM50/M51スーパーシャーマンに替わる新しい主力戦車としてセンチュリオンとともに選んだのがアメリカ製のM48パットン戦車だった。イスラエルは1960年代前期〜1970年代にかけて西ドイツとアメリカからM48を入手し、部隊配備を進め、第3次中東戦争時にはM48はイスラエル軍主力戦車としてセンチュリオンとともに活躍する。また、対峙したヨルダン軍もM48を使用しており、同戦争においてイスラエル軍はヨルダン軍のM48を数十両鹵獲し、後にそれらも自軍装備に加えた。さらに第四次中東戦争頃にはM48は全車が105mm戦車砲型へと改修されていた。

イスラエル軍ではM48に対して当初、E-48の形式名を用いていたが、イスラエル独自の改修が施された車両には新たに「マガフ」の名称が与えられている。M48A1の改修型はマガフ1、M48A2の改修型はマガフ2、M48、M48A1/A2/A3の105mm戦車砲換装型はマガフ3、M48A5はマガフ5と名付けられた。

M1 キューポラ

〔M48A3〕

M48A1、M48A2に続き、1963年9月に制式化された。車長用キューポラはA1から採用された銃塔型のM1を備え、パワーパックと油圧式砲塔制御システムは改良型に変更されている。

〔データ〕
全長：8.68m
全幅：3.63m
全高：3.28m
重量：48.54t
エンジン：コンチネンタル AVDS-1790-2A V型12気筒空冷ターボチャージド・ディーゼル
装甲厚：25.4 〜 177.8mm
武装：M41 90mm戦車砲×1、M73 7.62mm機関銃×1、M2 12.7mm重機関銃×1
乗員：4名

〔M48A5〕

M48シリーズ最終型のA5は新規生産ではなく、既存のA1 〜 A3を改修して造られた。A5への改修作業は1975年10月から始まり、最終的に2500両のM48がM48A5に改修された。主砲はM68 105mm戦車砲に換装され、車長用キューポラはイスラエル設計のウルダン・キューポラに変更されている。

〔データ〕
全長：9.30m
全幅：3.63m
全高：3.06m
重量：49t
エンジン：コンチネンタル AVDS-1790-2D V型12気筒空冷ターボチャージド・ディーゼル
装甲厚：25.4 〜 177.8mm
武装：M68 105mm戦車砲×1、M60D 7.62mm機関銃×2

《 M48A1の車内構造 》

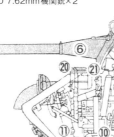

①M2 12.7mm重機関銃
②砲手用ペリスコープ
③レンジファインダー
④M1919A4E 7.62mm同軸機銃
⑤無線機
⑥M41 90mm戦車砲
⑦砲手席
⑧90mm砲弾ラック（砲塔下部）
⑨90mm砲弾ラック（車体内）
⑩操縦手席
⑪消火器
⑫機関銃弾薬箱

⑬エアクリーナー
⑭トーションバー
⑮エンジン
⑯操向変速機
⑰牽引器具

⑱車外電話収納箱
⑲排気マフラー
⑳ペリスコープ
㉑赤外線ペリスコープ
㉒キャブレター

アラブ諸国軍の戦闘車両

1950年代中ば以降、アラブ諸国はソ連や東欧などから大量の兵器供与を受けていたため、第三次中東戦争時にはかなり充実した機甲戦力を有していた。

エジプト軍の戦闘車両

《 T-34-85中戦車 》

〔データ〕
全長：8.10m
全幅：3.00m
全高：2.72m
重量：32t
エンジン：V-2-34 V型12気筒液冷ディーゼル
装甲厚：16〜90mm
武装：ZiS-S-53 85mm戦車砲×1、DT 7.62mm機関銃×2
乗員：5名

第二次大戦後期のソ連軍主力戦車となったT-34-85は、大戦終了後もソ連や東欧諸国で大量に運用され、さらに第三世界諸国にも広く供与された。戦後は、ポーランドとチェコスロバキアでもライセンス生産が行われ、チェコスロバキアで造られたT-34-85は、エジプトにも約820〜830両が輸出された。第二次中東戦争、第三次中東戦争ではT-34-85は、エジプト軍の主力戦車の一つとして使用されている。

《 JS-3スターリン重戦車 》

〔データ〕
全長：9.85m
全幅：3.2m
全高：2.45m
重量：49t
エンジン：V-11 V型12気筒液冷ディーゼル
装甲厚：20 ～ 220mm
武装：D-25T 122mm戦車砲×1、DT 7.62mm機
関銃×1、DShK 12.7mm重機関銃×1
乗員：4名

JS-3の開発は、第二次大戦後期の1944年4月に始まり、同年5月に最初の先行生産型3両が完成したが、戦場に到着する前に終戦となった。戦後1952年までにJS-3はJS-3UKN（JS-3 1953年型）に改修され、1950年代後期にはさらに改良を加えたJS-3Mとなる。アラブ諸国でJS-3を使用したのはエジプト軍のみで、同軍には1956 ～ 1960年代初期にかけてソ連から約100両のJS-3UKNが供与された。1967年6月に勃発した第三次中東戦争においてエジプト軍は、初めてJS-3UKMを実戦に投入するが、75両もの同戦車を失い、それらの内、多くの車両が比較的良好な状態でイスラエル軍に鹵獲されてしまう。同戦争後、イスラエル軍は鹵獲したJS-3UKNに改修を加え、自軍部隊において活用、中には重牽引車や戦車回収車として使用したり、さらにはスエズ運河沿いに構築された防御陣地砲座に転用している。

砲塔上面に設置された対空用の
DShK 12.7mm重機関銃。

〔JS-3の車内構造〕
①DShK 重機関銃
②装填手用ハッチ
③駐退復座機
④吊り上げフック
⑤操縦手用ハッチ
⑥計器盤
⑦操縦手席
⑧操向レバー
⑨車長用ハッチ
⑩分離装薬式砲弾（28発）
⑪外部燃料タンク
⑫車長席
⑬ターレットリング保護板
⑭雑具収納スペース
⑮砲手席
⑯発射薬収納ラック

〔SU-100駆逐戦車〕

第二次大戦時ソ連軍は、ドイツ軍のティーガー、パンターを撃破できる車両としてT-34をベースとし、D-5S 85mm対戦車砲を搭載したSU-85自走砲を1943年夏に完成させる。さらに翌1944年にはSU-85のデザインを踏襲し、さらに強力なD-10S 100mm対戦車砲を搭載したSU-100の開発に着手し、1944年9月からは生産を開始した。戦後もSU-100の量産は続けられ、1946年までに1675両造られた他、1950年代にはチェコスロバキアでもライセンス生産され、同国で造られた車両の大半は、エジプトに輸出された。SU-100に搭載されたD-10Sは、ソ連戦後第一世代主力戦車T-54/T-55と同等の火力を持っているので、旧式車両といえども対戦車戦ではかなり有効な兵器であり、事実、エジプト軍では第二次〜第四次中東戦争まで使用されている。図はソ連軍のSU-100だが、チェコスロバキア製ではSU-100Mと呼ばれ、戦闘室右側に大型の雑具箱を取り付けていた。

〔データ〕
全長：9.45m
全幅：3.00m
全高：2.25m
重量：31.6t
エンジン：V-2-34 V型12気筒液冷ディーゼル
装甲厚：18〜45mm
武装：D-10S 100mm対戦車砲×1
乗員：4名

〔JSU-152重自走砲〕

第二次大戦時ソ連軍最強の重自走砲となったJSU-152は、JS-1/JS-2をベースとし、152.4mm榴弾砲ML-20Sを搭載した強力な車両で、1943年11月〜1947年までに2825両造られた。第二次大戦後期のドイツ軍追撃戦で活躍したJSU-152は、戦後も引き続き運用されていたが、1950年代になると近代化改修が施され、JSU-152KとJSU-152Mの2種類の改良型が造られた。エジプト軍は、ソ連から約60〜65両のJSU-152Mを受領し、第三次中東戦争と第四次中東戦争においてそれらを使用している。図は改修前のJSU-152。

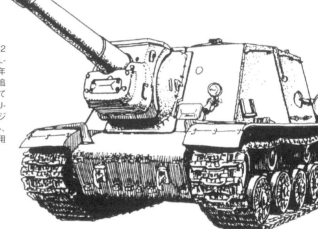

〔データ〕
全長：9.18m
全幅：3.07m
全高：2.48m
重量：46t
エンジン：V-2-IS V型12気筒液冷ディーゼル
装甲厚：20〜90mm
武装：ML-20S 152.4mm榴弾砲×1、DShK 12.7mm重機関銃×1
乗員：5名

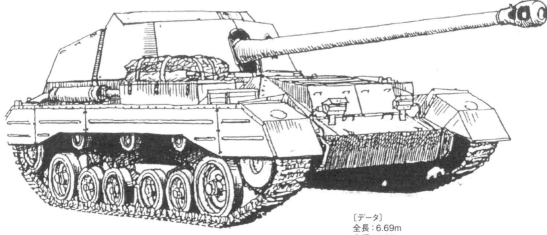

〔アーチャー対戦車自走砲〕

第二次大戦時のイギリスにおいて1943年半ばに生産が始まり、1944年10月からイギリス軍部隊に配備された。アーチャー対戦車自走砲はバレンタイン歩兵戦車をベースとしており、車体前部にオープントップ式の戦闘室を設け、後ろ向きに17ポンド対戦車砲を搭載している。第二次大戦後、中東地域駐留のイギリス軍および英連邦軍に配備されていたアーチャー対戦車自走砲の内、200両がエジプト軍に、36両がヨルダン軍に供与されている。

〔データ〕
全長：6.69m
全幅：2.63m
全高：2.25m
重量：16.765t
エンジン：GM 6-71 モデル6004 直列6気筒液冷ディーゼル
装甲厚：8〜20mm
武装：17ポンド対戦車砲×1、7.7mmブレン機関銃×1
乗員：4名

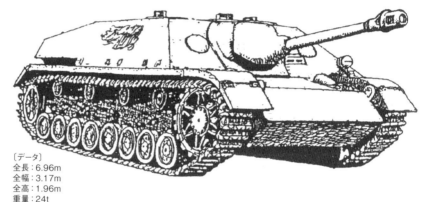

〔IV号戦車J型〕

第二次大戦後、ドイツ製装甲車両の一部は、ヨーロッパ各国において引き続き使用されていた。1950年代、イスラエルに対抗するために軍備を進めていたシリア軍は、チェコスロバキアを始め、スペイン、フランスなどから中古の第二次大戦ドイツ車両をかき集め、戦力化した。それらの中の一つがIV号戦車（J型の使用が知られているが、他のタイプも含まれていたようだ）だった。シリア軍で運用するにあたって、車長用キューポラに対空用のDShK 12.7mm重機関銃の追加、フェンダー上への雑具箱の追加などが行われている。ゴラン高原の陣地に置かれたIV号戦車は、イスラエル軍のM4シャーマンやセンチュリオン（ショット）と交戦し、M4撃破の記録も残っている。

〔データ〕
全長：7.02m
全幅：2.88m
全高：2.68m
重量：25t
エンジン：マイバッハHL120TRM112 V型12気筒液冷ガソリン
装甲厚：10～80mm
武装：KwK40 7.5cm戦車砲×1、MG34 7.92mm機関銃×2、DShK 12.7mm重機関銃×1
乗員：5名

〔IV号駆逐戦車L/48〕

1950年代、イスラエルと対峙していたシリア軍は、戦力強化のためにヨーロッパ各国で余剰となっていた兵器を買い集めていった。大戦終結間もない時期だったこともあり、入手した兵器の中には大戦時のドイツ製車両も含まれていた。IV号駆逐戦車はユーゴスラビアから入手したもので、その数は6両だったといわれている。シリア軍は、第3次中東戦争のゴラン高原での戦いにおいてそれらIV号駆逐戦車を陣地据え付けの固定砲台として運用した。

〔データ〕
全長：6.96m
全幅：3.17m
全高：1.96m
重量：24t
エンジン：マイバッハH L120TRM V型12気筒液冷ガソリン
装甲厚：10～80mm
武装：PaK39 7.5cm対戦車砲×1、M42 7.92mm機関銃×1、M85 12.7mm重機関銃×1
乗員：4名

〔データ〕
全長：6.77m
全幅：2.95m
全高：1.85m
重量：23.9t
エンジン：マイバッハHL120TRM V型12気筒液冷ガソリン
装甲厚：11～80mm
武装：StuK40 75mm突撃砲×1、
MG34 7.92mm機関銃×1、
DShK 12.7mm重機関銃×1
乗員：4名

〔III号突撃砲G型〕

1950年代にシリアが入手したドイツ製車両の中にはIII号突撃砲G型も含まれており、それらIII号突撃砲はチェコスロバキアやフランスから入手したものといわれている。シリア軍での運用に際し、防盾上には防御板、フェンダー上には雑具箱、さらに車長用キューポラには対空用のDShK 12.7mm重機関銃が追加されていた。シリア軍は、第三次中東戦争で使用した後、ゴラン高原に設けた陣地の固定砲台として使用している。

《 T-55戦車 》

〔データ T-55A〕
全長：9.00m
全幅：3.27m
全高：2.40m
重量：36.5t
エンジン：V-55V V型12気筒液冷ディーゼル
装甲厚：20～200mm
武装：D-10T2S 100mm戦車砲
×1、PKT 7.62mm機関銃×1、
DShKM 12.7mm重機関銃×1
乗員：4名

ソ連の戦後第一世代主力戦車となったT-55は、1950年代後期から部隊運用が始まり、ソ連軍およびワルシャワ条約機構軍はもとより、他の社会主義諸国やソ連の影響下にあった数多くの国々において使用された。ソ連以外にチェコスロバキア、ポーランドでもライセンス生産され、この3国だけでもおよそ3万7000両のT-55およびその改良型T-55Aが造られた。中東では、エジプト軍とシリア軍がT-55を運用した。エジプト軍は、1964～1966年にかけてソ連から150両のT-55を受領したが、第三次中東戦争ではその内の少なくと82両を失ってしまう。そのためエジプト軍は同戦争直後にソ連、チェコスロバキア、ポーランドに550両を追加発注、1969～1973年に受領している。第四次

中東戦争においてもT-55は、T-62とともにエジプト、シリア両軍の主力戦車として運用された。また、第四次中東戦争では、対峙したイスラエル軍もT-55を運用している。第三次中東戦争においてエジプト軍のT-55を多数鹵獲したイスラエル軍は、自軍部隊での戦車不足を改善するためにそれらを有効活用することを考案。鹵獲車両の一部に対し、砲塔上部の機関銃増設、各種ラックや収納ボックスの追加など自軍部隊での運用に適した改修を施し、新たにチラン5戦車として自軍部隊に配備した。第四次中東戦争でさらに多くのT-55を鹵獲したイスラエル軍は、それらもチラン5に改修して、再利用している。

《 T-55Aの車内構造 》

①D-10T2S 100mm戦車砲
②照準器
③砲手用ペリスコープ
④車長席
⑤100mm砲弾収納ラック
⑥エンジン
⑦増加燃料タンク
⑧変速機
⑨装填手席
⑩砲手席
⑪砲弾収納ラック
⑫操縦手席

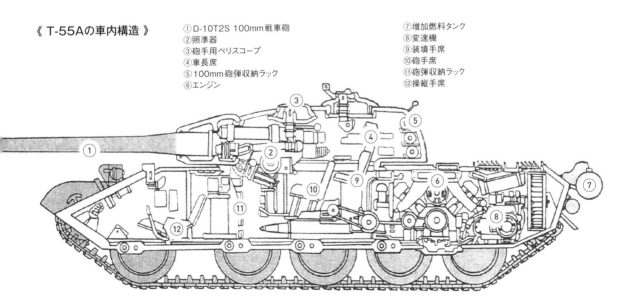

〔PT-76水陸両用軽戦車〕

第二次大戦後、ソ連軍が2番目に開発した水陸両用軽戦車。1949年に開発着手、1951年に量産が始まり、1969年にまで約7000両が造られた。主砲はT-34中戦車のF-34 76.2mm戦車砲を改良したD-56Tを搭載していたので、火力は良好で、機動性能にも優れていたため、ソ連を始め、およそ30カ国において採用された。中東では、エジプト軍、シリア軍、イラク軍が運用しており、イスラエル軍も鹵獲した車両を使用している。

〔データ〕
全長：7.63m
全幅：3.14m
全高：2.20m
重量：14t
エンジン：V-6 V型6気筒液冷ディーゼル
装甲厚：6 〜 15mm
武装：D-56T 76.2mm戦車砲×1、
SGMT 7.62mm機関銃×1
乗員：3名

〔BTR-50PK水陸両用装甲兵員輸送車〕

PT-76をベースに1954年に開発された水陸両用の装甲兵員輸送車。PT-76の戦闘室部分を拡大し、前部に操縦手と車長、その後方に20名の歩兵が搭乗できる兵員スペースが設けられている。開発当初は兵員スペースがオープントップ式だったが、1958年から量産に入ったBTR-50PKでは、対NBC防御のために兵員スペースは密閉式に改められた。BTR-50シリーズもソ連のみならず、東欧やソ連の友好国にも輸出されており、第三次／第四次中東戦争では、エジプト軍とシリア軍がBTR-50を運用した。特に第四次中東戦争においてエジプト軍のコマンド部隊がBTR-50を使用し、スエズ運河の渡渉作戦を成功させたことはよく知られている。また、イスラエル軍も戦場で鹵獲した車両を使っている。

〔データ〕
全長：7.08m
全幅：3.14m
全高：1.97m
重量：14.2t
エンジン：V-6V V型6気筒液冷ディーゼル
装甲厚：6 〜 10mm
武装：SGMB 7.62mm機関銃×1
乗員／兵員：2名／20名

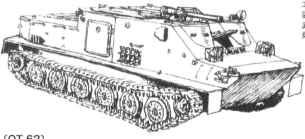

〔OT-62〕

チェコスロバキアとポーランドが共同開発したBTR-50の改良型。1958年から開発が始まり、1962 〜 1972年まで量産された。BTR-50との外観上の違いは、車体前部の右側も左側と同様に張り出していることと、車体の左右側面に乗降用ハッチが設けられていることである。また、BTR-50より高出力のエンジンを採用しているために速度性能が向上している。OT-62は開発国のチェコスロバキア、ポーランドのみならず、中東やアフリカ諸国に輸出された。中東では、エジプトとシリア、イラン、イラクが購入しており、第三次／第四次中東戦争においてエジプト軍とシリア軍が戦場に投入した。また、イスラエル軍は第三次中東戦争でOT-62を少数鹵獲し、第四次中東戦争では自軍装備として使用している。図はT-21 81mm無反動砲を搭載したOT-62。

〔データ〕
全長：7.1m
全幅：3.14m
全高：2.1m
重量：13t
エンジン：PV-6 V型6気筒液冷ディーゼル
乗員／兵員：2名／16名

〔MT-LB装甲兵員輸送車／牽引車〕

兵員輸送車と中型野砲牽引車の双方に使用できる装甲車両として開発された。PT-76およびBTR-50のコンポーネントが使われており、車内前部左側に操縦手、前部右側に車長が乗車し、車体中央から後部にかけて左側に機関室を配し、右側は11名の兵員または砲操作要員と砲弾などのスペースとなっている。エンジンは、YaMZ-238V 4ストロークV型8気筒液冷ディーゼルを採用し、最大速度は61.5km/h、水上航行性能も有していた。量産は1964年から始まり、1970年代まで続き、他のソ連製車両と同様にMT-LBも多くの国に輸出されており、中東ではイラク軍によって運用されている。

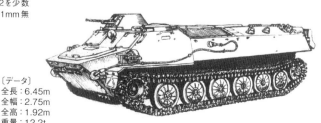

〔データ〕
全長：6.45m
全幅：2.75m
全高：1.92m
重量：12.2t
エンジン：YaMZ-238V V型8気筒液冷ディーゼル
装甲厚：8 〜 10mm
武装：PKT 7.62mm機関銃×1
乗員／兵員：2名／11名

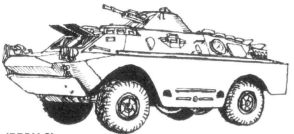

〔BRDM-2〕

1962年から開発が始まったソ連製4輪装甲車で、車体上部にKPV 14.5mm
重機関銃を装備した密閉式銃塔を搭載している。主車輪間には昇降式の補助
転輪を備え、不整地走破性能を高めており、さらにウォータージェット推進装置
により水上航行性能も有していた。派生型は多岐に渡り、また採用国も多く、
その数は50カ国以上におよぶ。中東では、エジプト、シリア、イラクが運用し
ており、また戦場で鹵獲した車両をイスラエル軍も使用した。

〔データ〕
全長：5.75m
全幅：2.35m
全高：2.31m
重量：7t
エンジン：GAZ-41 V型8気筒液冷ガソリン
装甲厚：5～14mm
武装：KPVT 14.5mm機関銃×1、PKT 7.62mm機関銃×1
乗員：4名

〔2P26自走対戦車ミサイル〕

ソ連製4×4軽軍用車 GAZ-69の対戦車型。後部カーゴスペースに3M6
シュメル（AT-1スナッパー）対戦車ミサイルの4連装発射機を搭載している。

〔9P122〕

BRDM-2の派生型の一つで、9M14Mマリュートカ（AT-3サガー）を搭載した対戦車ミ
サイル搭載型。銃塔と戦闘室上面板を廃止し、内部に9M14M対戦車ミサイルを6発
装備した昇降式の9K14M発射機を設置。同発射機上部は装甲カバーで覆われており、
ミサイル未使用時は戦闘室上面をカバーで覆うようになっている。

〔BTR-60PB〕

1960年代の装輪式装甲兵員輸送車として代表的な車
両で、図は1966年から生産が始まったBTR-60シリーズ
のサードモデル。車体上面は完全密閉式となり、KPVT
14.5mm重機関銃とPKT 7.62mm機関銃を備えた銃塔
を搭載している。BTR-60シリーズは、1960～1976年
までに25000両が造られ、ソ連はもとより東欧、アフリカ、
中東など多く国々において採用された。中東ではエジプト、
シリア、イラン、イエメンがBTR-60を運用した。

〔データ〕
全長：7.56m
全幅：2.83m
全高：2.31m
重量：10.3t
エンジン：GAZ-49B 直列6気筒液冷ガソリン×2
装甲厚：5～9mm
武装：KPVT 14.5mm重機関銃×1、PKT 7.62mm機関銃×1
乗員／兵員：3名／8名

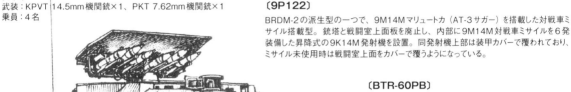

〔BTR-60P〕

1960年に生産が始まったBTR-60シリーズ最初の量産型。車体はオープ
ントップ式で、最前部にPKT 7.62mm機関銃またはDShK 12.7mm重
機関銃を装備していた。図は水上航行するDShK重機関銃搭載型。

１９６０年代以降の軍装

イスラエル軍の軍装

《 １９６０年代の歩兵 》

１９６０年代に入るとイスラエル軍の装備は外国製に加えて、個人野戦装備など国産品の採用も始まり、使用されるようになった。

アメリカ製 M1 ヘルメット

国産の個人野戦装備

IMI FAL ライフル

《 空挺部隊兵 》

１９５５年、第 890 空挺部隊大隊と第 101 コマンド部隊を統合して第 35 空挺部隊旅団が誕生した。部隊が創設された 1955 年には、エジプト軍に対する攻撃を 4 回実施している。翌年の第二次中東戦争では、シナイ半島攻略戦の際にミトラ峠に空挺降下作戦を行い、同地を占領する戦果を挙げた。その後も各戦争の度に出撃して活躍を続け、現在、第 35 空挺部隊旅団の他に、4 個予備役空挺旅団が常設されている。

空挺徽章

UZI を構える空挺兵。長くかさばる FAL より、UZI は空挺部隊に適した兵器だった。

イギリス軍の Mk.II 空挺ヘルメット。後にアメリカ軍の M1 ヘルメットを改造した空挺ヘルメットに替わった。

ガリル ARM

M76 空挺ヘルメット

ボディアーマー

ライフルグレネードを装着したガリル。

《 １９８０年代の歩兵 》

１９８０年代には国産の空挺ヘルメットやボディアーマーを使用するようになった

《 １９７０年代後半の空挺部隊兵 》

《 戦車兵 》

中東戦争の地上戦では戦車戦が繰り返された。イスラエル軍戦車部隊が劣勢な状況に置かれた戦いもあったが、優秀な戦車兵の活躍もあってアラブ軍に勝利している。

機甲部隊帽章

ソ連製戦車帽

イギリス軍のニットキャップ

〔1948年〕
この時期の戦車兵のスタイルはバラバラで、イギリス軍やアメリカ軍の放出品を着用する戦車兵もいた。

アメリカ軍放出品のM41フィールドジャケット。

アメリカ軍の部隊章が付いたまま。

〔1967年〕
サンドカラーに塗り直したアメリカ軍のM1938タンカースヘルメット。

ホルスターにマウザーC96を収納。

アメリカ軍T56-6CVCヘルメット

国産602CVCヘルメット

〔1973年〕

〔1985年〕

戦車兵も生存率を高めるため、ボディアーマーを着用するようになった。

ガリルSAR

護身用のUZIサブマシンガン。

戦車兵のベレー帽はブラック。

難燃性繊維生地で造られたオーバーオール。

アラブ諸国軍の軍装

当初はイギリス軍色の強い軍装だったが、1960年代以降は各国独自のユニフォームとソ連タイプの装備を使用するようになった。

《 エジプト軍 歩兵 》

個人装備はソ連製を使用。

《 エジプト軍 空挺兵 》

エジプト陸軍の空挺部隊の歴史は、1955年に創設された第75空挺大隊に始まる。その後、1961年に最初の第25空挺旅団が編成された。

迷彩カバーを被せたヘルメット

ポートサイド・サブマシンガン

SSh-M40ヘルメット

AK-47

バックパック

スコップ

水筒

AK-47マガジンポーチ

《 シリア軍 歩兵伍長 》　イギリス軍のDPMカモフラージュをベースに造られた国産のカモフラージュユニフォームを着用。

カモフラージュカバーを被せた
SSh-40ヘルメット。

階級章

AK-47

《 ヨルダン軍 戦車兵 》

T56-6CVCヘルメット

OG-107ユティリティーシャツ

OG-107ユティリティートラウザース

《 シリア軍 戦車兵 》

ソ連製戦車帽

ヨルダン軍の装備とユニフォームは、
アメリカ製。

カーキ色のコットン製
オーバーオール。

77

〔陸軍〕

	少尉	中尉	大尉	少佐	中佐	大佐	准将	少将	中将	大将	参謀長
イスラエル	SEGEN-MISHNEH	SEGEN	SEREN	RAV-SEREN	SGAN-ALUF	ALUF-MISHNEH	TAT-ALUF	ALUF	RAV-ALUF		
エジプト	MULAZIM	MULAZIM AWWAL	NAQIB	RA'ID	MUQADDAM	'AQID	'AMID	LIWA'	FARIQ	FARIQ AWWAL	MUSHIR
シリア	MULAZIM	MULAZIM AWWAL	NAQIB	RA'ID	MUQADDAM	'AQID	'AMID	LIWA'	'IMAD	FARIQ AWWAL	
イラク	MULAZIM	MULAZIM AWWAL	NAQIB	RA'ID	MUQADDAM	'AQID	'AMID	LIWA'	FARIQ	FARIQ AWWAL	MUSHIR
レバノン	MULAZIM	MULAZIM AWWAL	RA'IS	RA'ID	MUQADDAM	'AQID	'AMID	LIWA'	'IMAD		
ヨルダン	MULAZIM	MULAZIM AWWAL	NAQIB	RA'ID	MUQADDAM	'AQID	'AMID	LIWA'	FARIQ	FARIQ AWWAL	MUSHIR
サウジアラビア	MULAZIM THANI	MULAZIM AWWAL	NAQIB	RA'ID	MUQADDAM	'AQID	'AMID	LIWA'	FARIQ	FARIQ AWWAL	MUSHIR

〔空軍〕

	少尉	中尉	大尉	少佐	中佐	大佐	准将	少将	中将	大将	参謀長
イスラエル	SEGEN-MISHNEH	SEGEN	SEREN	RAV-SEREN	SGAN-ALUF	ALUF-MISHNEH	TAT-ALUF	ALUF	RAV-ALUF		
エジプト	MULAZIM	MULAZIM AWWAL	NAQIB	RA'ID	MUQADDAM	'AQID	'AMID	LIWA'	FARIQ	FARIQ AWWAL	MUSHIR
シリア	MULAZIM	MULAZIM AWWAL	NAQIB	RA'ID	MUQADDAM	'AQID	'AMID	LIWA'	'IMAD	FARIQ AWWAL	
イラク	MULAZIM	MULAZIM AWWAL	NAQIB	RA'ID	MUQADDAM	'AQID	'AMID	LIWA'	FARIQ	FARIQ AWWAL	MUSHIR
レバノン	MULAZIM	MULAZIM AWWAL	RA'IS	RA'ID	MUQADDAM	'AQID	'AMID	LIWA'	'IMAD		
ヨルダン	MULAZIM	MULAZIM AWWAL	NAQIB	RA'ID	MUQADDAM	'AQID	'AMID	LIWA'	FARIQ	FARIQ AWWAL	MUSHIR
サウジアラビア	MULAZIM THANI	MULAZIM AWWAL	NAQIB	RA'ID	MUQADDAM	'AQID	'AMID	LIWA'	FARIQ		

〔海軍〕

	少尉	中尉	大尉	少佐	中佐	大佐	准将	少将	中将	大将	参謀長
イスラエル	SEGEN-MISHNEH	SEGEN	SEREN	RAV-SEREN	SGAN-ALUF	ALUF-MISHNEH	TAT-ALUF	ALUF			
エジプト	MULAZIM	MULAZIM AWWAL	NAQIB	RA'ID	MUQADDAM	'AMID	'AMID	LIWA'	FARIQ	FARIQ AWWAL	MUSHIR
シリア	MULAZIM	MULAZIM AWWAL	NAQIB	RA'ID	MUQADDAM	'AQID					

鹵獲兵器　AKアサルトライフル

〔イスラエル軍教官〕

敵対するアラブ諸国軍の主力火器となった
AKアサルトライフルについて
しっかりとリサーチしていこう。

AKは、構造が簡単で堅牢、
泥水に浸かった直後でも使
用できることでも知られてい
るわよ。

このAKは、旧ソビエト陸軍の戦車兵だった
ミカエル・カラシニコフによって、設計・開
発されたものだ。

ベトナム戦争でも優秀性を実証

湿気が多いベトナムのジャング
ルの中でもAKの作動は確実だ。
しかも兵士のみならず素人ゲリ
ラでも扱えるほどの操作性と頑
強性を兼ね備えている。

ベトナム戦争では、アメリカ兵も敵
地に潜入する隠密行動の際にこの
AKを好んで使用している。
信頼性、命中精度、耐久性など
がM16より優れ、敵が銃声を聞い
ても味方と混乱する。同戦場のアメ
リカ兵たちは、このAKを"消毒剤"
と呼んでいた。

AKは最小限の手入れと整備で
済むように設計されている。

〔ベトナム戦争のアメリカ特殊部隊〕

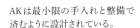

フルオートでの命中精度はかなり落ちるので、セ
ミオートのみでの射撃をすすめる。
セミオートでの射撃なら弾道は正確だ。
AKを改良したAKMでは、マズルサプレッサー
が付けられ、フルオートでの命中精度は大きく向
上している。

敵の銃ばかりホメてるけどよ、
AKにも短所があるんだぜ。
①フルオートでは銃口が跳ね上がり、初弾以外の命中
は難しい。
②リアサイトにガードがないので、壊れやすい。
③ボルトホールドオープン機能がないためマガジン交
換時に再度コッキングハンドルを引かねばならない。
④セレクターレバーが右側にあり操作性が悪く、操作
時の音も大きい。
⑤銃声が大きく、長いマガジンは伏せ撃ちの際に邪魔
になる。

AKにも欠点が
あるぞ！

一方、イスラエル軍でも使用されたAKのライ
バル、M16は汚れに弱く、常にクリーニング
が必要で、プラスチック製銃床は格闘戦の際
に壊れやすいのが欠点といえる。
それに5.56mm小口径弾は、強い横風を受け
ると200m先の命中も危ぶまれる。
一方でAKは、通常350m以内では横風で弾
着がズレることはない。

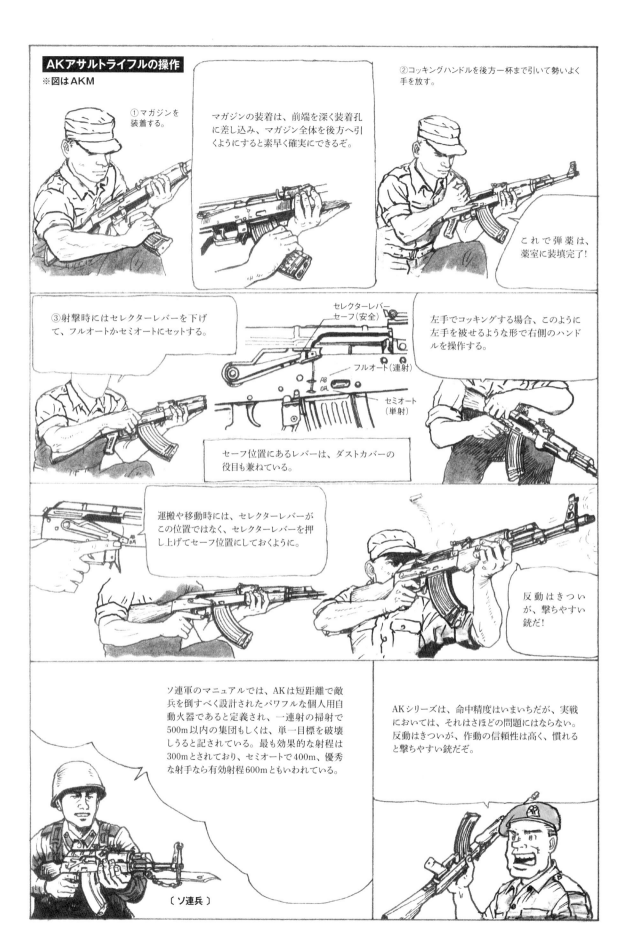

AKアサルトライフルの操作

※図はAKM

①マガジンを装着する。

マガジンの装着は、前端を深く装着孔に差し込み、マガジン全体を後方へ引くようにすると素早く確実にできるぞ。

②コッキングハンドルを後方一杯まで引いて勢いよく手を放す。

これで弾薬は、薬室に装填完了!

③射撃時にはセレクターレバーを下げて、フルオートかセミオートにセットする。

セレクターレバー
セーフ(安全)

フルオート(連射)

セミオート(単射)

左手でコッキングする場合、このように左手を被せるような形で右側のハンドルを操作する。

セーフ位置にあるレバーは、ダストカバーの役目も兼ねている。

運搬や移動時には、セレクターレバーがこの位置ではなく、セレクターレバーを押し上げてセーフ位置にしておくように。

反動はきついが、撃ちやすい銃だ!

ソ連軍のマニュアルでは、AKは短距離で敵兵を倒すべく設計されたパワフルな個人用自動火器であると定義され、一連射の掃射で500m以内の集団もしくは、単一目標を破壊しうると記されている。最も効果的な射程は300mとされており、セミオートで400m、優秀な射手なら有効射程600mともいわれている。

〔ソ連兵〕

AKシリーズは、命中精度はいまいちだが、実戦においては、それはさほどの問題にはならない。反動はきついが、作動の信頼性は高く、慣れると撃ちやすい銃だぞ。

80

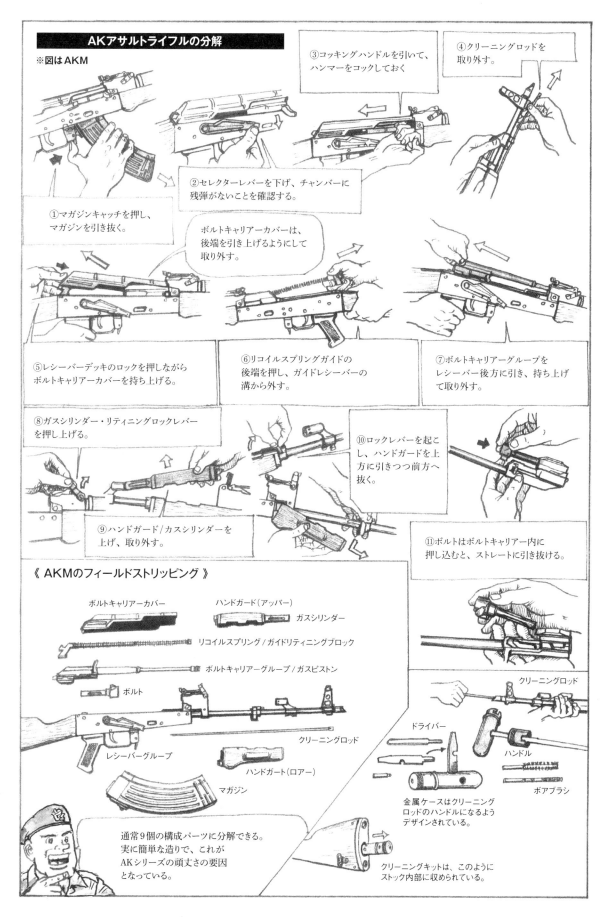

AKアサルトライフルの分解

※図はAKM

③コッキングハンドルを引いて、ハンマーをコックしておく

④クリーニングロッドを取り外す。

②セレクターレバーを下げ、チャンバーに残弾がないことを確認する。

①マガジンキャッチを押し、マガジンを引き抜く。

ボルトキャリアーカバーは、後端を引き上げるようにして取り外す。

⑤レシーバーデッキのロックを押しながらボルトキャリアーカバーを持ち上げる。

⑥リコイルスプリングガイドの後端を押し、ガイドレシーバーの溝から外す。

⑦ボルトキャリアーグループをレシーバー後方に引き、持ち上げて取り外す。

⑧ガスシリンダー・リティニングロックレバーを押し上げる。

⑩ロックレバーを起こし、ハンドガードを上方に引きつつ前方へ抜く。

⑨ハンドガード/ガスシリンダーを上げ、取り外す。

⑪ボルトはボルトキャリアー内に押し込むと、ストレートに引き抜ける。

《 AKMのフィールドストリッピング 》

ボルトキャリアーカバー

ハンドガード（アッパー）

ガスシリンダー

リコイルスプリング/ガイドリティニングブロック

ボルトキャリアーグループ/ガスピストン

ボルト

クリーニングロッド

レシーバーグループ

ハンドガート（ロアー）

マガジン

通常9個の構成パーツに分解できる。実に簡単な造りで、これがAKシリーズの頑丈さの要因となっている。

クリーニングロッド

ドライバー

ハンドル

ボアブラシ

金属ケースはクリーニングロッドのハンドルになるようデザインされている。

クリーニングキットは、このようにストック内部に収められている。

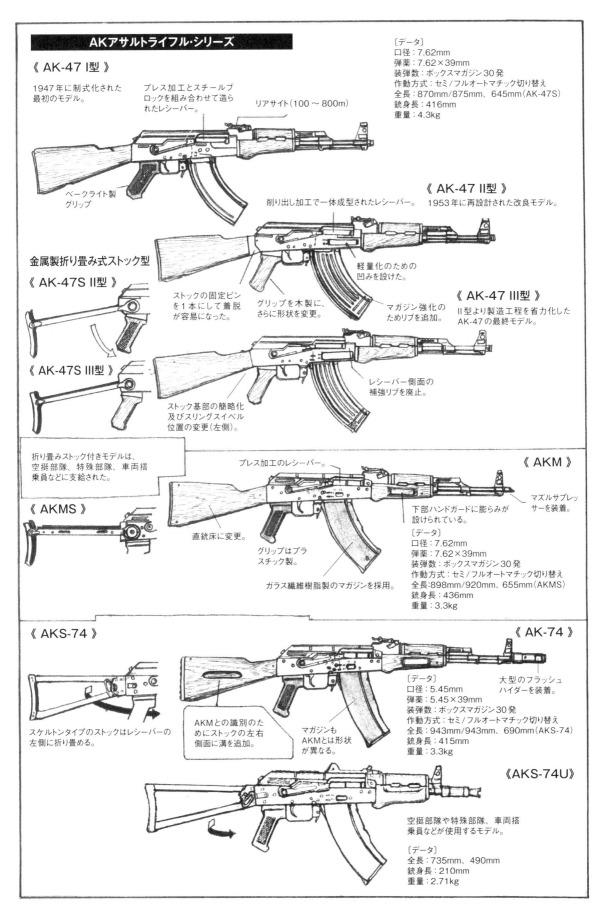

AKアサルトライフル・シリーズ

〔データ〕
口径：7.62mm
弾薬：7.62×39mm
装弾数：ボックスマガジン30発
作動方式：セミ/フルオートマチック切り替え
全長：870mm/875mm、645mm（AK-47S）
銃身長：416mm
重量：4.3kg

《 AK-47 I型 》

1947年に制式化された最初のモデル。

プレス加工とスチールブロックを組み合わせて造られたレシーバー。

リアサイト（100～800m）

ベークライト製グリップ

《 AK-47 II型 》

1953年に再設計された改良モデル。

削り出し加工で一体成型されたレシーバー。

軽量化のための凹みを設けた。

グリップを木製に、さらに形状を変更。

マガジン強化のためリブを追加。

金属製折り畳み式ストック型

《 AK-47S II型 》

ストックの固定ピンを1本にして着脱が容易になった。

《 AK-47S III型 》

《 AK-47 III型 》

II型より製造工程を省力化したAK-47の最終モデル。

レシーバー側面の補強リブを廃止。

ストック基部の簡略化及びスリングスイベル位置の変更（左側）。

折り畳みストック付きモデルは、空挺部隊、特殊部隊、車両搭乗員などに支給された。

《 AKM 》

プレス加工のレシーバー。

マズルサプレッサーを装着。

下部ハンドガードに膨らみが設けられている。

〔データ〕
口径：7.62mm
弾薬：7.62×39mm
装弾数：ボックスマガジン30発
作動方式：セミ/フルオートマチック切り替え
全長：898mm/920mm、655mm（AKMS）
銃身長：436mm
重量：3.3kg

《 AKMS 》

直銃床に変更。

グリップはプラスチック製。

ガラス繊維樹脂製のマガジンを採用。

《 AKS-74 》

スケルトンタイプのストックはレシーバーの左側に折り畳める。

AKMとの識別のためにストックの左右側面に溝を追加。

マガジンもAKMとは形状が異なる。

《 AK-74 》

大型のフラッシュハイダーを装着。

〔データ〕
口径：5.45mm
弾薬：5.45×39mm
装弾数：ボックスマガジン30発
作動方式：セミ/フルオートマチック切り替え
全長：943mm/943mm、690mm（AKS-74）
銃身長：415mm
重量：3.3kg

《AKS-74U》

空挺部隊や特殊部隊、車両搭乗員などが使用するモデル。

〔データ〕
全長：735mm、490mm
銃身長：210mm
重量：2.71kg

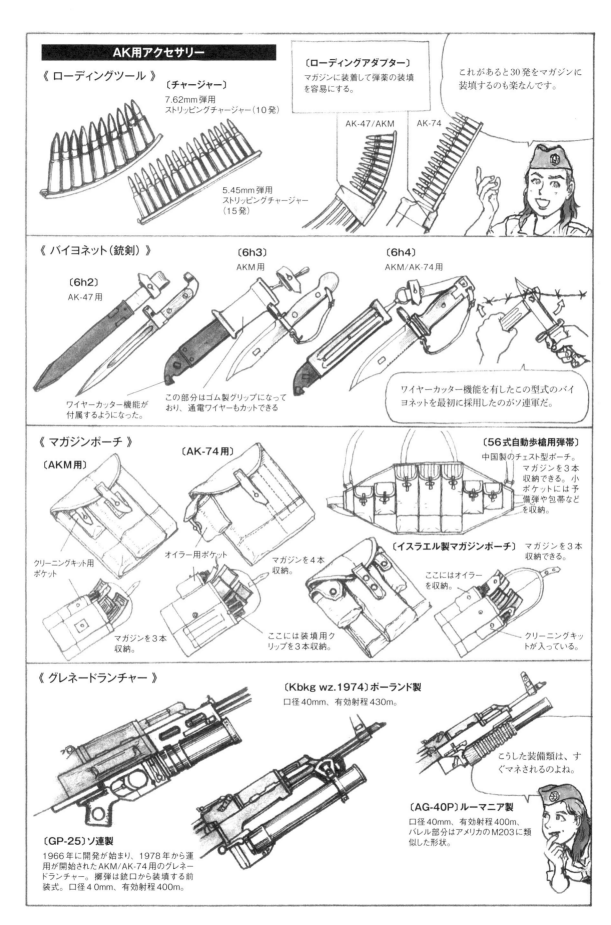

AK用アクセサリー

《 ローディングツール 》

〔チャージャー〕

7.62mm弾用
ストリッピングチャージャー（10発）

5.45mm弾用
ストリッピングチャージャー
（15発）

〔ローディングアダプター〕
マガジンに装着して弾薬の装填
を容易にする。

AK-47/AKM　AK-74

これがあると30発をマガジンに
装填するのも楽なんです。

《 バイヨネット（銃剣） 》

〔6h2〕
AK-47用

〔6h3〕
AKM用

〔6h4〕
AKM/AK-74用

ワイヤーカッター機能が
付属するようになった。

この部分はゴム製グリップになって
おり、通電ワイヤーもカットできる

ワイヤーカッター機能を有したこの型式のバイ
ヨネットを最初に採用したのがソ連軍だ。

《 マガジンポーチ 》

〔AKM用〕

〔AK-74用〕

〔56式自動歩槍用弾帯〕
中国製のチェスト型ポーチ。
マガジンを3本
収納できる。小
ポケットには予
備弾や包帯など
を収納。

クリーニングキット用
ポケット

オイラー用ポケット

マガジンを4本
収納。

マガジンを3本
収納。

〔イスラエル製マガジンポーチ〕

ここにはオイラー
を収納。

マガジンを3本
収納できる。

ここには装填用ク
リップを3本収納。

クリーニングキッ
トが入っている。

《 グレネードランチャー 》

〔Kbkg wz.1974〕ポーランド製
口径40mm、有効射程430m。

こうした装備類は、す
ぐマネされるのよね。

〔AG-40P〕ルーマニア製
口径40mm、有効射程400m、
バレル部分はアメリカのM203に類
似した形状。

〔GP-25〕ソ連製
1966年に開発が始まり、1978年から運
用が開始されたAKM/AK-74用のグレネー
ドランチャー。擲弾は銃口から装填する前
装式。口径40mm、有効射程400m。

各国のAKファミリー

AKシリーズは世界中で使われており、
現在までに最も多く生産された突撃銃である。
ライセンス、コピー生産も含めると、
その数は5000万挺とも7000万挺ともいわれ、
超ベストセラーとなっている。
ここでは世界各国で造られた
代表的なモデルを紹介しよう。

中国

折り畳み式のスパイクバイヨネットが特長だ。

《 56式自動歩槍 》

AK-47III型のコピー生産モデル。
1960年代後半以降は、レシーバーがAKMと
同じプレス製になっている。

《 56式自動歩槍1型 》

AK-47Sのコピー生産モデル。
スパイクバイヨネットは付属して
いない。

北朝鮮

《 68式小銃 》

AKMのライセンス生産モデル。

《 88式小銃 》

AK-74のライセンス生産
モデル。

ブルガリア

AKMのライセンス生産モデル。ストック、グリップ、
ハンドガードは黒色の樹脂製。

《 AKKM 》

《 AKK 》

AK-47のライセンス生産モデル。
グリップはプラスチック樹脂製。

《 AKK-74 》

AK-74のライセンス生産モデル。
マガジンはAKKM用と区別できるよ
うにリブが付いている。

東ドイツ

折り畳み式ストッ
クは、東ドイツ独
自のデザイン。

《 MPi-KMS-72 》

《 MPi-KM 》

AK-47のライセンス生産モデ
ルMPi-Kを東ドイツで独自改
良したAKMに準じたモデル。

エジプト向け輸出モデ
ルは、折り畳み式ストッ
クの形状が異なる。

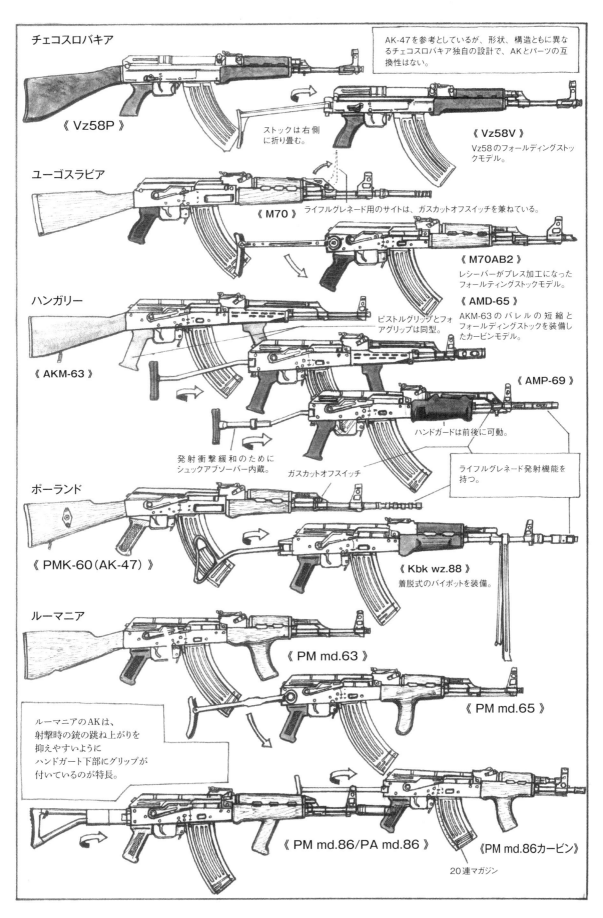

チェコスロバキア

《 Vz58P 》

AK-47を参考としているが、形状、構造ともに異なるチェコスロバキア独自の設計で、AKとパーツの互換性はない。

ストックは右側に折り畳む。

《 Vz58V 》
Vz58のフォールディングストックモデル。

ユーゴスラビア

《 M70 》

ライフルグレネード用のサイトは、ガスカットオフスイッチを兼ねている。

《 M70AB2 》
レシーバーがプレス加工になったフォールティングストックモデル。

《 AMD-65 》
AKM-63のバレルの短縮とフォールディングストックを装備したカービンモデル。

ハンガリー

《 AKM-63 》

ピストルグリップとフォアグリップは同型。

《 AMP-69 》

ハンドガードは前後に可動。

発射衝撃緩和のためにシュックアブソーバー内蔵。

ガスカットオフスイッチ

ライフルグレネード発射機能を持つ。

ポーランド

《 PMK-60（AK-47）》

《 Kbk wz.88 》
着脱式のバイポットを装備。

ルーマニア

《 PM md.63 》

《 PM md.65 》

ルーマニアのAKは、射撃時の銃の跳ね上がりを抑えやすいようにハンドガート下部にグリップが付いているのが特長。

《 PM md.86/PA md.86 》

《PM md.86カービン》

20連マガジン

我々のガリルを始め
これらもAKファミリーだ。

フィンランド

《 Rk62 》

古くから隣国ソ連の影響を受けてきたフィンランドでは、軍がソ連製兵器を一部採用していた関係から、AK-47をベースにRk62を設計・開発した。

《 Rk90 》

フィンランドのサコー社が自国の国防軍向けにガリルの構造を採り入れて製作したプロトタイプ。

イスラエル

キャリングハンドル

《 ガリルSAR 》
（カービンモデル）

《ガリルARM》
（アサルトライフル / マシンガンモデル）

35連マガジン

バイポット、ワイヤーカッター付き

ARMは、AK-47とフィンランドのRk62をベースにイスラエルで設計・開発。

ストックは右側に折り畳む。

ガリルのプロトタイプは、Rk62のレシーバー、M16用5.56mm口径バレル、FALのバットストックなど既製品を流用して完成させたそうよ。

南アフリカ

《 R-5 》

ストックを改良強化。

南アフリカでガリルをライセンス生産したカービンモデル。ARMもともに軍用銃としてライセンス生産している。

製造刻印の見分け方

AKシリーズは、世界各国で製造されているので、製造国を識別するにはセレクターレバーの刻印文字を見るとよい。

ここにS（安全）を刻印している国もある。

フルオートマチック
セミオートマチック

造兵廠　　製造年　　ナンバー

	フルオートマチック	セミオートマチック
ソ連	AB	OA
ソ連 輸出用	AUT	PO
ブルガリア	AB	EЯ
ポーランド	C	P
東ドイツ	D	E
ルーマニア	FA	FF
ハンガリー	∞	1
フィンランド	•••	•
中国	連	単
中国 輸出用	L	D
北朝鮮	卍	СН
チェコスロバキア	30	1
ユーゴスラビア	R	J
イスラエル	A	R

ツーラ造兵廠
イシャフスク造兵廠
）ソ連

ブルガリア造兵廠
ポーランド造兵廠
東ドイツ造兵廠
ルーマニア クギール造兵廠
ハンガリー造兵廠
she チェコスロバキア造兵廠
ユーゴスラビア造兵廠
北朝鮮
M22 中国 輸出型
NORINCO 北方工業公司（ノリンコ）
中国第366工廠
中国第326工廠

鹵獲兵器 その他の火器

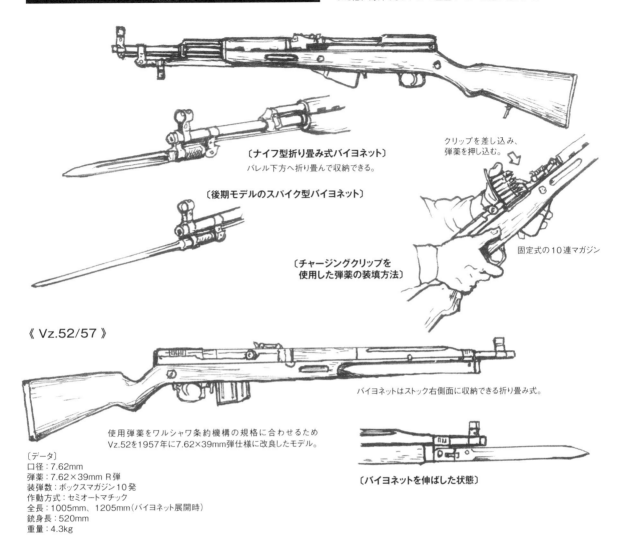

自動小銃

《 SKSカービン 》

1945年にソ連軍が採用したオートマチックカービン。AK-47の登場によりソ連軍の第一線級部隊の装備から外されたが、中東を含む各国に輸出された他、海外でもライセンス生産やコピー生産が行われた。

〔ナイフ型折り畳み式バイヨネット〕
バレル下方へ折り畳んで収納できる。

〔後期モデルのスパイク型バイヨネット〕

〔チャージングクリップを
使用した弾薬の装填方法〕

クリップを差し込み、
弾薬を押し込む。

固定式の10連マガジン

《 Vz.52/57 》

バイヨネットはストック右側面に収納できる折り畳み式。

使用弾薬をワルシャワ条約機構の規格に合わせるため
Vz.52を1957年に7.62×39mm弾仕様に改良したモデル。

〔バイヨネットを伸ばした状態〕

〔データ〕
口径：7.62mm
弾薬：7.62×39mm R弾
装弾数：ボックスマガジン10発
作動方式：セミオートマチック
全長：1005mm、1205mm（バイヨネット展開時）
銃身長：520mm
重量：4.3kg

重機関銃

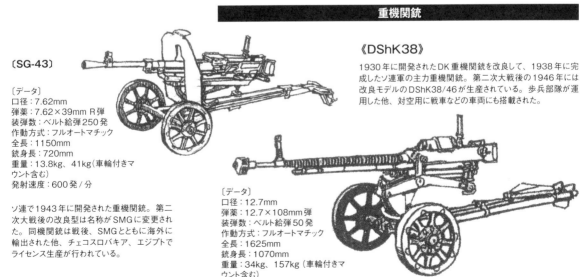

〔SG-43〕

〔データ〕
口径：7.62mm
弾薬：7.62×39mm R弾
装弾数：ベルト給弾250発
作動方式：フルオートマチック
全長：1150mm
銃身長：720mm
重量：13.8kg、41kg（車輪付きマウント含む）
発射速度：600発／分

ソ連で1943年に開発された重機関銃。第二次大戦後の改良型は名称がSMGに変更された。同機関銃は戦後、SMGとともに海外に輸出された他、チェコスロバキア、エジプトでライセンス生産が行われている。

《DShK38》

1930年に開発されたDK重機関銃を改良して、1938年に完成したソ連軍の主力重機関銃。第二次大戦後の1946年には改良モデルのDShK38/46が生産されている。歩兵部隊が運用した他、対空用に戦車などの車両にも搭載された。

〔データ〕
口径：12.7mm
弾薬：12.7×108mm弾
装弾数：ベルト給弾50発
作動方式：フルオートマチック
全長：1625mm
銃身長：1070mm
重量：34kg、157kg（車輪付きマウント含む）
発射速度：600発／分

RPG-7

ソ連時代から現在まで世界各国で生産されているベストセラー携帯式対戦車兵器がこのRPG-7だ！新兵でも扱えるスグレ物である。

兵器にうるさい我がイスラエル軍も制式採用しているほどだ。

敵は、このRPGを戦車やAPCに限らずヘリコプターなどにも手当たり次第にブチ込んできて大変でした。今では世界中で使用されている最もポピュラーな兵器の一つになっていますよね。

《 RPG-7の構造 》

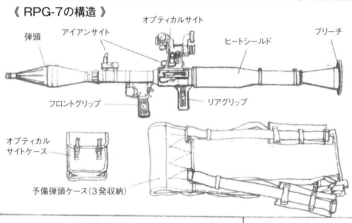

弾頭
アイアンサイト
オプティカルサイト
ヒートシールド
ブリーチ
フロントグリップ
リアグリップ
オプティカルサイトケース
予備弾頭ケース（3発収納）

《 RPG-7の携行スタイル 》

RPG-7D

《 RPG-7の射撃姿勢 》

RPGは左利きであっても必ず右肩に乗せて発射すること。

立ち射ち

ひざ射ち

市街戦や陣地戦での基本姿勢だ。

伏せ射ち

発射の際に吹き出すバックブラストが足に当たらないよう構える。

中国製69式はバイポッドがあるので、伏せ撃ちや依託射撃時に有利だ。

《 PGO-7オプティカルサイト 》

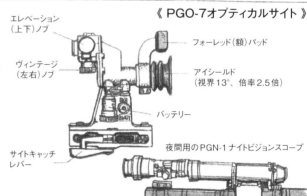

エレベーション（上下）ノブ
フォーレッド（額）パッド
ヴィンテージ（左右）ノブ
アイシールド（視界13°、倍率2.5倍）
バッテリー
サイトキャッチレバー
夜間用のPGN-1ナイトビジョンスコープ

《 RPGの防御対策 》

防御対策の一つとして有効なのは、ワイヤーネットだ。ベトナム戦では50％が不発になったといわれる。

弾頭信管は目標に激突しないと起爆しないため、ネットに引っ掛かると、不発になるんだ。

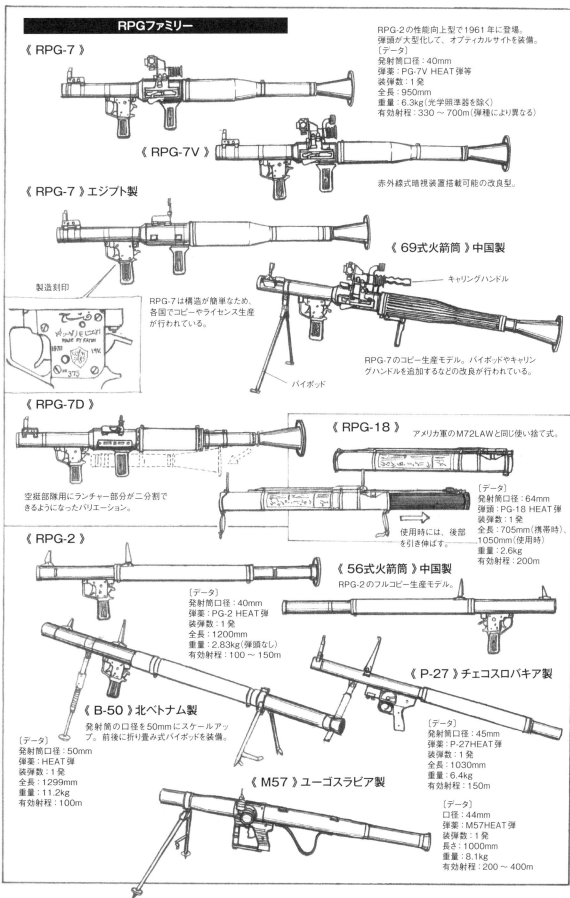

RPGファミリー

《 RPG-7 》

《 RPG-7V 》

《 RPG-7 》エジプト製

製造刻印

RPG-7は構造が簡単なため、
各国でコピーやライセンス生産
が行われている。

《 RPG-7D 》

空挺部隊用にランチャー部分が二分割で
きるようになったバリエーション。

《 RPG-2 》

RPG-2の性能向上型で1961年に登場。
弾頭が大型化して、オプティカルサイトを装備。
〔データ〕
発射筒口径：40mm
弾薬：PG-7V HEAT弾等
装弾数：1発
全長：950mm
重量：6.3kg（光学照準器を除く）
有効射程：330 ～ 700m（弾種により異なる）

赤外線式暗視装置搭載可能の改良型。

《 69式火箭筒 》中国製

キャリングハンドル

バイポッド

RPG-7のコピー生産モデル。バイポッドやキャリン
グハンドルを追加するなどの改良が行われている。

《 RPG-18 》アメリカ軍のM72LAWと同じ使い捨て式。

使用時には、後部
を引き伸ばす。

〔データ〕
発射筒口径：64mm
弾頭：PG-18 HEAT弾
装弾数：1発
全長：705mm（携帯時）、
1050mm（使用時）
重量：2.6kg
有効射程：200m

《 56式火箭筒 》中国製
RPG-2のフルコピー生産モデル。

〔データ〕
発射筒口径：40mm
弾薬：PG-2 HEAT弾
装弾数：1発
全長：1200mm
重量：2.83kg（弾頭なし）
有効射程：100 ～ 150m

《 P-27 》チェコスロバキア製

《 B-50 》北ベトナム製
発射筒の口径を50mmにスケールアッ
プ。前後に折り畳み式バイポッドを装備。

〔データ〕
発射筒口径：50mm
弾薬：HEAT弾
装弾数：1発
全長：1299mm
重量：11.2kg
有効射程：100m

〔データ〕
発射筒口径：45mm
弾薬：P-27HEAT弾
装弾数：1発
全長：1030mm
重量：6.4kg
有効射程：150m

《 M57 》ユーゴスラビア製

〔データ〕
口径：44mm
弾薬：M57HEAT弾
装弾数：1発
長さ：1000mm
重量：8.1kg
有効射程：200 ～ 400m

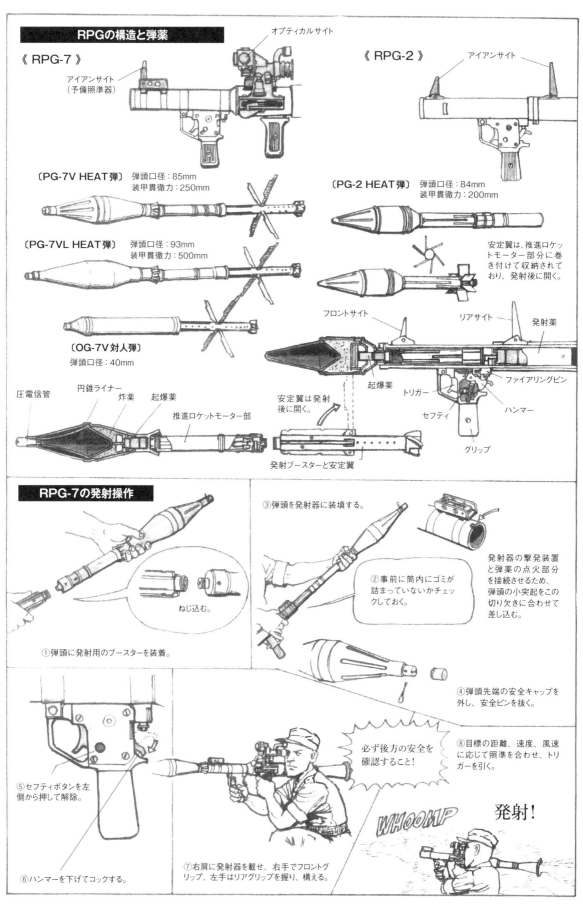

RPGの構造と弾薬

《 RPG-7 》

アイアンサイト
（予備照準器）

オプティカルサイト

《 RPG-2 》

アイアンサイト

〔PG-7V HEAT弾〕 弾頭口径：85mm
装甲貫徹力：250mm

〔PG-2 HEAT弾〕 弾頭口径：84mm
装甲貫徹力：200mm

〔PG-7VL HEAT弾〕 弾頭口径：93mm
装甲貫徹力：500mm

安定翼は、推進ロケットモーター部分に巻き付けて収納されており、発射後に開く。

〔OG-7V 対人弾〕 弾頭口径：40mm

圧電信管　円錐ライナー　炸薬　起爆薬

推進ロケットモーター部

安定翼は発射後に開く。

発射ブースターと安定翼

フロントサイト　リアサイト　発射薬

起爆薬　トリガー　ファイアリングピン

セフティ　ハンマー

グリップ

RPG-7の発射操作

③弾頭を発射器に装填する。

②事前に筒内にゴミが詰まっていないかチェックしておく。

ねじ込む。

①弾頭に発射用のブースターを装着。

発射器の撃発装置と弾薬の点火部分を接続させるため、弾頭の小突起をこの切り欠きに合わせて差し込む。

④弾頭先端の安全キャップを外し、安全ピンを抜く。

⑤セフティボタンを左側から押して解除。

必ず後方の安全を確認すること！

⑧目標の距離、速度、風速に応じて照準を合わせ、トリガーを引く。

WHOOMP

発射！

⑥ハンマーを下げてコックする。

⑦右肩に発射器を載せ、右手でフロントグリップ、左手はリアグリップを握り、構える。

発射時の要点及び照準

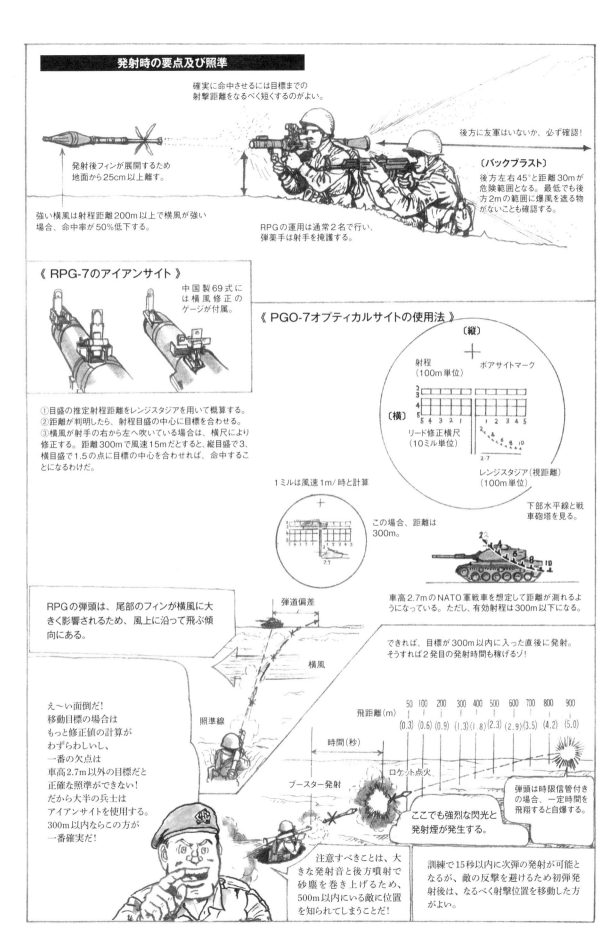

確実に命中させるには目標までの
射撃距離をなるべく短くするのがよい。

発射後フィンが展開するため
地面から25cm以上離す。

強い横風は射程距離200m以上で横風が強い
場合、命中率が50%低下する。

RPGの運用は通常2名で行い、
弾薬手は射手を掩護する。

後方に友軍はいないか、必ず確認!

〔バックブラスト〕
後方左右45°と距離30mが
危険範囲となる。最低でも後
方2mの範囲に爆風を遮る物
がないことも確認する。

《 RPG-7のアイアンサイト 》

中国製69式に
は横風修正の
ゲージが付属。

《 PGO-7オプティカルサイトの使用法 》

〔縦〕

射程
(100m単位)   ボアサイトマーク

〔横〕
リード修正横尺
(10ミル単位)

レンジスタジア(視距離)
(100m単位)

①目盛の推定射程距離をレンジスタジアを用いて概算する。
②距離が判明したら、射程目盛の中心に目標を合わせる。
③横風が射手の右から左へ吹いている場合は、横尺により
修正する。距離300mで風速15mだとすると、縦目盛で3、
横目盛で1.5の点に目標の中心を合わせれば、命中するこ
とになるわけだ。

下部水平線と戦
車砲塔を見る。

1ミルは風速1m/時と計算

この場合、距離は
300m。

車高2.7mのNATO軍戦車を想定して距離が測れるよ
うになっている。ただし、有効射程は300m以下になる。

RPGの弾頭は、尾部のフィンが横風に大
きく影響されるため、風上に沿って飛ぶ傾
向にある。

弾道偏差

横風

照準線

できれば、目標が300m以内に入った直後に発射。
そうすれば2発目の発射時間も稼げるゾ!

飛距離(m)	50	100	200	300	400	500	600	700	800	900
時間(秒)		(0.3)	(0.6)	(0.9)	(1.3)	(1.8)	(2.3)	(2.9)	(3.5)	(4.2)	(5.0)

え〜い面倒だ!
移動目標の場合は
もっと修正値の計算が
わずらわしいし、
一番の欠点は
車高2.7m以外の目標だと
正確な照準ができない!
だから大半の兵士は
アイアンサイトを使用する。
300m以内ならこの方が
一番確実だ!

ブースター発射

ロケット点火

ここでも強烈な閃光と
発射煙が発生する。

弾頭は時限信管付き
の場合、一定時間を
飛翔すると自爆する。

注意すべきことは、大
きな発射音と後方噴射で
砂塵を巻き上げるため、
500m以内にいる敵に位置
を知られてしまうことだ!

訓練で15秒以内に次弾の発射が可能と
なるが、敵の反撃を避けるため初弾発
射後は、なるべく射撃位置を移動した方
がよい。

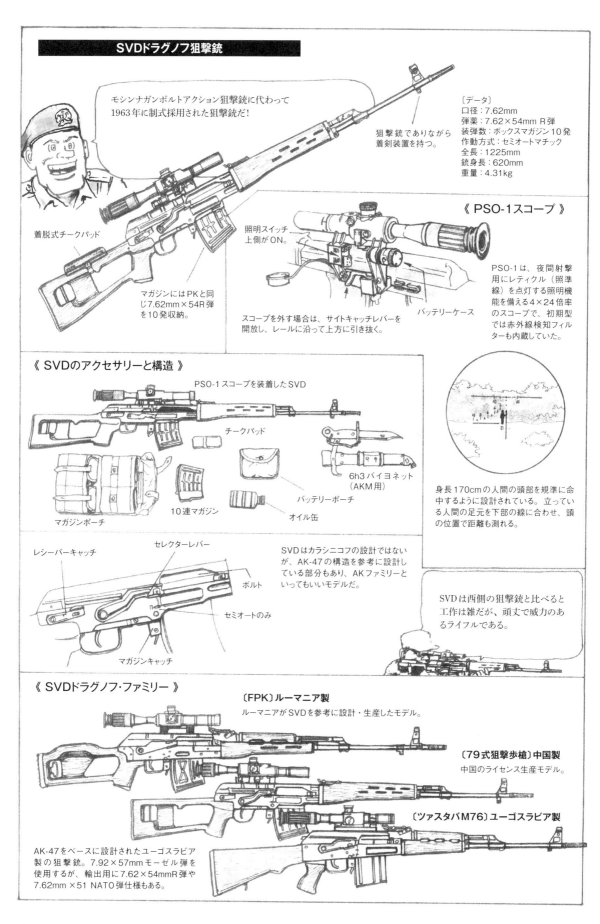

SVDドラグノフ狙撃銃

モシンナガンボルトアクション狙撃銃に代わって
1963年に制式採用された狙撃銃だ！

狙撃銃でありながら
着剣装置を持つ。

〔データ〕
口径：7.62mm
弾薬：7.62×54mm R弾
装弾数：ボックスマガジン10発
作動方式：セミオートマチック
全長：1225mm
銃身長：620mm
重量：4.31kg

着脱式チークパッド

マガジンにはPKと同
じ7.62mm×54R弾
を10発収納。

照明スイッチ
上側がON。

《 PSO-1スコープ 》

PSO-1は、夜間射撃
用にレティクル（照準
線）を点灯する照明機
能を備える4×24倍率
のスコープで、初期型
では赤外線検知フィル
ターも内蔵していた。

スコープを外す場合は、サイトキャッチレバーを
開放し、レールに沿って上方に引き抜く。

バッテリーケース

《 SVDのアクセサリーと構造 》

PSO-1スコープを装着したSVD

チークパッド

6h3バイオネット
（AKM用）

バッテリーポーチ

オイル缶

マガジンポーチ

10連マガジン

身長170cmの人間の頭部を規準に命
中するように設計されている。立ってい
る人間の足元を下部の線に合わせ、頭
の位置で距離も測れる。

レシーバーキャッチ

セレクターレバー

ボルト

セミオートのみ

マガジンキャッチ

SVDはカラシニコフの設計ではない
が、AK-47の構造を参考に設計し
ている部分もあり、AKファミリーと
いってもいいモデルだ。

SVDは西側の狙撃銃と比べると
工作は雑だが、頑丈で威力のあ
るライフルである。

《 SVDドラグノフ・ファミリー 》

〔FPK〕ルーマニア製
ルーマニアがSVDを参考に設計・生産したモデル。

〔79式狙撃歩槍〕中国製
中国のライセンス生産モデル。

〔ツァスタバM76〕ユーゴスラビア製

AK-47をベースに設計されたユーゴスラビア
製の狙撃銃。7.92×57mmモーゼル弾を
使用するが、輸出用に7.62×54mmR弾や
7.62mm×51 NATO弾仕様もある。

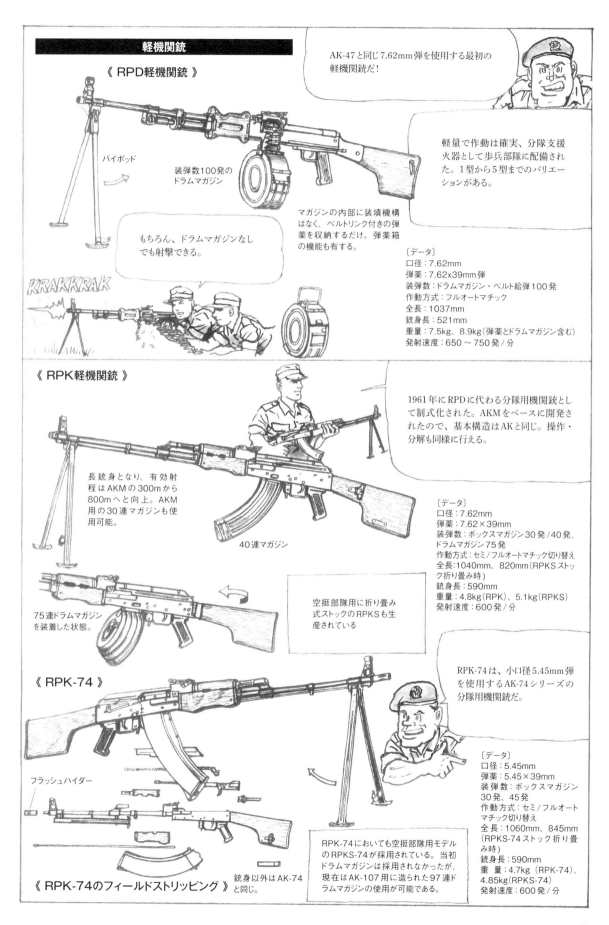

軽機関銃

《 RPD軽機関銃 》

AK-47と同じ7.62mm弾を使用する最初の軽機関銃だ！

バイポッド

装弾数100発のドラムマガジン

軽量で作動は確実、分隊支援火器として歩兵部隊に配備された。1型から5型までのバリエーションがある。

マガジンの内部に装填機構はなく、ベルトリンク付きの弾薬を収納するだけ。弾薬箱の機能も有する。

もちろん、ドラムマガジンなしでも射撃できる。

KRAKKRAK

〔データ〕
口径：7.62mm
弾薬：7.62x39mm弾
装弾数：ドラムマガジン・ベルト給弾100発
作動方式：フルオートマチック
全長：1037mm
銃身長：521mm
重量：7.5kg、8.9kg（弾薬とドラムマガジン含む）
発射速度：650～750発/分

《 RPK軽機関銃 》

1961年にRPDに代わる分隊用機関銃として制式化された。AKMをベースに開発されたので、基本構造はAKと同じ。操作・分解も同様に行える。

長銃身となり、有効射程はAKMの300mから800mへと向上。AKM用の30連マガジンも使用可能。

40連マガジン

〔データ〕
口径：7.62mm
弾薬：7.62×39mm
装弾数：ボックスマガジン30発/40発、ドラムマガジン75発
作動方式：セミ/フルオートマチック切り替え
全長：1040mm、820mm（RPKSストック折り畳み時）
銃身長：590mm
重量：4.8kg（RPK）、5.1kg（RPKS）
発射速度：600発/分

75連ドラムマガジンを装着した状態。

空挺部隊用に折り畳み式ストックのRPKSも生産されている

《 RPK-74 》

RPK-74は、小口径5.45mm弾を使用するAK-74シリーズの分隊用機関銃だ。

フラッシュハイダー

〔データ〕
口径：5.45mm
弾薬：5.45×39mm
装弾数：ボックスマガジン30発、45発
作動方式：セミ/フルオートマチック切り替え
全長：1060mm、845mm（RPKS-74ストック折り畳み時）
銃身長：590mm
重量：4.7kg（RPK-74）、4.85kg（RPKS-74）
発射速度：600発/分

RPK-74においても空挺部隊用モデルのRPKS-74が採用されている。当初ドラムマガジンは採用されなかったが、現在はAK-107用に造られた97連ドラムマガジンの使用が可能である。

《 RPK-74のフィールドストリッピング 》

銃身以外はAK-74と同じ。

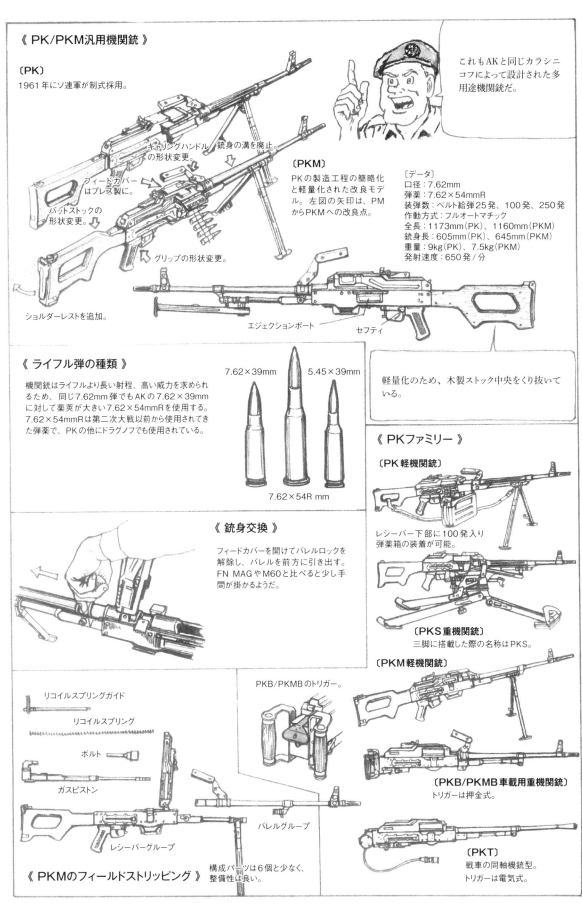

《 PK/PKM汎用機関銃 》

〔PK〕
1961年にソ連軍が制式採用。

これもAKと同じカラシニコフによって設計された多用途機関銃だ。

キャリングハンドルの形状変更。

銃身の溝を廃止。

フィードカバーはプレス製に。

バットストックの形状変更。

〔PKM〕
PKの製造工程の簡略化と軽量化された改良モデル。左図の矢印は、PMからPKMへの改良点。

グリップの形状変更。

ショルダーレストを追加。

〔データ〕
口径：7.62mm
弾薬：7.62×54mmR
装弾数：ベルト給弾25発、100発、250発
作動方式：フルオートマチック
全長：1173mm（PK）、1160mm（PKM）
銃身長：605mm（PK）、645mm（PKM）
重量：9kg（PK）、7.5kg（PKM）
発射速度：650発/分

エジェクションポート

セフティ

《 ライフル弾の種類 》

機関銃はライフルより長い射程、高い威力を求められるため、同じ7.62mm弾でもAKの7.62×39mmに対して薬莢が大きい7.62×54mmRを使用する。7.62×54mmRは第二次大戦以前から使用されてきた弾薬で、PKの他にドラグノフでも使用されている。

7.62×39mm

5.45×39mm

7.62×54R mm

軽量化のため、木製ストック中央をくり抜いている。

《 銃身交換 》

フィードカバーを開けてバレルロックを解除し、バレルを前方に引き出す。FN MAGやM60と比べると少し手間が掛かるようだ。

《 PKファミリー 》

〔PK軽機関銃〕

レシーバー下部に100発入り弾薬箱の装着が可能。

〔PKS重機関銃〕
三脚に搭載した際の名称はPKS。

〔PKM軽機関銃〕

PKB/PKMBのトリガー。

〔PKB/PKMB車載用重機関銃〕
トリガーは押金式。

〔PKT〕
戦車の同軸機銃型。
トリガーは電気式。

《 PKMのフィールドストリッピング 》

リコイルスプリングガイド

リコイルスプリング

ボルト

ガスピストン

レシーバーグループ

バレルグループ

構成パーツは6個と少なく、整備性は良い。

手榴弾

《 手榴弾の種類 》

これがアラブ諸国軍が使用したソ連製手榴弾だ!

構造はどこの国でも同じなんですね!

ソ連製は、レバー部分がヤワに出来ているので、レバーをベルトなどに引っ掛けて持ち歩くようなことは厳禁だ。

〔RGD-5〕
1954年に採用されたソ連軍の対人用破片型手榴弾。
全長：117mm
直径：58mm
重量：310g
炸薬：TNT 110g

〔F1〕
フランス軍のF1手榴弾をベースに、ソ連で1941年から製造された破片型手榴弾。有効殺傷範囲は半径20～30m。
全長：117mm
直径：55mm
重量：600g
炸薬：TNT 60g

〔RG-42〕
第二次大戦中の1942年に制式化された攻撃型手榴弾。
全長：127mm
直径：58mm
重量：420g
炸薬：TNT 200g

手榴弾ポーチ

AK用マガジンポーチ

〔手榴弾ポーチ〕
キャンバス生地のポーチで、ポーチ裏側にはサスペンダーとベルトを通すループが付属する。

ポーチにはF1またはRGD-5を2個収納できる。

〔RKG-3 対戦車手榴弾〕
ソ連軍が1950年に採用した対戦車手榴弾。220mm厚の装甲貫徹力を持つ。
全長：362mm
直径：70mm
重量：1.07Kg
炸薬：TNT/RDX 567g

《 RGD-5の構造 》

撃発スプリング
ストライカー
デトネーター
セフティピンホール
ディレイエレメント
セフティーレバー
炸薬
プライマー

プルリング
セフティピン
セフティレバー
スチール製ボディ

《 RGD-5の投擲方法 》

①レバーとボディをしっかり握る。

②セフティピンを伸ばす。

③プルリングを引き抜く。

④目標に投擲。

発火後、3～4秒で爆発する。

第四次中東戦争
地上戦

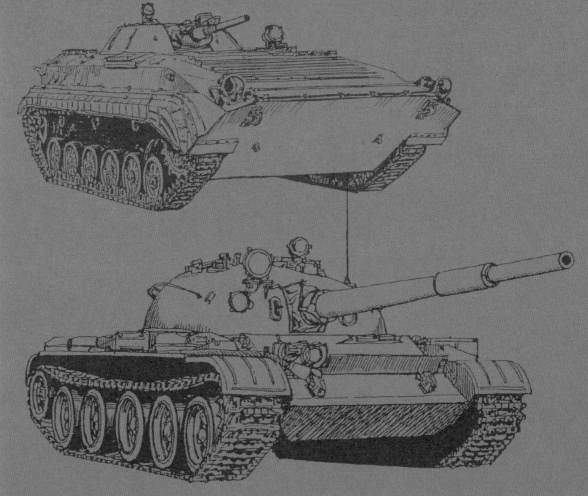

第四次中東戦争

■第四次中東戦争
（1973年10月6〜23日）

　エジプトとシリアは、第三次中東戦争でイスラエルに奪われていたシナイ半島とゴラン高原の奪還を目指し、1973年10月6日、奇襲攻撃に打って出た。第四次中東戦争の始まりである。この日はユダヤ教の祭日、「贖罪の日（ヨム・キープル）」だったことから、イスラエルでは「ヨム・キープル戦争」、アラブ側では「10月戦争」とも呼ばれている。

　イスラエル情報機関は、エジプト軍とシリア軍の部隊移動や国境線への兵力の集中などを探知していたが、開戦意図などの情報を見誤った結果、奇襲攻撃を許してしまった。

　エジプト軍はスエズ運河を渡河し、シナイ半島へ進攻。イスラエル軍も反撃に出るが、待ち構えていたエジプト軍部隊の対戦車ミサイルに戦車部隊は大損害を受け、頼みの航空支援もエジプト軍の地対空ミサイルなどの対空攻撃で活躍できず、スエズ運河東岸にエジプト軍が橋頭堡を築くことを許してしまった。その後、エジプト軍は確保した運河沿いの橋頭堡に留まっていたことから、イスラエル軍は態勢を整え直すと、10月14日に再開されたエジプト軍の攻勢を第二次大戦中の「クルスク戦車戦」以来といわれる大戦車戦で迎撃し、エジプト軍を撃破。翌15日には、反撃を開始してスエズ運河を逆渡河、エジプト領に攻め込んでいった。

　一方、10月6日にゴラン高原で奇襲攻撃を開始したシリア軍は、イスラエル軍の防衛戦を突破して、翌7日までに、国境線から10km以上進んでいた。守るイスラエル軍はゴラン高原の地理的条件からこの地域を失うと、イスラエル北部が危険に晒されるため、三倍以上の敵戦車を相手に決死の戦いを続けた。そして徐々にシリア軍を押し返して10月10日、反撃を開始した。

　その後、シナイ半島では10月22日、ゴラン高原でも23日に停戦となり、戦闘は終結した。

■ゴラン高原での戦闘

　ゴラン高原の戦線では、シリア軍は3個歩兵師団、5個機甲師団に戦車1200両を展開させ、10月6日14時5分、激しい準備砲撃をイスラエル軍に加えた後、侵攻を開始した。

　これに対するイスラエル軍は、停戦協定ライン（パープル・ライン）沿いに2個機甲旅団を配置。戦車の数は177両であった。奇襲攻撃で混乱したイスラエル軍は、戦力の差もあり、特に南部戦線での戦力は6日夜までに半減するなどの損害を出してしまう。その後、イスラエル軍は予備兵力を投入するな

どして、シリア軍の侵攻を食い止めることに成功。8日からは反撃に転じた。

ゴラン高原北部では、イスラエル軍は険しい地形を利用して進撃してくるシリア軍戦車部隊を迎撃、激しい戦車戦が展開された。10月8日、イスラエル軍は最後に残った戦車18両でシリア軍の100両以上の戦車攻撃を阻止している。戦闘は翌10日、イスラエル軍の増援部隊が到着したことでシリア軍は後退を始め、終了した。この一連の戦いでは、戦場には破壊された双方の戦車260両、その他の車両200両が残されたことから、後にこの戦場は「涙の谷」と呼ばれるようになった。

イスラエル軍は、10月10日より反撃を始め、ゴラン高原を奪還すると、パープル・ラインを越えてシリアへの侵攻を開始する。首都ダマスカスの30km手前まで進んだが、政治的判断などにより進撃を停止した。その後、イスラエル軍はシリアを支援するヨルダン軍、イラン軍とも交戦するが、それらも撃退し23日、停戦を迎えた。

■シナイ半島での戦闘

第三次中東戦争後の1968年から1969年にかけてイスラエルは、占領したシナイ半島のスエズ運河沿いに「バーレブ・ライン」と呼ばれる長大な防衛線を築いた。運河東岸に砂を盛って、高さ20m、正面の傾斜45°の土手を構築したのである。さらにその内側に33カ所の防御拠点を設けて、敵が運河を渡ってきた場合は、防御地帯で侵攻を遅らせ、内陸の機甲部隊で反撃するというのがイスラエルの防衛計画であった。

エジプト軍は開戦前に作戦行動を悟られないよう欺瞞工作を行い、1973年10月6日の14時、約250機の航空機による奇襲攻撃でイスラエル軍の軍事施設を爆撃。それと同時に約2000門の火砲がスエズ運河東岸を砲撃し、「バドール作戦」を開始した。スエズ運河を渡河したエジプト軍は、東岸の土手を爆薬と高圧放水により破壊して切り通しを造り、運河に架橋を仮設して続々とシナイ半島内に突入したのである。

エジプト軍のスエズ運河渡河の報告に、イスラエル軍は侵攻してきたエジプト軍を一気に押し返そうと、戦車部隊で反撃を開始した。エジプト軍はソ

《 ゴラン高原での戦闘 》

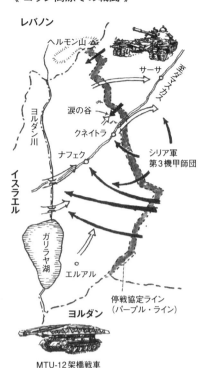

MTU-12架橋戦車

《 アラブ軍側の新兵器 》

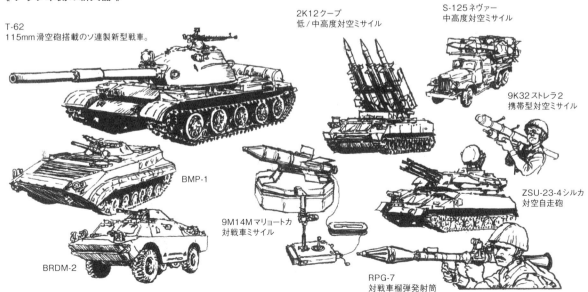

T-62
115mm滑空砲搭載のソ連製新型戦車。

2K12クープ
低/中高度対空ミサイル

S-125ネヴァー
中高度対空ミサイル

9K32ストレラ2
携帯型対空ミサイル

ZSU-23-4シルカ
対空自走砲

BMP-1

9M14Mマリョートカ
対戦車ミサイル

BRDM-2

RPG-7
対戦車榴弾発射筒

連製対戦車ミサイルを装備した部隊で
それを迎え撃ち、突進してくるイスラエ
ル軍戦車を次々に破壊した。イスラエ
ル軍は夕方までに100両の戦車を失
い、バーレブ・ライン防御部隊の戦車
旅団は壊滅的な被害を出してしまった。
この後、戦況はエジプト軍がスエズ運
河沿岸に橋頭堡築くため侵攻を止めた
ことから、膠着状態となった。

　そしてゴラン高原のシリア軍を支援
するためエジプト軍は10月14日、侵
攻を再開する。エジプト軍はこの作戦
に約1000両の戦車を投入、イスラエ
ル軍は800両の戦車でそれに対抗し、
大戦車戦が展開された。この戦闘でエ
ジプト軍は戦車200両の損害を出し、
攻撃は失敗に終わる。イスラエル軍の
反攻が始まり、戦車戦で勝利を得たイ
スラエル軍は、10月15日、スエズ運
河での逆渡河作戦「ガゼル作戦」を開
始した。運河西岸へ渡ったイスラエル
軍は、東岸に進出しているエジプト軍
を包囲するためイスマエリアとスエズ
方面へ進出するが、アメリカとソ連、さ
らに国連が停戦を求めた結果、停戦が
結ばれ、10月28日、第四次中東戦
争は終結した。

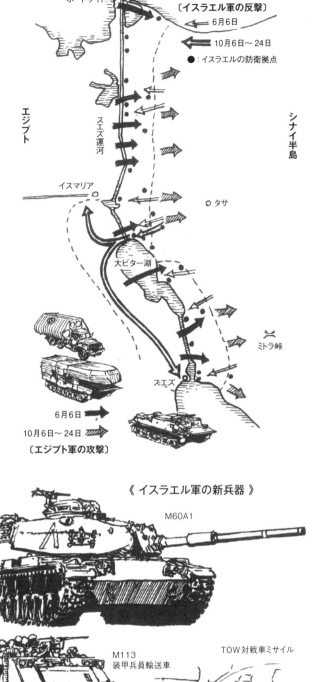

《 シナイ半島での戦闘 》

〔イスラエル軍の反撃〕
← 6月6日
← 10月6日～24日
●：イスラエルの防衛拠点

6月6日
10月6日～24日
〔エジプト軍の攻撃〕

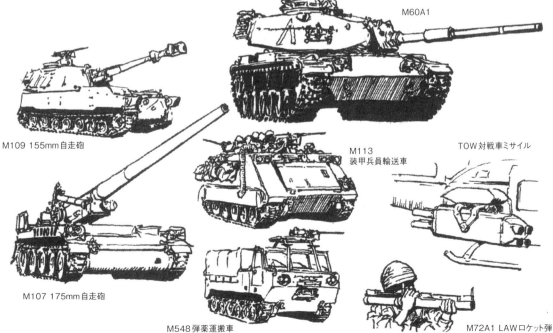

《 イスラエル軍の新兵器 》

M60A1

M109 155mm自走砲

M107 175mm自走砲

M113
装甲兵員輸送車

TOW対戦車ミサイル

M548弾薬運搬車

M72A1 LAWロケット弾

1973年10月6日、エジプト軍の奇襲攻撃で第四次中東戦争が勃発。エジプト軍の侵攻は、スエズ運河渡河作戦「バドール」で始まった。エジプト軍は地上部隊の侵攻前に、空軍の爆撃と猛烈な準備砲撃を行い、運河西岸に展開していた5個師団が14時20分、一斉に渡河を開始した。攻略目標は、運河沿いにイスラエル軍が構築した防衛陣地帯「バーレブ・ライン」である。しかし、

この目標を地上部隊が攻撃するには、運河東岸沿いにイスラエルが築いていた防護胸壁を破壊する必要があった。その任務を任された工兵隊は、爆薬と強力な消防ポンプを使用した放水によって、砂を盛って造られた防護胸壁を破壊、半島内へ進出するための通路を開拓した。エジプト軍の奇襲攻撃を成功させた要因の一つには、このような工兵隊の活躍があった。

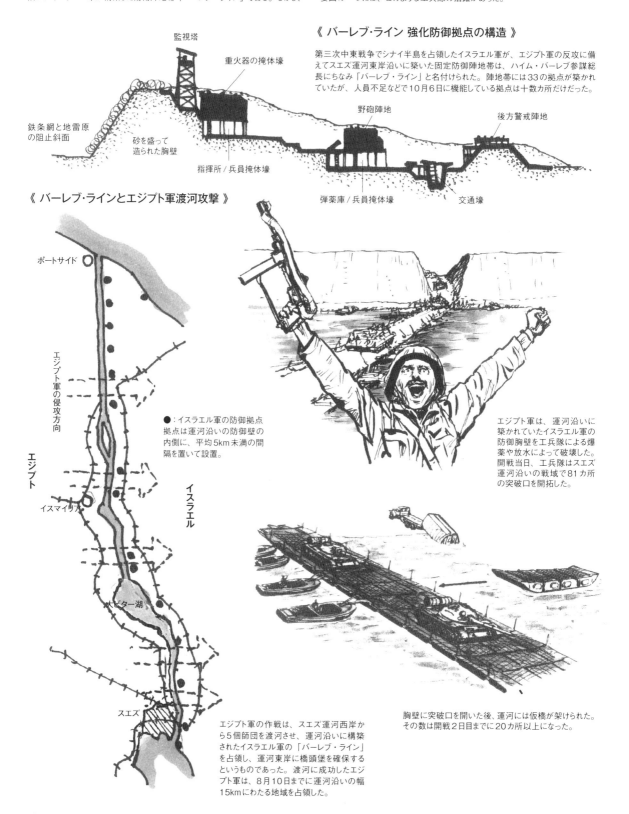

《 バーレブ・ライン 強化防御拠点の構造 》

第三次中東戦争でシナイ半島を占領したイスラエル軍が、エジプト軍の反攻に備えてスエズ運河東岸沿いに築いた固定防御陣地帯は、ハイム・バーレブ参謀総長にちなみ「バーレブ・ライン」と名付けられた。陣地帯には33の拠点が築かれていたが、人員不足などで10月6日に機能している拠点は十数カ所だけだった。

監視塔

重火器の掩体壕

鉄条網と地雷原の阻止斜面

砂を盛って造られた胸壁

指揮所/兵員掩体壕

野砲陣地

後方警戒陣地

弾薬庫/兵員掩体壕

交通壕

《 バーレブ・ラインとエジプト軍渡河攻撃 》

ポートサイド

エジプト軍の侵攻方向

エジプト

イスマイリア

大ビター湖

スエズ

イスラエル

●:イスラエル軍の防御拠点
拠点は運河沿いの防御壁の内側に、平均5km未満の間隔を置いて設置。

エジプト軍は、運河沿いに築かれていたイスラエル軍の防御胸壁を工兵隊による爆薬や放水によって破壊した。開戦当日、工兵隊はスエズ運河沿いの戦域で81カ所の突破口を開拓した。

エジプト軍の作戦は、スエズ運河西岸から5個師団を渡河させ、運河沿いに構築されたイスラエル軍の「バーレブ・ライン」を占領し、運河東岸に橋頭堡を確保するというものであった。渡河に成功したエジプト軍は、8月10日までに運河沿いの幅15kmにわたる地域を占領した。

胸壁に突破口を開いた後、運河には仮橋が架けられた。その数は開戦2日目までに20カ所以上になった。

《 エジプト軍がスエズ運河渡河に使用したソ連製工兵用車両 》

〔PMP浮橋〕
PMP浮橋は、ソ連軍が1962年に採用した組み立て式の浮橋。耐荷重20t（車道幅3.29m）と60t（車道幅6.5m）の2種類がある。架橋可能な長さは20tの場合、最大382m、60tでは227mになる。KrA-214トラックに搭載して輸送・運用された。

〔GSP-55〕
PT-76やK-61水陸両用車などをベースに、ソ連軍が開発した水上輸送用自走式舟。車体上部の舟を展開して戦車などを搭載する。横並びに車体を連結することで浮橋としても使用可能。1両当たりの最大積載量は52t。

《 シリア軍がゴラン高原防御線攻撃に用いた車両 》

エジプト軍のスエズ運河渡河に呼応して行われたシリア軍のゴラン高原方面の攻撃は、「小マジノ線」と呼ばれる対戦車壕や地雷原で護られたイスラエル軍の防衛陣地帯を突破する必要があった。シリア軍は、それら対戦車障害物に対応するため、架橋戦車や地雷除去装置を装備した戦車を投入した。
シリア軍の攻撃は、3個歩兵師団とこれを支援する2個機甲師団が10月6日、ゴラン高原に侵攻。イスラエル側の対戦車障害物による混乱も生じたが、翌7日には防御陣地帯を越えて、侵攻を続けた。

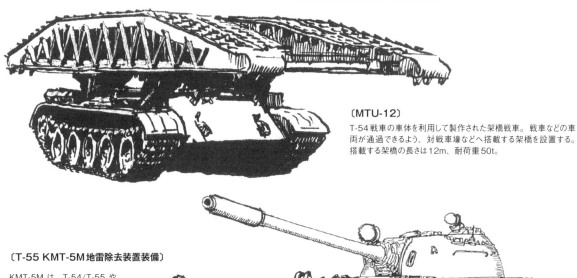

〔MTU-12〕
T-54戦車の車体を利用して製作された架橋戦車。戦車などの車両が通過できるよう、対戦車壕などへ搭載する架橋を設置する。搭載する架橋の長さは12m、耐荷重50t。

〔T-55 KMT-5M地雷除去装置装備〕
KMT-5Mは、T-54/T-55やT-62に取り付け可能な地雷除去装置。装置の重量は7.5t。この装置のローラー部分で地雷を爆発させて地雷原を開拓する。

激戦！ゴラン高原

〔シリア軍砲兵部隊〕

グググ‥‥

撃てっ！

〔イスラエル軍陣地〕

しまった、敵襲か！攻撃にはまだ1時間余裕があると考えていたのに、やられた！

敵襲!!

ヘルモン山監視所に敵コマンド部隊！掩体のすぐ前に来ていますっ!!

シリア軍停戦ラインを突破!!

敵戦車部隊、対戦車壕に前進中!!

敵はしゃにむに突進してきます。防御拠点は突破されました！

〔シリア軍戦車部隊〕

〔イスラエル軍戦車部隊〕

それにしても
増援部隊の戦車は
5両だけですか。

ゴラン高原を
取られたら
イスラエルは
一大危機ですぜ。

前線はよっぽど
苦戦らしいな。
新型のT-62戦車も
出てきてる
らしいぞ。

この辺には敵コマンドが
ヘリで降りたらしいから
警戒しろっ!

見たかい奴らを…。
すっかりやる気をなくして
夢遊病患者みたいだし…。

無傷の車両も放棄されているし…。
敵の先制攻撃がよほど
こたえたらしいな。

シリア軍戦車40両が
接近中だ。
戦闘隊形を採れ！

空軍も出動しているし。
みんな自信を持てよ。

"よき場所に位置する戦車は
無暗に走り回る
戦車100両に勝る"
という諺があるのを
知ってるか？

信じられん。
無敵の我が空軍機が
バタバタ
やられているぞ。

イスラエル空軍機が
対空ミサイルを避けて
低空から攻撃をかけた。
しかし、
シリア軍の対空
機関砲の
分厚いカーテンに
阻まれ、
大損害を受けていた。

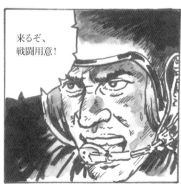

来るぞ、
戦闘用意！

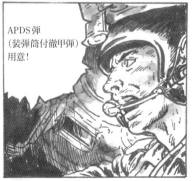

APDS弾
（装弾筒付徹甲弾）
用意！

目標捕捉！

距離2000！

敵だっ!

叩きつぶせ!
全車突撃!!

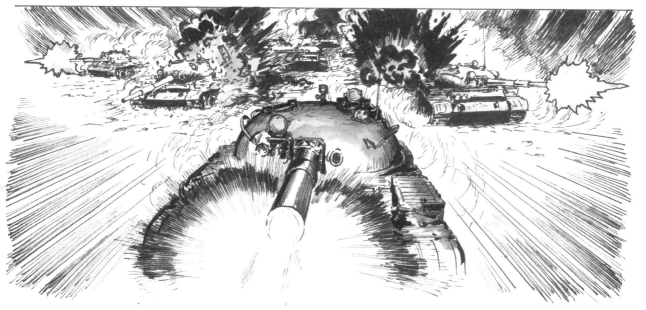

10月8日——
イスラエル空軍は前日に
多大な犠牲を払いながらも、
シリア軍対空部隊の
80%を潰し、
この日もシリア軍攻撃に
全力を挙げていた。

まったく、
よく生き残れた
もんだ。

敵さんは
夜戦の装備が
うちらより
いいもんな。

まったくだ。10対1の戦い
だったんだってよ。さあ、
今度はこっちが押し返す番だ。

1973年10月7～9日までの戦闘で
戦場はイスラエル軍とシリア軍双方の戦車260両、
その他の車両200両以上の残骸で埋まった。
この戦車の墓場は、
「涙の谷」と呼ばれた。

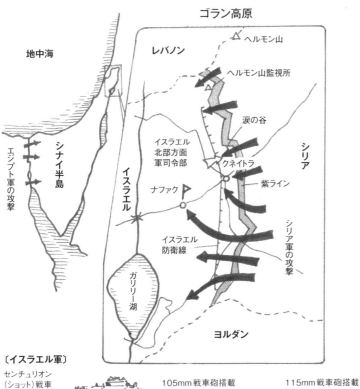

ゴラン高原

地中海

レバノン

ヘルモン山
ヘルモン山監視所

涙の谷

イスラエル
北部方面
軍司令部

クネイトラ

紫ライン

シリア

シリア軍の攻撃

ナファク

イスラエル

イスラエル
防衛線

ガリリー
湖

シナイ半島

エジプト軍の攻撃

ヨルダン

1973年10月6日、過去3度にわたるイスラエルとの戦争で負けた雪辱を果たすべく、アラブ側の奇襲攻撃が開始された。
「第四次中東戦争」の勃発である。
エジプト軍はスエズ運河を渡り、シナイ半島へ突入。対戦車ミサイルや対空ミサイルを効率よく活用し、緒戦でイスラエル軍を圧倒した。
一方、シリア軍も大機甲部隊でゴラン高原に侵攻した。だが、この攻撃に耐えたイスラエル軍は反撃を開始。アメリカとソ連が双方への武器補給を停止したこともあり、10日後に戦闘は鎮静した。
やがて国連軍が派遣され、10月28日には第四次中東戦争は終結した。
この戦争に決定的な勝敗はなかったが、それまでのイスラエル不敗神話は崩れてしまった。

〔イスラエル軍〕
センチュリオン
（ショット）戦車

105mm戦車砲搭載

115mm戦車砲搭載

〔アラブ軍〕
T-62戦車

アラブ軍側は、ゴラン高原で1800両の戦車を投入し、1200両を失った。イスラエル軍は700両が参戦し、350両以上の損害を出している。

イスラエル軍の戦闘車両

イスラエル軍は、第3次中東戦争までは兵員輸送車や装輪戦闘車両としてM2/M3ハーフトラックをベースとした様々な車両を使用していた。1972年にアメリカから大量のM113装甲兵員輸送車が供与されたことにより、イスラエル軍の汎用装甲車両の主力は、M2/M3ハーフトラックシリーズからM113シリーズへと変わった。イスラエル軍では最も多い時期には約6000両ものM113シリーズが運用されており、他の車両と同様に多くは、増加装甲や装備品の追加などイスラエル軍独自の改造が加えられていた。

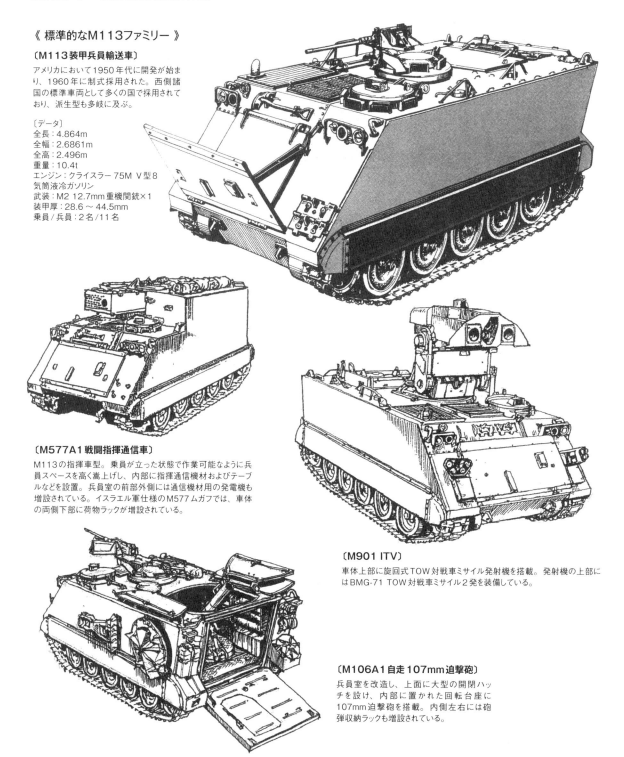

《 標準的なM113ファミリー 》

〔M113装甲兵員輸送車〕

アメリカにおいて1950年代に開発が始まり、1960年に制式採用された。西側諸国の標準車両として多くの国で採用されており、派生型も多岐に及ぶ。

〔データ〕
全長：4.864m
全幅：2.6861m
全高：2.496m
重量：10.4t
エンジン：クライスラー 75M V型8
気筒液冷ガソリン
武装：M2 12.7mm重機関銃×1
装甲厚：28.6 ～ 44.5mm
乗員／兵員：2名／11名

〔M577A1 戦闘指揮通信車〕

M113の指揮車型。乗員が立った状態で作業可能なように兵員スペースを高く嵩上げし、内部に指揮通信機材およびテーブルなどを設置。兵員室の前部外側には通信機材用の発電機も増設されている。イスラエル軍仕様のM577ムガフでは、車体の両側下部に荷物ラックが増設されている。

〔M901 ITV〕

車体上部に旋回式TOW対戦車ミサイル発射機を搭載。発射機の上部にはBMG-71 TOW対戦車ミサイル2発を装備している。

〔M106A1 自走107mm迫撃砲〕

兵員室を改造し、上面に大型の開閉ハッチを設け、内部に置かれた回転台座に107mm迫撃砲を搭載。内側左右には砲弾収納ラックも増設されている。

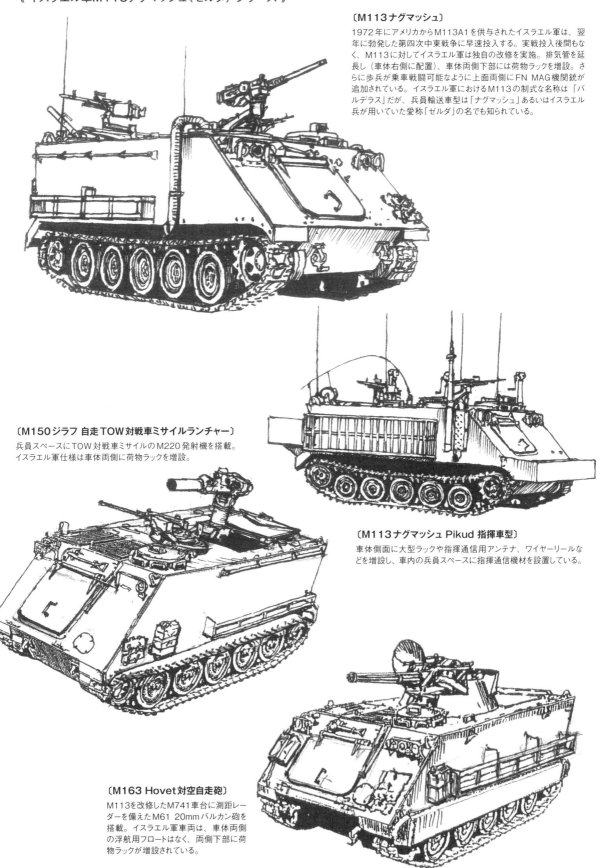

《 イスラエル軍M113ナグマッシュ（ゼルダ）・シリーズ 》

〔M113ナグマッシュ〕

1972年にアメリカからM113A1を供与されたイスラエル軍は、翌年に勃発した第四次中東戦争に早速投入する。実戦投入後間もなく、M113に対してイスラエル軍は独自の改修を実施。排気管を延長し（車体右側に配置）、車体両側下部には荷物ラックを増設。さらに歩兵が乗車戦闘可能なように上面両側にFN MAG機関銃が追加されている。イスラエル軍におけるM113の制式名称は「バルデラス」だが、兵員輸送車型は「ナグマッシュ」あるいはイスラエル兵が用いていた愛称「ゼルダ」の名でも知られている。

〔M150ジラフ 自走TOW対戦車ミサイルランチャー〕

兵員スペースにTOW対戦車ミサイルのM220発射機を搭載。イスラエル軍仕様は車体両側に荷物ラックを増設。

〔M113ナグマッシュ Pikud 指揮車型〕

車体側面に大型ラックや指揮通信用アンテナ、ワイヤーリールなどを増設し、車内の兵員スペースに指揮通信機材を設置している。

〔M163 Hovet 対空自走砲〕

M113を改修したM741車台に測距レーダーを備えたM61 20mmバルカン砲を搭載。イスラエル軍車両は、車体両側の浮航用フロートはなく、両側下部に荷物ラックが増設されている。

自走砲/弾薬運搬車

〔データ〕
全長：5.70m
全幅：2.65m
全高：2.7m
重量：16.5t
エンジン：SOFAM 8Gxb V型8気筒液冷ガソリン
武装：M50 105mm榴弾砲×1、F1 7.62mm機関銃×1
装甲厚：10〜20mm
乗員：5名

〔Mle.61 105mm自走榴弾砲（AMX-105A）〕

フランスが第二次大戦後に初めて実用化した自走砲。1940年代末に開発が始まり、1958年に制式化された。ベースとなったAMX-13軽戦車は、機関室を前部に砲塔を後部に配置していたので、自走砲のベース車両には最適で、車体に大がかりな改修を施すことなく、車体後部に上面装甲板付きの戦闘室を増設し、M50 105mm榴弾砲を搭載している。フランス軍のみならず、輸出もされており、イスラエル軍も採用した。

〔M548貨物運搬車〕

M113装甲兵員輸送車の車体下部を流用し、1960年代初期に開発された。アメリカ軍のみならず、多くの国に輸出もされており、イスラエル軍も採用。自走砲に随伴する弾薬運搬車としても多用されている。

〔データ〕
全長：5.89m
全幅：2.67m
全高：2.81m
重量：12.8t
エンジン：デトロイト・ディーゼル6V53 V型6気筒ディーゼル
武装：M2 12.7mm重機関銃×1
乗員：4名

〔M109ロチェフ 155mm自走榴弾砲〕

1962年にアメリカ軍によって制式採用されたM109の射程向上型で、主砲を23口径のM126から長砲身の33口径M185に換装したことにより、M107通常榴弾の場合、最大射程が14600mから18100mに、M549ロケット補助榴弾を用いた場合では23500mから24000mと向上している。1970年10月にアメリカ軍において制式採用され、1973年から部隊配備が始まった。開発は古いが、幾度もアップグレードが図られており、現在においても西側を代表する155mm自走砲の一つとして多くの国々において運用中である。イスラエル軍は、短砲身型のM109ALを購入した後、長砲身型のM109A1/A2仕様に改修し、さらに荷物ラックを追加するなど同軍仕様の車両をM109ロチェフとして部隊配備、第四次中東戦争に投入した。その後、さらに改良を加えたM109ドーハーは現在も運用されている。

〔データ〕
全長：9.05m
全幅：3.15m
全高：3.28m
重量：24.07t
エンジン：デトロイト・ディーゼル8V-71T V型8気筒液冷スーパーチャージド・ディーゼル
武装：M185 155mm榴弾砲×1、M2 12.7mm重機関銃×1
装甲厚：31.75mm
乗員：6名

《 M109 155mm自走榴弾砲の構造 》

〔データ〕
全長：9.68m
全幅：3.92m
全高：3.24m
重量：28.85t
エンジン：デトロイト・ディーゼル
8V-71T-LHR V型8気筒液冷スー
パーチャージド・ディーゼル
武装：M284 155mm榴弾砲×1、
M2 12.7mm重機関銃×1
装甲厚：31.75mm
乗員：4名

※M109A1も主砲以外は同じ。
①155mm榴弾砲
②砲尾
③M2 12.7mm重機関銃
④155mm榴弾収納ラック
⑤155mm榴弾収納後部ラック
⑥155mm榴弾収納前部ラック
⑦エンジン
⑧変速機
⑨起動輪

〔M992野戦火砲弾薬支援車〕
M109とともに開発された弾薬運搬車。M109をベースとしており、旋回砲塔を廃止し、車体後部に大型の構造物を増設。内部には155mm砲弾（弾頭、装薬、信管）の収納庫および弾薬給弾装置が設置されており、弾薬補給時には後部のベルトコンベアを突き出し、それによってM109自走砲に最大で6発の弾薬を自動的に補給することができる。

〔M107 175mm自走加農砲〕
アメリカ軍の要請により1956年1月に開発開始、1961年3月に制式採用となり、1980年5月までに524両造られた。M107は、小柄な車体には不釣り合いなほど大きな長砲身64.5口径のM113 175mm加農砲を搭載しており、通常弾使用の自走砲としては西側最長の最大射程32700mという性能を有していた。車内搭載弾薬数がわずか2発だったため、運用に際しては、弾薬補給車両（アメリカ軍ではM548貨物輸送車）の随伴が必須だった。イスラエル軍は、約200両を導入し、第四次中東戦争で使用した。

M4ベースの派生車両

〔M32戦車回収車〕

第二次大戦時の1943年に制式化されたM4ベースの戦車回収車。砲塔を取り外し、そこに砲塔状構造物を増設し、車体内部にウインチを、車体前部にAフレーム形の大型クレーンを装備している。大戦後もM4とともに世界各国に供与された。イスラエルでは、M1およびM50スーパーシャーマンをベースにM32に準じた改造を施した戦車回収車（それらもM32と呼ばれている）が造られた。

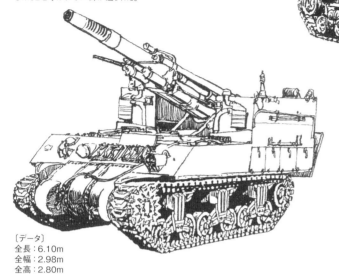

〔データ〕
全長：6.10m
全幅：2.98m
全高：2.80m
重量：31t
エンジン：カミンズVT8-460-B1 V型8気筒液冷ディーゼル
武装：M50 155mm榴弾砲×1、FN MAG 7.62mm機関銃またはM2 12.7mm重機関銃×2
乗員：8名

〔M50 155mm自走榴弾砲〕

M4車体をベースとしていたが、前部右側に機関室、前部左側に操縦室を配し、後部にオープントップ式の戦闘室が設けられた。戦闘室前部にM50 155mm榴弾砲を搭載し、副武装としてその左右にFN MAG機関銃あるいはM2重機関銃を装備している。1963年からイスラエル軍部隊への配備が始まり、第3次中東戦争に投入。さらにエンジンを換装した改良型が第四次中東戦争にも投入された。

〔L33 155mm自走榴弾砲〕

イスラエルのソルタム社とフィンランドのタンペラ社が共同開発したM68 155mm榴弾砲を搭載したM4ベースの自走砲。車体中央のターレットリングを塞ぎ、その上にM68を設置し、車体上部全体を囲むような形で密閉式の戦闘室を設けている。エンジンはカミンズ社製VT8-460-B1に換装し、サスペンションはHVSSを使用している。1973年初頭に部隊への配備が始まり、第四次中東戦争が実戦デビューとなった。

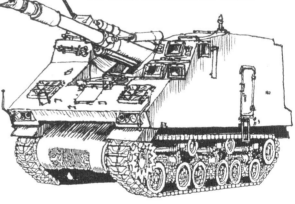

〔データ〕
全長：8.47m
全幅：3.45m
全高：3.45m
重量：41.5t
エンジン：カミンズVT8-460-B1 V型8気筒液冷ディーゼル
武装：M68 155mm榴弾砲×1、FN MAG 7.62mm機関銃×1
装甲厚：12.7〜63.5mm
乗員：8名

〔マクマト160mm自走迫撃砲〕

1960年代後半、M4戦車をベースとして開発した自走迫撃砲。1969年からイスラエルのソルタム社によって開発が始まり、1970年代初頭に部隊配備が始まった。ベース車体にはM50スーパーシャーマン戦車とフランスから購入したM7B1 105mm自走榴弾砲が使用されており、車体上部全体を囲むようにオープントップ式の戦闘室が設けられている。戦闘室内の最前部にソルタム社製M66 160mm迫撃砲を搭載し、副武装として戦闘室前面右側にM2 12.7mm重機関銃を、左右両側にFN MAG 7.62mm機関銃を装備。エンジンは、カミンズ社製VT8-460-B1ディーゼルエンジンに換装されており、足回りはHVSSサスペンションとなっている。

〔M7B1 プリースト　105mm自走榴弾砲〕

イスラエル軍は、1960年代の半ば頃にフランスからM7B1を購入し、1967年までにそれらを部隊に配備、1973年の第4次中東戦争に投入している。

〔データ〕
全長：6.02m
全幅：2.87m
全高：2.95m
重量：22.7t
エンジン：フォードGAA V型8気筒液冷ガソリン
武装：M2A1 105mm榴弾砲×1、M2 12.7mm重機関銃×1
装甲厚：12.7〜107.95mm
乗員：7名

M60シリーズ（マガフ6〜7）

イスラエル軍は、アメリカからM48に続き、米国製戦後第二世代主力戦車であるM60の供与を受け、第四次中東戦争にセンチュリオン、M48とともに主力戦車として投入する。イスラエル軍は、M60に対してE-60という形式名を用いており、M60はE-60、M60A1はE-60A、ドーザーブレード装備のA1はE-60AD、M60A3はE-60Bとしている。また、ウルダン・キューポラへの変更などイスラエル独自の改修が施された車両は、M48と同様に「マガフ」の名称が付与され、M60改修型はマガフ6、M60A1改修型はマガフ6A、M60A1 RISE改修型はマガフ6B、M60A3改修型はマガフ6Cとされ、さらに細部仕様の変更により、6Bガル／ガル・バダッシュ／バズ、6R、6Mなどもある。また、装甲防御強化型にはマガフ7A/7B/7Cという名称が付けられていた。その後もM60はM48とともに絶えず改良が施され、メルカバ戦車の部隊配備が進む1980年代初頭までは、センチュリオンとともにイスラエル軍主力戦車として運用された。

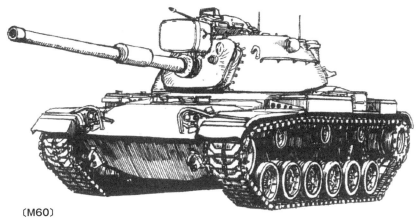

〔M60〕
M48と同様の亀甲形鋳造砲塔を備えたM60シリーズ最初の量産型。1959年から生産が始まり、1962年までに1000両以上造られた。エンジンは650hpのAVDS-1790-2を搭載。

〔データ〕
全長：9.31m
全幅：3.63m
全高：3.21m
重量：46.3t
エンジン：コンチネンタル AVDS-1790-2 V型12気筒空冷ターボチャージド・ディーゼル
装甲厚：12.7 〜 177.8mm
武装：M68 105mm戦車砲×1、M73 7.62mm機関銃×1、M85 12.7mm重機関銃×1
乗員：4名

《 M60シリーズの変遷 》

〔M60A1〕
1962年から生産。砲塔は正面被弾面積を減少させた新型のロングノーズ形に変更。トランスミッションの改良とともにエンジンも高出力型のAVDS-1790-2SA(750hp)を搭載。

〔M60〕

NBC防御性能向上のためにエアクリーナーを新型化。

エンジンをAVDS-1790-2Cに変更。

〔M60A1 REISE〕
M60A1の近代化改修型。主砲安定装置、サーチライト、エアクリーナー、エンジン、履帯などを新型に変更し、スモークディスチャージャーの追加、同軸機銃の変更なども実施された。1971〜1979年までに約5000両をA1 RISEに改修している。

《 車外装備の変化 》

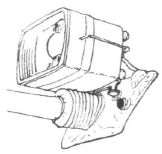

M60、M60A1 に装備された GE 社製
AN/VSS-1 24インチ・サーチライト

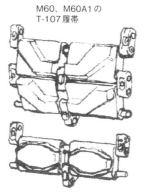

M60、M60A1 の
T-107 履帯

M60A1 RISE の
T-142 履帯

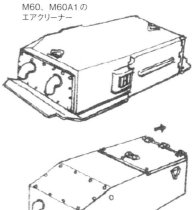

M60、M60A1 の
エアクリーナー

M60A1 RISE の
新型エアクリーナー

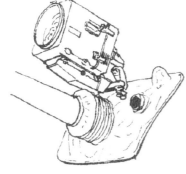

M60A1 RISE に装備された小型
の AN/VSS3A サーチライト

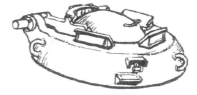

イスラエルのマガフで使用されているウルダン社
製の車長用キューポラ。

車外電話機

《 M60の車内構造 》

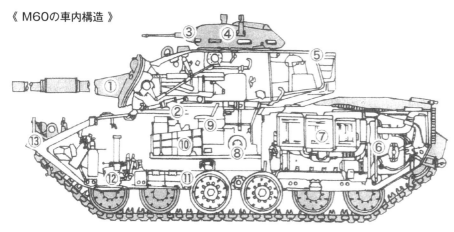

①M68 105mm戦車砲
②電子機器
③M85 12.7mm車載重機関銃
④車長用キューポラ
⑤荷物用バスケット
⑥操向変速機
⑦エンジン
⑧上部支持転輪
⑨砲手席
⑩105mm砲弾ラック
⑪懸架装置
⑫操縦手席
⑬ヘッドライト

《 M60の派生型 》

〔M728 CEV〕
M60A1をベースとした戦闘工兵車。主砲をM135 165mm砲に換装、
車体前部にはD7ドーザーブレードまたは地雷処理装置を装着可能。図は
D7ドーザーブレードを取り付けた状態。

〔M60 AVLB〕
砲塔を除去したM60車体に折り畳み
式架橋を設置した架橋戦車。

アラブ諸国軍の新型戦闘車両

ソ連製T-62戦車

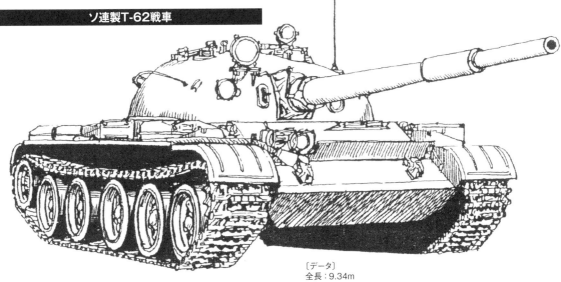

〔データ〕
全長：9.34m
全幅：3.33m
全高：2.40m
重量：37.5t
エンジン：V-55V V型12気筒液冷ディーゼル
装甲厚：20 〜 242mm
武装：U-5TS 115mm滑腔砲×1、PKT 7.62mm機関銃×1、DShKM 12.7mm重機関銃×1
乗員：4名

1960年代後期からソ連主力戦車はT-55シリーズから戦後第二世代主力戦車となるT-62へと移行した。T-62の生産開始は、1962年7月に始まり、1975年までにおよそ2万両もの大量生産が行われた。また、T-55と同様にチェコスロバキアにおいてもライセンス生産され、1500両が完成したが、それらはすべてソ連と中東諸国に輸出された。中東では、第四次中東戦争においてエジプト軍とシリア軍によって初めてT-62が実戦投入された。西側105mm戦車砲の火力を上回る115mm滑腔砲を搭載した東側最新鋭のT-62は、イスラエル軍戦車に勝るとも劣らない性能を有していたが、戦車兵の技量で勝るイスラエル軍に惨敗し、多数のT-62を失ってしまう。イスラエル軍は、主にゴラン高原における戦闘でシリア軍から100両以上のT-62を鹵獲し、それらの一部はT-55／チラン5と同様にイスラエル軍仕様に改修（主砲は未換装）され、チラン6として新編の第320予備役機甲旅団に集中配備された。ただし、チラン5とは異なり、チラン6が実戦で使用されることはなかった。

① U-5TS 115mm滑腔砲
② L-2G サーチライト
③ PKT 7.62mm同軸機銃（砲尾右側）
④ 装填手用ハッチ
⑤ 対空用 DShK 12.7mm重機関銃
⑥ 空薬莢排出口
⑦ ベンチレーター
⑧ 外部燃料タンク
⑨ エンジン
⑩ ラジエーター
⑪ 増加燃料タンク
⑫ 不整地脱出用丸太
⑬ エンジン排気口
⑭ 補助潤滑油タンク
⑮ 車長席
⑯ 車長用照準ペリスコープ
⑰ 砲手用照準ペリスコープ
⑱ 砲手席
⑲ 操縦手席
⑳ 雑具箱

《 T-62の車内構造 》

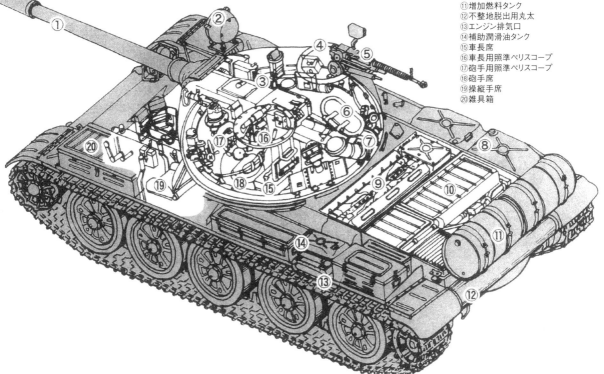

ソ連製BMP-1

《 BMP-1歩兵戦闘車 》

〔データ〕
全長：6.46m
全幅：2.94m
全高：1.88m
重量：12.6t
エンジン：UTD-20 V型6気筒
液冷ディーゼル
装甲厚：6 ～ 26mm
武装：2A28 73mm低圧滑腔
砲×1、PKT 7.62mm機関銃
×1、9M14Mマリュートカ対戦
車ミサイル発射ランチャー×1基
乗員/兵員：3名/8名

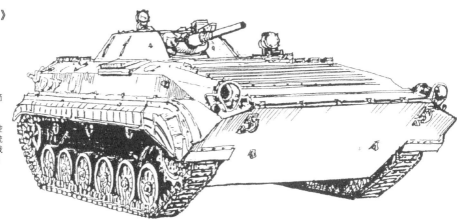

ソ連は、1950年代～1960年代初頭に歩兵戦闘車の開発に着手し、1966年にBMP-1を制式化させる。歩兵戦闘車は西ドイツ、フランスにおいて部隊運用が進められていたものの、当時としてはまだまだ新しいカテゴリーで、BMP-1は搭乗歩兵がハッチから身を乗り出すことなく、NBC環境下においても車内から乗車戦闘可能であるという点で画期的な車両だった。BMP-1は、1983年までに派生型を含め、歩兵戦闘車としては最多となる約2万両が造られ、ソ連軍のみならず、ワルシャワ条約機構加盟国を筆頭に他の多くの国々でも採用された。さらにライセンス生産を行った国もあり、チェコスロバキアでは約1万8000両、インドでは約800両、ルーマニアでは約170～180両が造られている。BMP-1は、中東にも輸出されており、最大保有国だったイラクを筆頭にエジプト、イラン、イラク、シリアの各軍によって運用された。第四次中東戦争ではエジプト軍車両230両、シリア軍車両約100両のBMP-1が戦場で使用された。しかし、T-55やT-62の場合と同様に両軍乗員の練度不足、対峙するイスラエル軍兵士の技量が高かったため、BMP-1の損失は少なくなかった。

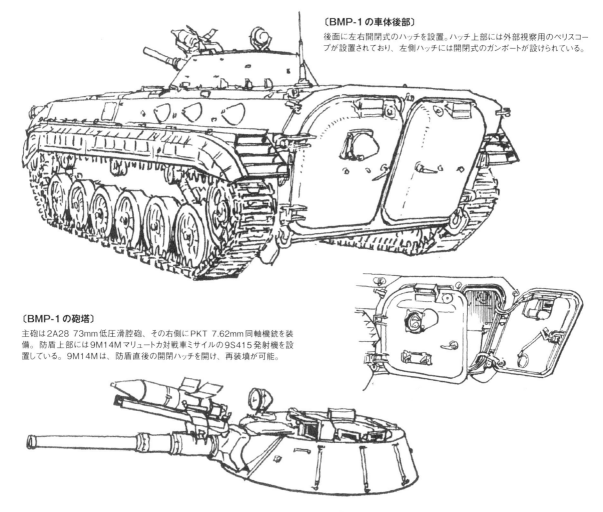

〔BMP-1の車体後部〕
後面に左右開閉式のハッチを設置。ハッチ上部には外部視察用のペリスコープが設置されており、左側ハッチには開閉式のガンポートが設けられている。

〔BMP-1の砲塔〕
主砲は2A28 73mm低圧滑腔砲、その右側にPKT 7.62mm同軸機銃を装備。防盾上部には9M14Mマリュートカ対戦車ミサイルの9S415発射機を設置している。9M14Mは、防盾直後の開閉ハッチを開け、再装填が可能。

《 BMP-1の車内構造 》

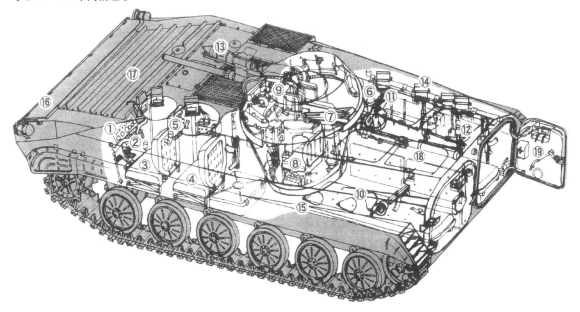

① 計器盤
② 操向ハンドル
③ 操縦手席
④ 車長席
⑤ TKH3サイト
⑥ 9M14M(車内収納)
⑦ 揚弾装置
⑧ 砲手席

⑨ 2A28 73mm低圧滑腔砲
⑩ 搭乗歩兵席
⑪ PKM 7.62mm機関銃
⑫ AKMアサルトライフル
⑬ 9M14M 対戦車ミサイル
⑭ 搭乗歩兵用ペリスコープ
⑮ AKM用ガンポート
⑯ 波除け板
⑰ エンジンルーム
⑱ 燃料タンク
⑲ 乗降ハッチ

《 BMP-2歩兵戦闘車 》

BMP-1の登場は、西側諸国に大きなインパクトを与え、西ドイツのマルダーやフランスのAMX-10Pなど本格的な西側製歩兵戦闘車を登場させる起因となった。西側の歩兵戦闘車の性能および開発動向を吟味し、1972年にソ連軍は、BMP-1改良型の開発に着手した。開発途中で勃発した第四次中東戦争におけるエジプト陸軍、シリア陸軍のBMP-1運用結果により、BMP-1は装甲防御の脆弱さ、長射程での73mm低圧滑腔砲の低精度、9M14対戦車ミサイルの誘導操作の難しさなどが判明した。ソ連軍はそうした問題点を改善した新型試作車両オブイェークト675を完成させ、1980年、アフガニスタンの戦場に試用投入した後、同年8月にBMP-2として制式採用した。BMP-2はソ連/ロシアの他にチェコスロバキアとインドでライセンス生産され、総計およそ1万2000両が造られた。BMP-1同様、BMP-2もソ連/ロシアや旧ソ連邦諸国、東欧の他に数多くの国々で使用され、中東においてはシリア、ヨルダン、イラン、クウェートが採用した。

〔データ〕
全長：6.74m
全幅：3.15m
全高：2.07m
重量：14t
エンジン：UTD-20S1 V型6気筒液冷ディーゼル
装甲厚：6〜26mm
武装：2A42 30mm機関砲×1、PKT 7.62mm機関銃×1、9M113コンクールス対戦車ミサイル発射ランチャー×1基
乗員/兵員：3名/7名

《 BMP-1/2の乗員/搭乗歩兵の配置 》

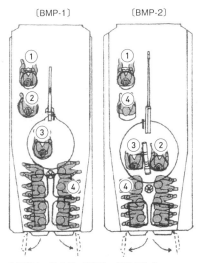

〔BMP-1〕　　〔BMP-2〕

① 操縦手　② 車長　③ 砲手　④ 搭乗歩兵

《 T-62の攻撃ポイント 》

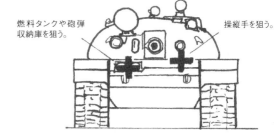

燃料タンクや砲弾
収納庫を狙う。

操縦手を狙う。

〔正面からの攻撃ポイント〕

〔T-62戦車は左前面を狙う!〕

4名の乗員の内、3名が車内の左側に配置されているので、車体前部左側に命中させれば操縦手を、砲塔前部左側なら砲手と車長を殺傷できる。

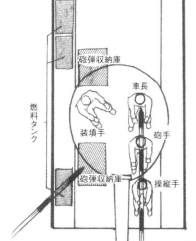

砲弾収納庫

車長

燃料タンク

装填手

砲手

砲弾収納庫

操縦手

車体右斜め方向から
の命中弾

前部左側への
命中弾

車体右側に燃料と弾薬収納庫が配置されているので、ここに被弾すると、内部から火災を起こすか、爆発する可能性が大きい。車体前面右側、右側面前部、または砲塔の前面右側下部に命中弾を与えるのが有効である。

〔側面からの攻撃ポイント〕

右側／左側に関係なく、車体前部の下部に照準を合わせるのが、最も確実である。

《 主砲の俯仰角 》

T-62
＋15°〜−3°

ショット（センチュリオン）
＋20°〜−10°

主砲の俯仰角の大小は、戦闘時の地形によって重要な意味を持つ。特に地面の起伏を利用して待ち伏せ攻撃をする際に、俯角を大きく取れるイスラエル軍戦車には有利となった。

《 戦闘照準 》

弾道

交戦距離
1600m

照準線

《 ソ連製戦車/対戦車兵器の有効射程 》

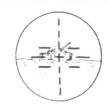

砲弾の水平な弾道を利用した射撃方法で、初弾用の砲弾を先に装填しておき、予め見積もった距離より内側の敵に対して一目標ごとに射距離を変えずに砲撃していく。例えば、イスラエル軍戦車の105mm戦車砲のAPDS弾では1600m、HEAT弾なら1100mの有効射程があり、弾道はほぼ水平なので、それらの有効射程内に入る敵戦車であれば、どの位置にいても射距離を変更する必要はない。

3000
2500
2000
1500
1000
500m

3M11フリーダ
9M14マリュートカ
T-62
T-54/T-55
3M6シュメル
SPG-9無反動砲
RGG-7

イスラエル軍戦車

〔基本は自分に一番近い位置にいる敵から撃破せよ!〕

300m以内のRPG-7射手、1000m以内の戦車、3000m以内の対戦車ミサイルは非常に危険である。

《 戦車砲弾 》

〔アラブ諸国軍が使用した砲弾〕

100mm AP弾

115mm APDS弾

105mm APDS弾

105mm HEAT弾

〔イスラエル軍が使用した砲弾〕

第四次中東戦争の頃になると、イスラエル軍のほとんどの戦車は105mm戦車砲を搭載しており、それらに対抗できるT-62の配備数はアラブ諸国軍戦車の約25%だったといわれている。

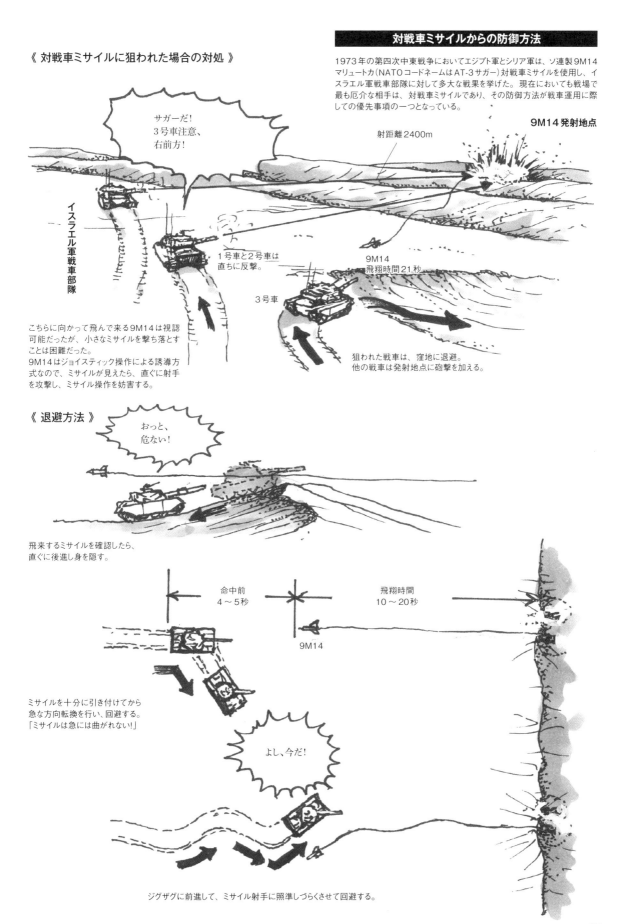

《 対戦車ミサイルに狙われた場合の対処 》

1973年の第四次中東戦争においてエジプト軍とシリア軍は、ソ連製9M14マリュートカ（NATOコードネームはAT-3サガー）対戦車ミサイルを使用し、イスラエル軍戦車部隊に対して多大な戦果を挙げた。現在においても戦場で最も厄介な相手は、対戦車ミサイルであり、その防御方法が戦車運用に際しての優先事項の一つとなっている。

サガーだ！
3号車注意、
右前方！

9M14発射地点

射距離2400m

イスラエル軍戦車部隊

1号車と2号車は直ちに反撃。

9M14
飛翔時間21秒

3号車

こちらに向かって飛んで来る9M14は視認可能だったが、小さなミサイルを撃ち落とすことは困難だった。
9M14はジョイスティック操作による誘導方式なので、ミサイルが見えたら、直ぐに射手を攻撃し、ミサイル操作を妨害する。

狙われた戦車は、窪地に退避。
他の戦車は発射地点に砲撃を加える。

《 退避方法 》

おっと、危ない！

飛来するミサイルを確認したら、直ぐに後進し身を隠す。

命中前
4〜5秒

飛翔時間
10〜20秒

9M14

ミサイルを十分に引き付けてから急な方向転換を行い、回避する。
「ミサイルは急には曲がれない！」

よし、今だ！

ジグザグに前進して、ミサイル射手に照準しづらくさせて回避する。

両陣営のヘルメット

イスラエル軍のヘルメット

建国時から1960年代まで複数の国のヘルメットを使用してきたイスラエル軍は、1960年代末にアメリカ製のM1ヘルメットを採用して統一した。1970年代には国産モデルの開発が始まり、イスラエル軍は1977年に国産のM76を採用している。

M76ヘルメットを被り、ボディアーマーを着用した1982年レバノン侵攻でのイスラエル陸軍兵士。採用当初、M76は空挺部隊や第一線部隊に優先配備されたため、全部隊に行き渡るのは1980年代後半になってからだった。

〔Mk.II ヘルメット〕
イギリス軍のヘルメットで、M1の採用により戦闘部隊では使われなくなるが、1980年代頃まで女性部隊などで使用が続けられていた。

〔Mk.III ヘルメット〕
これもイギリス軍のヘルメットで、Mk.IIより新しいモデルであったが、イスラエル軍での使用数は少なかった。

〔M1 ヘルメット〕
1948年の独立時から少数が使用されていたが、1967年以降に制式に採用が決まると、1960年代末期にはイスラエルで生産されるようになる。

チンストラップは、当初アメリカ製オリジナルのままであったが、イギリス軍のMk.II空挺ヘルメットと同じスタイルの三点式に改造され、国産化にともない標準スタイルとなった。

〔Mk.II 空挺ヘルメット〕
空挺部隊やコマンド部隊が使用した。

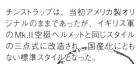

ライナーを利用したMPヘルメット。白地に赤色のラインとヘブライ語のMP文字がマーキングされている。

イスラエル兵はヘルメットカバーやネットの固定用にゴムバンドを多用している。

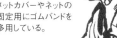

〔M1951 ヘルメット〕
フランス製ヘルメット。1950年代から1960年代にかけて一部の部隊が使用している。

《 M76ヘルメット 》

イスラエルが1970年代に開発し、実用化した世界初の防弾樹脂製ヘルメット。最初のモデルは8mm厚の強化グラスファイバー繊維で造られていた。初の実戦使用は、1976年7月4日、ハイジャック事件で人質になった乗客乗員をウガンダのエンテベ空港から救出する作戦で、出動した特殊部隊員が装備していた。

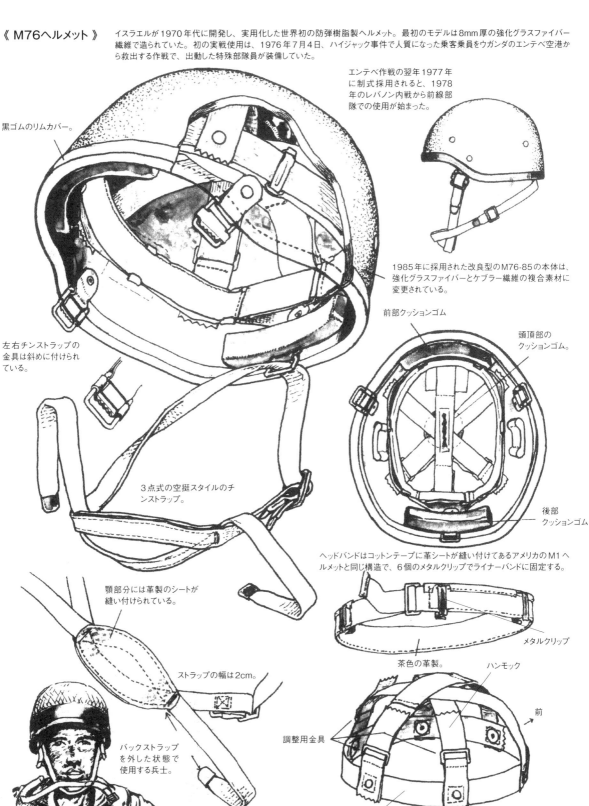

エンテベ作戦の翌年1977年に制式採用されると、1978年のレバノン内戦から前線部隊での使用が始まった。

黒ゴムのリムカバー。

1985年に採用された改良型のM76-85の本体は、強化グラスファイバーとケブラー繊維の複合素材に変更されている。

前部クッションゴム

頭頂部のクッションゴム。

左右チンストラップの金具は斜めに付けられている。

後部クッションゴム

3点式の空挺スタイルのチンストラップ。

ヘッドバンドはコットンテープに革シートが縫い付けてあるアメリカのM1ヘルメットと同じ構造で、6個のメタルクリップでライナーバンドに固定する。

顎部分には革製のシートが縫い付けられている。

メタルクリップ

茶色の革製。

ハンモック

前

ストラップの幅は2cm。

調整用金具

バックストラップを外した状態で使用する兵士。

ライナーバンド

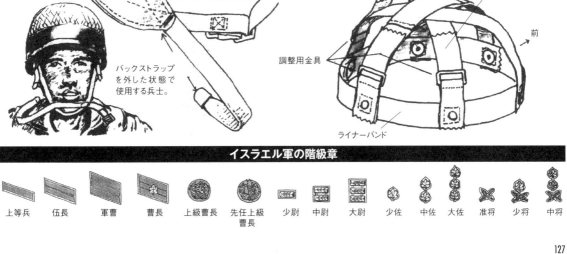

127

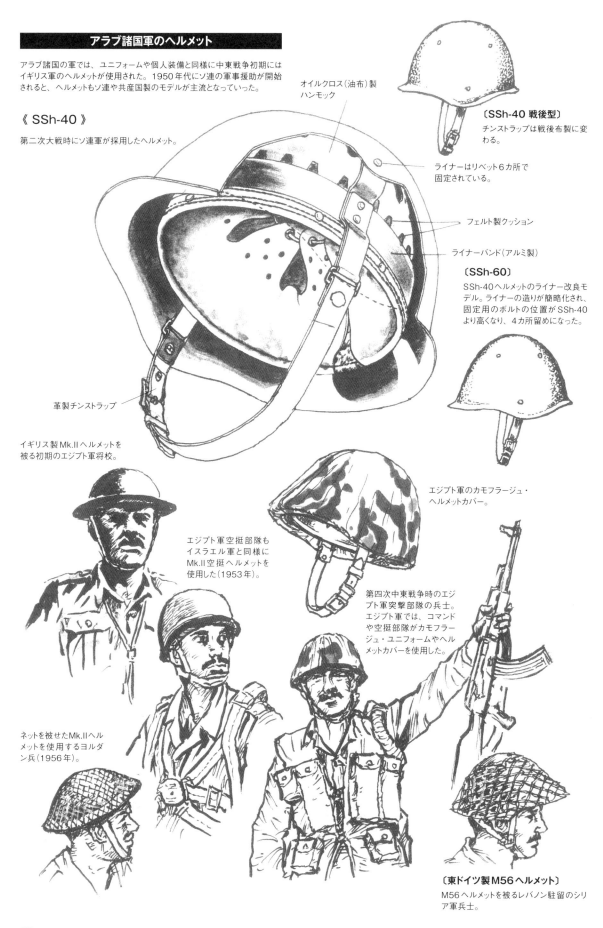

アラブ諸国軍のヘルメット

アラブ諸国の軍では、ユニフォームや個人装備と同様に中東戦争初期にはイギリス軍のヘルメットが使用された。1950年代にソ連の軍事援助が開始されると、ヘルメットもソ連や共産国製のモデルが主流となっていった。

《 SSh-40 》

第二次大戦時にソ連軍が採用したヘルメット。

オイルクロス(油布)製ハンモック

〔SSh-40 戦後型〕
チンストラップは戦後布製に変わる。

ライナーはリベット6カ所で固定されている。

フェルト製クッション

ライナーバンド(アルミ製)

〔SSh-60〕
SSh-40ヘルメットのライナー改良モデル。ライナーの造りが簡略化され、固定用のボルトの位置がSSh-40より高くなり、4カ所留めになった。

革製チンストラップ

イギリス製Mk.IIヘルメットを被る初期のエジプト軍将校。

エジプト軍のカモフラージュ・ヘルメットカバー。

エジプト軍空挺部隊もイスラエル軍と同様にMk.II空挺ヘルメットを使用した(1953年)。

第四次中東戦争時のエジプト軍突撃部隊の兵士。エジプト軍では、コマンドや空挺部隊がカモフラージュ・ユニフォームやヘルメットカバーを使用した。

ネットを被せたMk.IIヘルメットを使用するヨルダン兵(1956年)。

〔東ドイツ製M56ヘルメット〕
M56ヘルメットを被るレバノン駐留のシリア軍兵士。

レバノン侵攻

レバノン侵攻

■レバノン侵攻
（1982年6～9月）

　中東諸国の中でキリスト教徒が多い
レバノンは、第一次中東戦争以降、非
常に不安定な政治状況が続いていた。
1970年代に入ると、イスラエルの支
援を受けるキリスト教右派グループとシ
リアに支援されたPLOの二大組織によ
る内戦が勃発した。1976年、シリア
軍のベイルート駐屯によりこの争いは
一時、鎮静化するが、両組織には多数
の派閥が所属していたことから、キリス
ト教とイスラム教系それぞれの派閥同
士の抗争が常態化していた。また、国
内の抗争だけではなく、イスラム教系
の最大組織であるPLOは南部レバノン
を拠点にイスラエルに対して国境越え
の砲撃やゲリラ攻撃を繰り返していた。

　1982年6月6日、イスラエル軍の
攻撃でレバノン侵攻が始まる。イスラ
エル軍の目的は、PLOの軍事組織の
破壊とレバノン国内からのPLO排除に
あった。侵攻を開始したイスラエル軍
は国境を越えると、国連暫定軍部隊を
横目にベイルートに向けて進撃を続け
た。作戦開始から数日間でイスラエル
軍はPLO支配地域を次々と制圧する
と、6月13日にはベイルート郊外に達
し、翌日にはベイルートを包囲した。

　この間、レバノン駐留シリア軍との
間でも戦闘が発生する。イスラエル空
軍はシリア空軍機の撃墜や対空陣地を
撃破し、地上戦においては、初めて実
戦投入されたイスラエル国産のメルカ
バ戦車がソ連製最新戦車のT-72を多
数破壊するなど、陸と空の戦いはイス
ラエル軍の圧勝であった。

　シリア軍との戦闘は6月25日に停戦
が成立した。ベイルートで包囲されて
いたPLOは2カ月間抵抗を続けたが、
8月にレバノンからの撤退に合意する。
そして国連平和維持軍の監視の下、9
月までにシリア、ヨルダン、イラクなど
に出国していき、PLOは本部をチェニ
ジアに移したのだった。

　イスラエル軍のレバノン侵攻作戦は
成功したが、その後も駐留を続けたこ
とからイスラム系民兵組織のイスラエ
ル軍に対する攻撃が続発、イスラエ
ル軍は1985年6月5日までに、段階
的に南レバノンへと撤退した。しかし、
その後も民兵の派閥抗争は収まらず、
また、南ベイルートのイスラエル軍に
対する攻撃など、小規模な戦闘が発生
してレバノン内戦は1990年まで続くこ
とになるのである。

《 イスラエル軍の装備 》

3個機甲師団を三方面から投入。海岸地帯では海軍の艦艇による上陸作戦を行った。

〔ヒューズ500MD/TOWディフェンダー〕
TOW対戦車ミサイルを装着。

〔RPV（無人偵察機）〕
シリア軍の対空陣地帯などを偵察飛行。イスラエルは1年も前から情報収集を続けてレバノン侵攻に備えた。

〔AH-1 ヒューイコブラ〕
ベッカー高原における戦闘では50機を投入し、戦果を挙げている。TOW対戦車ミサイルを装着。

〔M3 ハーフトラック〕
部隊指揮通信車としてまだ少数が使用されていた。

〔ショット・カル戦車〕
車体と砲塔の前部にブレイザー爆発反応装甲を装着し、防御力を強化。さらに機関銃、スモークディスチャージャーの増設なども実施されている。

〔M109 155mm自走榴弾砲〕

〔M113装甲兵員輸送車〕

〔マガフ6〕
M60A1をベースに爆発反応装甲などを増設するなど、イスラエル軍が独自の改良を施したモデル。

〔M163 20mm対空自走砲〕

〔M113ナグマッシュ Vayzata〕
M113のトーマ空間装甲装着型。

〔メルカバMk.1〕
搭載する105mm砲は当初T-72に対して威力が不安視されたが、実戦では多数のT-72を撃破した。

〔戦車トランスポーター〕
多正面作戦を展開するイスラエル軍は、戦車トランスポーターを多数所有して戦車部隊の緊急輸送に対応した。

〔地上戦における両軍の損害〕

	イスラエル軍	シリア軍	PLO
戦車	80両	450両	―
兵員	約300名	約400名	約1000名
捕虜	1名	約250名	約6000名
航空機	20機	約70機	―

〔マガフ6/MCRS地雷処理装置装備型〕

イスラエル軍は開戦5日目にシリア軍との空戦とSAM陣地の破壊で航空戦に勝利した。翌日からのベッカー高原での対戦車戦闘では、シリア軍は防衛に有利な地形を利用し、対戦車火器を装備したコマンド部隊を投入したが、イスラエル軍の対戦車ヘリコプターの活躍もあって、イスラエル軍は同高原での戦車戦（イスラエル軍約250両、シリア軍約600両）に勝利する。この勝敗がシリア軍の停戦に繋がったのだった。

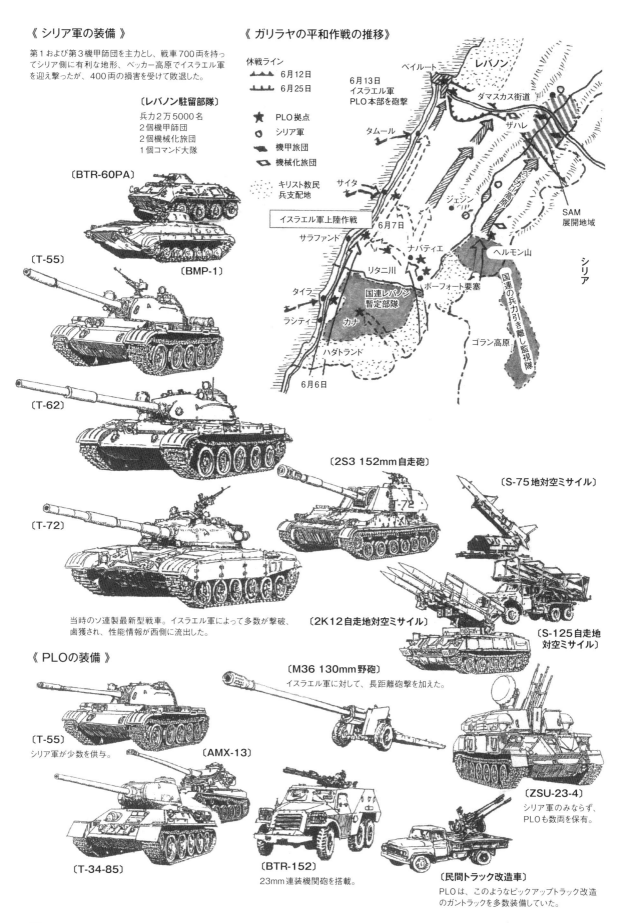

《 シリア軍の装備 》

第1および第3機甲師団を主力とし、戦車700両を持ってシリア側に有利な地形、ベッカー高原でイスラエル軍を迎え撃ったが、400両の損害を受けて敗退した。

〔レバノン駐留部隊〕
兵力2万5000名
2個機甲師団
2個機械化旅団
1個コマンド大隊

〔BTR-60PA〕

〔T-55〕

〔BMP-1〕

〔T-62〕

〔T-72〕

当時のソ連製最新型戦車。イスラエル軍によって多数が撃破、鹵獲され、性能情報が西側に流出した。

〔2S3 152mm自走砲〕

〔S-75地対空ミサイル〕

〔2K12自走地対空ミサイル〕

〔S-125自走地対空ミサイル〕

《 ガリラヤの平和作戦の推移 》

休戦ライン
　6月12日
　6月25日

★　PLO拠点
○　シリア軍
▰　機甲旅団
▱　機械化旅団

キリスト教民兵支配地

イスラエル軍上陸作戦

ベイルート
レバノン
ダマスカス街道
ザハレ
6月13日
イスラエル軍
PLO本部を砲撃
タムール
サイタ
ジェジン
SAM展開地域
サラファンド
6月7日
ナバティエ
ヘルモン山
リタニ川
ボーフォート要塞
タイラ
国連レバノン暫定部隊
ラシティ
カナ
ハダトランド
ゴラン高原
6月6日
シリア
国連の兵力引き離し監視隊

《 PLOの装備 》

〔T-55〕
シリア軍が少数を供与。

〔AMX-13〕

〔T-34-85〕

〔M36 130mm野砲〕
イスラエル軍に対して、長距離砲撃を加えた。

〔BTR-152〕
23mm連装機関砲を搭載。

〔ZSU-23-4〕
シリア軍のみならず、PLOも数両を保有。

〔民間トラック改造車〕
PLOは、このようなピックアップトラック改造のガントラックを多数装備していた。

イスラエル軍の戦闘車両

レバノン侵攻時のセンチュリオン

〔ショット・カル ブレイザー装着型〕
車体前面/側面上部と砲塔前面/側面に「ブレイザー」と呼ばれるERA（爆発反応装甲）を多数装着している。ブレイザーは世界で初めて実用化されたERAで、レバノン侵攻（ガリラヤ平和作戦）で初めてその姿がメディアに捉えられた。また、その頃までには主砲サーマルスリーブの装着、砲塔前部左右のスモークディスチャージャーや砲塔上部機関銃の増設、新型砲弾の導入なども実施されている。

〔ショット・カル ドーザーブレード装着型〕
車体前部にドーザーブレードを装着した戦闘工兵車両型。

〔地雷処理プラウを装着した状態〕
車体前部に地雷を掘り起こすためのプラウ式（鋤）地雷処理装置を装着。

〔ショット・カル 地雷処理ローラー装着型〕
こちらはローラーで地雷を踏み、爆破処理する方式の地雷処理装置を装着。

中東での数々の戦訓を採り入れ、イスラエルが満を持して開発した国産戦車がメルカバだ。1979年、Mk.1の部隊配備に始まり、Mk.2〜Mk.4へと発展。2023年には最新型のMk.5（制式名称はバラク）が登場している。

〔ソ連製T-62〕

115mm滑腔砲を搭載。メルカバ戦車の開発が決定した当時は、このT-62戦車が世界最強といわれていた。

〔イギリス製チーフテン〕

イスラエルが次期主力戦車として注目。1963年から生産が始まった新鋭戦車チーフテンは、120mmライフル砲を搭載した西側最強の戦車だった。

〔イスラエル国産メルカバMk.1〕

試作車が1974年に完成、1976年に生産開始、1979年から部隊配備が始まった。

メルカバ戦車の開発

■イスラエル初の国産戦車

　1960年代、アラブ諸国にはソ連などから新しい戦闘車両が次々と大量に供与されるようになっていた。イスラエルは、自軍のM4、センチュリオン、M48の改良型では不十分であることを認識し、新型戦車の獲得を図る。イスラエルは、当時イギリスで開発中だった最新主力戦車チーフテンに注目。チーフテンは、重装甲で西側主力戦車としては最強の火力を有していた。1963年にイスラエルはイギリスとの間で、チーフテンをベースとしたイスラエル軍向け改良型の共同開発に関する契約を締結した。しかし、アラブ諸国によるイギリスへの圧力により、その開発計画は頓挫してしまった。

　そのためイスラエルは、1970年に国産新型戦車の開発を決定する。それまでの戦闘における戦訓を採り入れ、新型戦車の設計骨子は、何よりも防御力と乗員の生存性を重視したものとされた。1974年に完成した試作車は、他国の主力戦車とは、デザインが大きく異なり、フロント・エンジン配置で車体後部に戦闘室を設け、その上に砲塔を搭載していた。テストの結果に満足したイスラエルは、「メルカバ」として制式採用し、1976年から先行生産という形で量産を開始した。

　最初の量産型メルカバMk.1のイスラエル軍での部隊運用は、1979年4月から始まり、1982年のレバノン侵攻が初陣となった。

メルカバ戦車の開発変遷

1970年8月にメルカバ戦車の開発が決定し、モックアップ、さらにデザイン検討用の試作車両に続き、1974年にテスト用の試作車2両が完成した。同年7月からそれらは評価テストに供され、良好な結果を収めたため制式採用が決定し、1976年から先行生産型の製造が始まった。

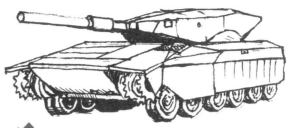

《 実物大モックアップ 》

1971年4月に造られた実物大のモックアップ。この段階で基本デザインが確立していたことがわかる。

《 最初のデザイン検討用試作車両 》

センチュリオンの車体と砲塔を転用して造られた。車体はフロント・エンジン配置に改造されている。

《 2番目に造られたデザイン検討用試作車両 》

新設計の車体にM48（マガフ）の砲塔を搭載して造られている。

《 デザイン最終チェック用の試作車両 》

新設計の車体にモックアップの砲塔を搭載。この車両でデザインの最終決定が行われた。

《 メルカバの試作車 》

この車両を評価テストした結果を盛り込み、さらに改良が加えられ、生産型が造られた。

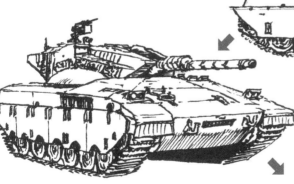

《 メルカバMk.1 先行生産型 》

1976年から製造が始まった先行生産型。後の標準型とは若干相違が見られる。

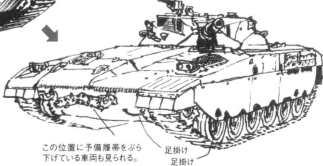

この位置に予備履帯をぶら下げている車両も見られる。

足掛け
足掛け

《 メルカバMk.1 量産型 》

1979年4月から部隊配備が開始される。

転輪は3種類造られ、最終的に左端のタイプが制式に採用された。

メルカバ戦車の構造

〔データ〕
全長：8.63m
全幅：3.72m
全高：2.64m
重量：60t
エンジン：テレダイン・コンチネンタルAVDS-1790-5A V型12気筒空冷ターボチャージド・ディーゼル
武装：M68 105mm戦車砲×1、FN MAG 7.62mm機関銃×3、C07 60mm迫撃砲×1
乗員：4名

〔メルカバMk.1〕

1979年4月からイスラエル軍戦車部隊への配備が始まったメルカバ戦車シリーズ最初の量産型。メルカバは、防御性能と乗員の生存性を最優先させた設計により、他国の主力戦車とは、デザインが大きく異なっている。初めて実戦投入された1982年のレバノン侵攻では防御性能の高さを実証するとともに、当時世界最強の主力戦車と評されていたソ連製T-72を多数撃破し、見事に初陣を飾った。

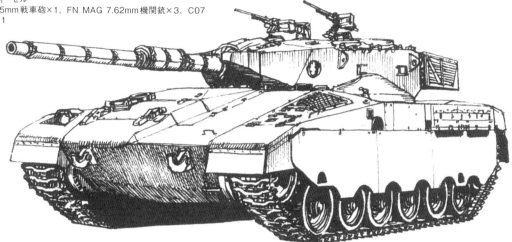

《 メルカバMk.1の車内レイアウト 》

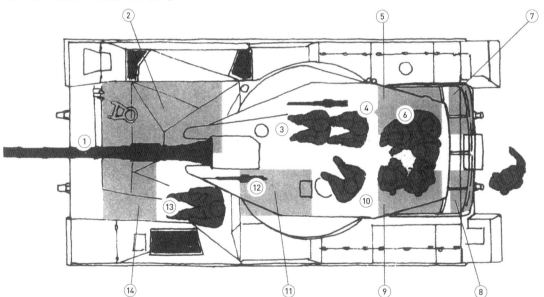

①M68 105mm戦車砲
②エンジン
③砲手
④車長
⑤車内右側の弾薬コンテナ
⑥搭乗兵(弾薬コンテナ未装備の場合)
⑦NBC防御装置
⑧バッテリー
⑨車内左側の弾薬コンテナ
⑩装填手
⑪弾薬コンテナ(即用弾)
⑫FN MAG 7.62mm同軸機銃
⑬操縦手
⑭動力室

車体後部にはハッチが設けられている。弾薬などの積み込みの他に、砲弾が飛び交う戦場において乗員が安全に脱出する際にも利用できる。

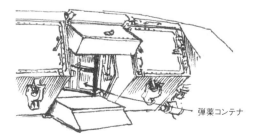

弾薬コンテナ

車体後部の左右には弾薬コンテナを積載可能、また同コンテナ未装備の場合は、歩兵4〜6名が搭乗可能。

《 メルカバMk.2の車内構造 》

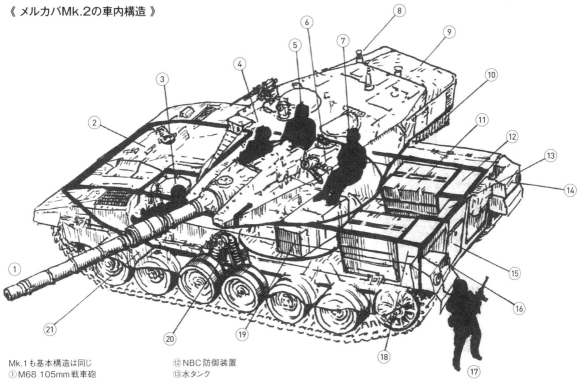

Mk.1も基本構造は同じ
①M68 105mm戦車砲
②パワーパック
③操縦手
④砲手
⑤車長
⑥戦闘室(居住性重視で広い)
⑦装填手
⑧環境センサー
⑨荷物ラック
⑩チェーンカーテン
⑪弾薬コンテナ

⑫NBC防御装置
⑬水タンク
⑭救急箱
⑮後部ハッチ
⑯車外通話機
⑰車外通話機を使って、戦車内の乗員と
通話する歩兵。
⑱バッテリー
⑲弾薬コンテナ(即用弾)
⑳サスペンション
㉑サイドスカート

メルカバ攻撃用のアラブ側兵器

〔攻撃ヘリコプター〕
対戦車ミサイルを装備したソ連製
Mi-24ハインドやMi-8/-17、フランス
製SA342など。図のSA342Mガゼ
ルは、HOT対戦車ミサイルを6発装備
し、レバノン内戦では、シリア軍が使用。

〔T-72〕
メルカバの直接的な相手は、アラブ諸国軍が
装備する戦車および戦闘車両である。

〔IED〕
あり物の爆薬、弾薬を利用して
作られた簡易手製仕掛け爆弾。

〔RPG-7のPG-9VL弾頭〕
歩兵携帯式対戦車ロケット弾発射機RPG-7の弾頭。最大射程約
920m、有効射程100～150m、貫徹力は250～300mm。

〔RPG-29のPG-29PV〕
歩兵携帯式対戦車ロケット弾発射機RPG-29のタンデム式弾頭。
有効射程約50m、貫徹力750mm(ERA装着の場合600mm)。

〔9M111ファゴット対戦車ミサイル〕
1970年から配備されたソ連製対戦車ミサイル。射程70～
2500m、貫徹力400mm。

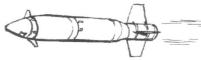

〔9M113コンクールス対戦車ミサイル〕
1974年から配備されたソ連製対戦車ミサイル。射程
70～3600m。貫徹力1000mm。

メルカバ戦車シリーズの変遷

メルカバ戦車は、1970年8月に開発が決定し、およそ9年の歳月をかけ、1979年4月からメルカバMk.1の部隊運用が始まった。1982年のレバノン侵攻の初陣を皮切りにイスラエル軍の軍事作戦において重要な役割を担ってきたメルカバは、Mk.1から120mm滑腔砲を搭載したMk.3に進化、現在はさらに装甲防御を強化したMk.4が部隊運用されている。

〔メルカバMk.1〕

1974年に試作車が完成。1976年から量産が始まった最初のメルカバ量産型。主砲は当時の西側主力戦車の標準火砲105mm戦車砲（M68ライフル砲）を搭載している。

〔メルカバMk.2〕

メルカバ戦車の初陣となった1982年のレバノン侵攻の戦訓を採り入れた改良型で、1983年から部隊配備が開始されている。Mk.2は、Mk.1をベースとしているが、砲塔前部および左右側面に増加装甲を装着し、防御性能を向上させた他、FCSを新型に変更、レーザー警戒システムを追加、60mm迫撃砲を外装式から内装式に、サイドスカートを変更、さらに変速機の変更などにより機動性能の改善、新型砲弾の導入も行われている。

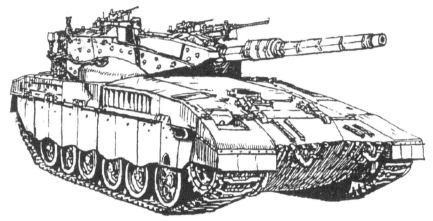

〔メルカバMk.2B〕

1980年代後期に登場したMk.2の改良型。FCSを改良し、熱戦映像装置を搭載。さらにサイドスカートをMk.3と同型に変更している。

〔メルカバMk.2 バタシュ〕

砲塔の増加装甲をさらに強化したものに変更し、車体前部上面の操縦室前部にも増加装甲を追加した。また、主砲から発射できるLAHATレーザー誘導式対戦車ミサイルの運用能力も付加された。

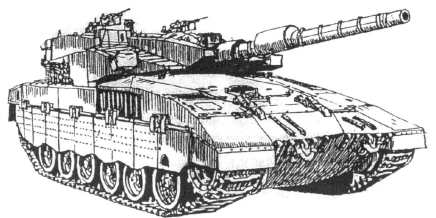

〔メルカバMk.3〕

1983年から開発が始まり、1989年に量産開始、1990年から実戦配備された新型で、車体、砲塔ともにMk.1/Mk.2と異なる新設計である。砲塔前面/左右にモジュール式増加装甲を装着、サイドスカートは複合装甲タイプとなり、さらに対戦車ミサイル探知用のLWS-2レーザー警戒システムも搭載された。エンジンも出力向上型に変更されており、主砲はIMI社が開発した国産のMG251 120mm滑腔砲（LAHAT対戦車ミサイルを発射可能）が採用され、防御力のみならず、機動力、火力も大幅に強化されている。

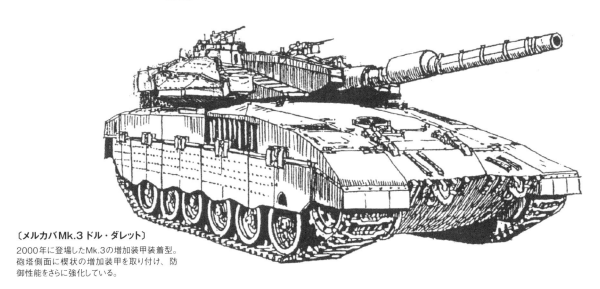

〔メルカバMk.3 ドル・ダレット〕

2000年に登場したMk.3の増加装甲装着型。砲塔側面に楔状の増加装甲を取り付け、防御性能をさらに強化している。

〔メルカバ戦車回収車〕
砲塔を廃止し、大型クレーンを装備。

〔メルカバMk.4 地雷処理装置装備型〕
ドーザーブレードの装着も可能。

〔ナメル重装甲兵員輸送車（試作型）〕
試作型はメルカバMk.1をベースとしており、乗員3名と歩兵8名が搭乗できる。

実戦を重ね、絶えず改良されてきたメルカバは、防御力では世界一！　ちなみにメルカバはヘブライ語で「チャリオット（古代の戦車）」のこと。

〔メルカバMk.4〕

2004年から部隊配備が開始され、現在イスラエル軍の主力戦車になっている。防御性能をさらに追求した結果、モジュール式増加装甲を取り付けた砲塔は大型化され、アクティブ防御システム「トロフィー」を装備。また、FCSは新型となり、C4Iシステムも搭載されている。

《 メルカバMk.1の最終生産仕様 》

1982年のレバノン侵攻時の戦訓を採り入れ、市街地における近接戦闘に対応できるように機関銃の増設やサイドスカートの変更など防御面の改良が実施された。

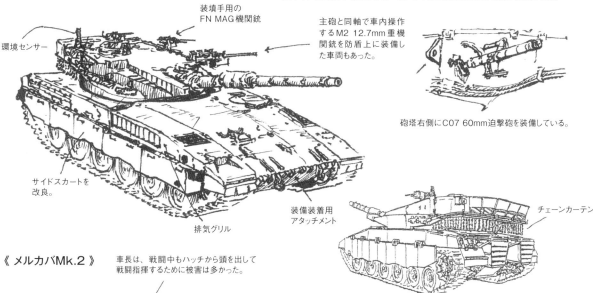

環境センサー

装填手用の
FN MAG機関銃

主砲と同軸で車内操作するM2 12.7mm重機関銃を防盾上に装備した車両もあった。

サイドスカートを
改良。

排気グリル

装備装着用
アタッチメント

砲塔右側にC07 60mm迫撃砲を装備している。

チェーンカーテン

《 メルカバMk.2 》

車長は、戦闘中もハッチから頭を出して戦闘指揮するために被害は多かった。

増加装甲を装着。

砲塔右側面に外装されていた60mm迫撃砲は、車内で再装填可能な内装式となった。

防盾上のM2
重機関銃を
標準装備化。
市街戦では主
砲よりも有効
だった。

新型の
サイドスカート。

〔データ〕
全長：8.63m
全幅：3.72m
全高：2.64m
重量：61t
エンジン：テレダイン・コンチネンタル
AVDS-1790-5A V型12気筒空冷ター
ボチャージド・ディーゼル
武装：M68 105mm戦車砲×1、FN
MAG 7.62mm機関銃×3、C04
60mm迫撃砲×1
乗員：4名

《 メルカバMk.2の改良型 》

〔Mk.2Aの砲塔上部〕

装填手用ペリスコープ
（回転式）の変更。

FCSを更新。

〔メルカバMk.2A〕
FCSを新型に変更した。

車内から
操作する
C04 60mm
迫撃砲。

FCSに熱戦映像装置を追加。

〔メルカバMk.2B〕

レーザー検知装置

砲塔の左右側面前部にスモー
クディスチャージャーを装備。

Mk.3と同じ複合装甲式
サイドスカートに変更。

〔メルカバMk.2B ドル・ダレッド〕

砲塔側面に楔状のモジュール式増加装甲を増設。主砲
発射式のLAHAT対戦車ミサイルの運用能力も付加。

《 メルカバMk.3 》

〔データ〕
全長：8.78m
全幅：3.72m
全高：2.66m
重量：62t
エンジン：テレダイン・コンチネンタルAVDS-1790-9AR V型12気筒空冷ターボチャージド・ディーゼル
武装：MG251 120mm滑腔砲×1、FN MAG 7.62mm機関銃×3、M2 12.7mm重機関銃×1、C04 60mm迫撃砲×1
乗員：4名

Mk.3Bでは、砲塔上面にさらに4枚の増加装甲が追加されている。

《 メルカバMk.3/3Bのモジュール式増加装甲 》

Mk.3の砲塔は、前部／左右側面がモジュール式増加装甲になっている。成形炸薬弾のみならず高初速徹甲弾にも有効で、被弾した場合もその部分のみの交換で済むため修理・メンテナンスが容易になっている。

《 Mk.1/Mk.2とMk.3のサスペンション比較 》

〔Mk.1/Mk.2〕

縦置きコイルスプリングとボギーで転輪2個1組で懸架するホルストマン式サスペンションを採用。

〔Mk.3〕

同軸コイルスプリングとトレイリングアームを組み合わせた独立懸架方式に変更。Mk.1/Mk.2の場合と同様に車内スペースを占有しない外装式。

《 メルカバMk.3の砲塔 》

砲塔上面に増加装甲を装着。

車長用サイトを追加。

〔メルカバMk.3B〕
Mk.3の生産第3バッチからトップアタック対策のために砲塔上面にモジュール式増加装甲を追加(上図参照)。

〔メルカバMk.3 バズ〕
1995年に登場。FCSを更新し、車長用の大型サイトを追加。ターゲット自動追尾機能が付加され、ヘリコプターなどの高速移動目標にも対処可能となった。

イスラエル軍独自改修M113シリーズ

〔M113ナグマッシュ Vayzata〕
車体前面から左右両側を覆うような形でイスラエル・ラファエル社製の空間装甲「トーガ」（軽量化のためにパンチングメタル板を使用）を装着した防御力強化型。

〔M113ナグマン〕
M113ナグマッシュ Vayzataの車長用キューポラ周囲と兵員用ハッチ左右両側に防弾ガラス内蔵の防御シールドを増設したタイプ。

〔M113クラシカル（ゼルダ2）〕
車体前面/側面にラファエル社製の爆発反応装甲を装着した防御性能向上型。さらに車体上面の車長用キューポラ周囲と兵員用ハッチの左右両側には防弾ガラス内蔵の防御シールドが増設されている。

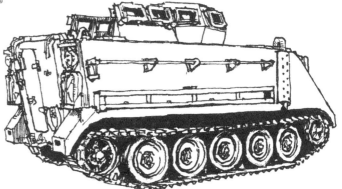

〔M113 防御シールド装着型〕
車体の増加装甲は未装着だが、車体上面の車長用キューポラ周囲と兵員用ハッチの左右両側には防弾ガラス内蔵の防御シールドを増設している。

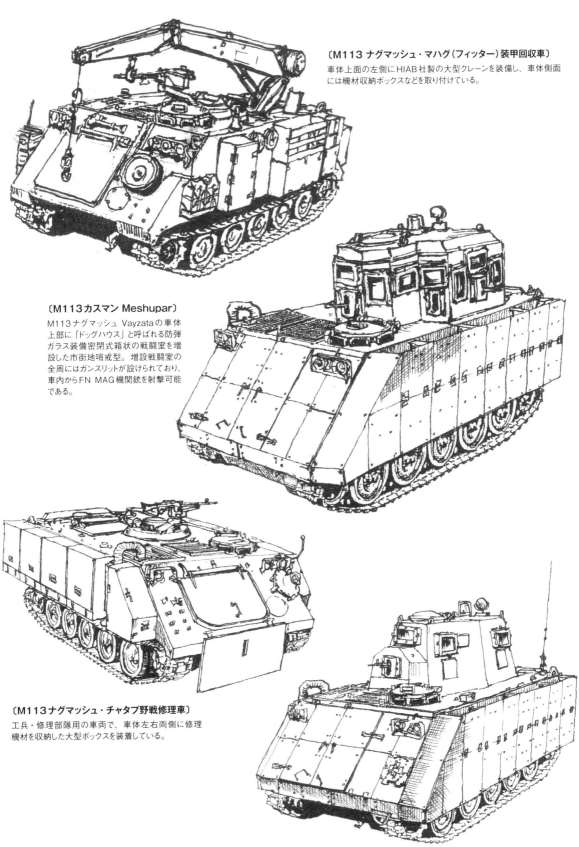

〔M113 ナグマッシュ・マハグ（フィッター）装甲回収車〕
車体上面の左側にHIAB社製の大型クレーンを装備し、車体側面
には機材収納ボックスなどを取り付けている。

〔M113 カスマン Meshupar〕
M113ナグマッシュ Vayzataの車体
上部に「ドッグハウス」と呼ばれる防弾
ガラス装備密閉式箱状の戦闘室を増
設した市街地哨戒型。増設戦闘室の
全周にはガンスリットが設けられており、
車内からFN MAG機関銃を射撃可能
である。

〔M113 ナグマッシュ・チャタプ野戦修理車〕
工兵・修理部隊用の車両で、車体左右両側に修理
機材を収納した大型ボックスを装着している。

〔M113 カスマン Maoz〕
M113ナグマッシュ Vayzataをベースとした市街地哨戒型だが、車体上面に増設さ
れた戦闘室はカスマン Vayzataとはデザインおよび構造が異なっている。この車両
も車内からFN MAG機関銃の射撃が可能である。

《 ショット・カル戦車ベースの改造車両 》

1972年からイスラエル軍部隊において運用が開始されたM113ナグマッシュは第四次中東戦争、レバノン侵攻など幾度も実戦を重ね、防御力の向上が図られていった。最盛期には6000両に達するほど同車輌はイスラエル軍にとってはなくてはならない存在となっていたが、イスラエル軍の軍事作戦が次第に市街地戦闘へと移り変わっていくと、より防御性能が高い車両の必要性が高まっていく。それまでの戦訓を基に兵員輸送車にも主力戦車並みの高い防御力が必要であるとの結論に達し、同軍で旧式化していたショット・カル(センチュリオン)やメルカバMk.1、さらに鹵獲戦車のT-54/T-55(チラン4/5)の車体を用いた重装甲の兵員輸送車や歩兵戦闘車が造られるようになった。

〔データ〕
全長：7.55m
全幅：3.39m
全高：3.0m
重量：51t
エンジン：コンチネンタルAVDS-1790-2A V型
12気筒空冷ターボチャージド・ディーゼル
武装：FN MAG 7.62mm機関銃×3
乗員/兵員：2名/8名

〔ナグマショット装甲兵員輸送車〕

1980年代、既に第一線から外されていたショット・カル戦車の車体をベースに開発された。砲塔を取り外し、車体中央の戦闘室を改修し、背が低いオープントップ式兵員室が増設されている。兵員室の装甲厚は76～118mmと当時の主力戦車並だったが、その一方で、車体後部ハッチを持たないために搭乗兵は銃火に晒されやすい戦闘室上部から乗降しなければならないという欠点を有していた。

〔ナグマフォン装甲兵員輸送車〕

砲塔を取り外したショット・カル戦車の車体を用い、車体中央に兵員室を増設している。この車両はパレスチナにおける暴動鎮圧警備車両として設計されたために視察しやすさを考慮して、兵員室はナグマショットやナクパドンより高く、さらにその上部は防弾ガラス内蔵の防御シールドによって囲まれている。兵員室の上部左右にはFN MAG機関銃を装備。

〔ナクパドン装甲兵員輸送車〕

1990年代初頭に部隊運用が始まったショット・カル戦車ベースの装甲兵員輸送車で、砲塔を撤去した車体中央に兵員室が増設されている。兵員室は密閉式で上面に乗降用ハッチを設置し、その前面/側面にはモジュール式の増加装甲を装着、さらに車体側面のサイドスカートは複合装甲となり、同じ車体をベースとしたナグマショットよりも防御性は高かった。しかし、戦車車体の転用ということで、ナグマショットと同様に後部ハッチが設けられず、歩兵の乗降は兵員室上部から行わなければならないという欠点を持っていた。

〔データ〕
重量：55t
エンジン：コンチネンタルAVDS-1790-2A V型12気筒空冷ターボチャージド・ディーゼル
武装：FN MAG 7.62mm機関銃×4、C04 60mm迫撃砲×1
乗員/兵員：2名/10名

〔データ〕
全長：7.84m
全幅：3.38m
重量：52t
エンジン：コンチネンタルAVDS-1790-2A V型12気筒空冷ターボチャージド・ディーゼル
武装：FN MAG 7.62mm機関銃×2～4
乗員/兵員：2名/10名

〔プーマ戦闘工兵車〕

1991年に部隊配備されたショット・カル戦車ベースの戦闘工兵車。車体中央には密閉式で高さを抑えた工兵乗車および工作機材収納スペースを増設し、上面にはFN MAG機関銃を1挺装備したラファエル社製OWSとさらにFN MAG 3挺、60mm迫撃砲1門を装備している。上部構造物とサイドスカートは複合装甲となっており、上部構造物側面にはERAの装着も可能である。車体前面には地雷処理装置やドーザーブレードの取り付け基部が増設されており、またサスペンションは機動性能改善のためにメルカバMk.1/Mk.2と同じ新型ホルストマン式サスペンションに変更されている。

〔データ〕
全長：7.55m
全幅：3.38m
全高：2.65m
重量：51t
エンジン：コンチネンタルAVDS-1790-2A V型12気筒空冷ターボチャージド・ディーゼル
武装：FN MAG 7.62mm機関銃×4、C04 60mm迫撃砲×1
乗員/工兵：3名/5名

《 その他の重装甲兵員輸送車 》

〔データ〕
全長：6.20m
全幅：3.60m
全高：2.0m
重量：44t
エンジン：デトロイト・ディーゼル8V-92TA/DDCIII
V型8気筒液冷ターボチャージド・ディーゼル
武装：FN MAG 7.62mm機関銃×4
乗員／兵員：3名／7名

〔アチザリット歩兵突撃輸送車〕
ショット・カル戦車をベースとした重装甲兵員輸送車は、防御力の面では申し分なかったが、兵員は車体上部から下車しなければならず、戦場における兵員の安全性に問題があった。そこで開発されたのがチラン4/5（T-54/T-55）をベースとしたアチザリットである。アチザリットは1980年代初頭に開発が始まり、1988年から部隊運用が始まった。砲塔を撤去し、戦闘室を兵員室に改修、空間式増加装甲で車体を囲んだ構造となり、兵員の乗降口は車体後部右側に設置された。エンジンを換装、足回りも強化されている。

アチザリットの車体後部。兵員の乗降口はこのように開閉する。後部左側の機関室を横切る形であまり使い勝手が良いとはいえず、また上部ハッチが上がることで、離れた場所にいる敵にさえ兵員が降車していることを察知されてしまうという欠点もある。

〔データ〕
全長：7.60m
全幅：3.70m
全高：2.50m
重量：62t
エンジン：テレダイン・コンチネンタルAVDS-1790-9AR
V型12気筒空冷ターボチャージド・ディーゼル
武装：M2 12.7mm重機関銃またはMk.19 40mmオートマチックグレネードランチャー×1、FN MAG 7.62mm機関銃×1、C04 60mm迫撃砲×1
乗員／兵員：3名／9名

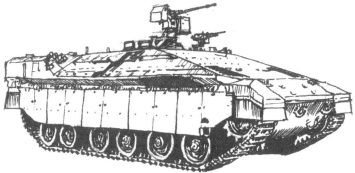

〔ナメル装甲兵員輸送車〕
2008年から部隊配備が始まった、メルカバMk.1/Mk.2ベースの重装甲兵員輸送車。元は重装甲で知られるメルカバをベースとしているだけに、それまでのショット・カルやチラン戦車ベースの車両よりもはるかに防御性能が高く、構造的にも元々兵員搭乗スペース、さらに後部乗降用ハッチが設けられていたため兵員輸送車として適したレイアウトになっている。砲塔を撤去、上部を密閉式とし、メルカバよりも居住性を改善するために車体上面は嵩上げされている。車体上面に車長用と射手用キューポラを設け、その前部にラファエル社製サムソンRWS（遠隔操作式武装ステーション）とFN MAG 7.62mm機関銃を装備。車体上面と左右両側面の上部はモジュール式の複合装甲となっている。

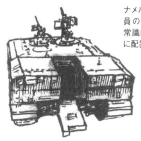

ナメルの車体後部。兵員の乗降用ハッチは、常識的な車体後面中央に配置されている。

チラン5/6

〔チラン6〕
第四次中東戦争においてシリア軍から鹵獲したT-62をイスラエル軍仕様に改修し、自軍装備とした。改修内容はチラン5とほぼ同様だったが、主砲はオリジナルの115mm滑腔砲のままであり、L7系105mm戦車砲への換装は実施されていない。

〔チラン5〕
第三次／第四次中東戦争で鹵獲したT-55をイスラエル軍仕様に改修し、自軍部隊にて運用した。主砲は西側主力戦車標準のL7系105mm戦車砲に換装され、併せて同軸機銃は7.62mm SGMT重機関銃から7.62mm M1919機関銃に、車長用キューポラの12.7mm DShK38重機関銃も12.7mm M2重機関銃に変更されている。さらに装填手用ハッチの横に7.62mm M1919機関銃を、砲塔右側に60mm迫撃砲を増設。砲塔側面に雑具箱類を、砲塔後部には荷物用大型ラックを追加するなどの改修が行われている。

〔マガフ6A ブレイザー ERA 装着型〕

1982年のレバノン侵攻時のマガフ6A。車体前部と砲塔前部/側面にブレイザーERAを装着している。

〔マガフ7A〕

1982年のレバノン侵攻において徹甲弾に対してはブレイザーERAがほぼ無力であることが判明したため、新たにモジュール式の増加複合装甲が開発された。最初に造られた増加複合装甲装着型がマガフ7Aである。マガフ7Aは亀甲形砲塔のM60をベースとし、車体前部上面/下面/側面上部、砲塔前部/側面に増加複合装甲を装着、さらに車体側面には中空装甲式のサイドスカートを取り付けている。また、履帯をメルカバ戦車と同じ全鋼製シングルピン式に変更、FCSも改良されている。

〔マガフ7C〕

ベース車両はマガフ7Aと同じM60で、増加複合装甲施工箇所もマガフ7Aと同じだが、砲塔の装甲形状を楔状に改め、より防御性能を向上させている。さらにエンジンを900hpのAVDS-1790-5Aに換装し、装甲重量増加による機動力の低下に対処している。

〔サブラMk.I〕

M60A1/A3をベースとし、増加複合装甲を装着。さらに装甲防御のみならず、攻撃力の向上も図られており、主砲をメルカバMk.III戦車の120mm滑腔砲に換装。さらに新型のFCSを備え、サスペンションも強化されている。

アラブ諸国軍の最新戦車T-72

ソ連製T-72主力戦車

T-72は、ソ連軍の戦後第三世代主力戦車であり、1973年8月7日に制式採用され、部隊配備が開始された。T-72は絶えず改良が施され、これまでおよそ3万両が造られた。これは第二次大戦後の戦車としてはT-54/T-55シリーズに次ぐ生産量である。T-72は、現用主力戦車の中でもっとも長きにわたって使用されている車両の一つで、今なお多くの国で運用されている。中東ではシリア、イラク、イランが運用中である。

〔データ T-72A〕
全長：9.53m
全幅：3.59m
全高：2.19m
重量：41.5t
エンジン：V-46 V型12気筒液冷スーパーチャージド・ディーゼル
武装：2A46 125mm滑腔砲×1、PKT 7.62mm機関銃×1、NSVT 12.7mm重機関銃×1
乗員：3名

《 試作車からT-72Bまでの変遷 》

〔オブイェークト167試作車〕
1960～1961年

オブイェークト167は、若干改良を加えたT-62砲塔を搭載していた。

〔T-72ウラル1〕
1975～1976年

ステレオ式測距儀

2A46 125mm滑腔砲

〔T-72A〕1970年代後期

902A ツチャ・スモークディスチャージャーを装備。

L-4Aルナ赤外線サーチライト

ソリッドラバー製サイドスカートに変更。

シングルピン式の全鋼製履帯。

履帯保護のための展開式金属/ラバー製サイドスカート。

砲塔前部の複合装甲（USコードネームは"ドリー・パートン"）により強化。

〔T-72B〕

車体前部の装甲を増厚、砲塔前部の複合装甲もさらに強化（USコードネーム "スーパー・ドリー・パートン"）し、装甲防御力を向上させている。主砲は2E42-2安定装置を備えた新型の2A46Mを採用。

車体左側後部の排気口。

操縦手用ペリスコープ

1984年からは砲塔上面に中性子爆弾の放射能を遮断するためのクラッド装甲（Nadboj）を装着。

《 T-72の車内構造 》

①ヘッドライト
②パーキングブレーキ
③操向レバー
④シフトレバー
⑤NBC防御装置
⑥NBC浄化装置
⑦主砲俯仰装置
⑧砲手用サイト
⑨砲手用夜間サイト
⑩サーチライト
⑪砲手席
⑫旋回ベース
⑬装填機
⑭砲弾・装薬収納ラック
⑮エンジン
⑯変速機

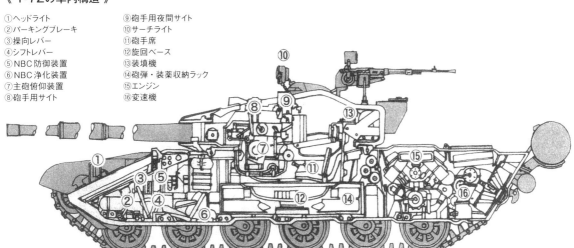

《 砲塔の変遷 》

〔T-72ウラル1〕

ステレオ式測距儀

〔T-72A〕

レーザー測距儀を内蔵した
TPD-K1砲手用サイト

砲塔前面は複合装甲により強化。

〔T-72B〕

中性子爆弾の放射能を遮断するためのクラッド装甲（Nadboj）を装着。

砲塔前部の複合装甲をさらに強化。

対戦車ミサイル誘導機能と夜間サイト機能を併せ持つ新型の1K13-49に変更。

《 車体前部 》

〔シュノーケル装着状態〕

渡河用のシュノーケルは、装填手ハッチに設けられた小ハッチの開口部に装着する。

シュノーケルを装着した装填手用ハッチの裏側。下図はシュノーケルを倒した状態。

砲塔上面の後部中央には空薬莢の排出用ハッチが設けられている。

車体後面に装備した軟弱地脱出用の丸太は、図のように履帯に噛ませて使用する。

車体前面下部に装備したドーザーブレードを下げた状態。

車体前部の左右にKMT-6地雷除去装置を装着した状態。

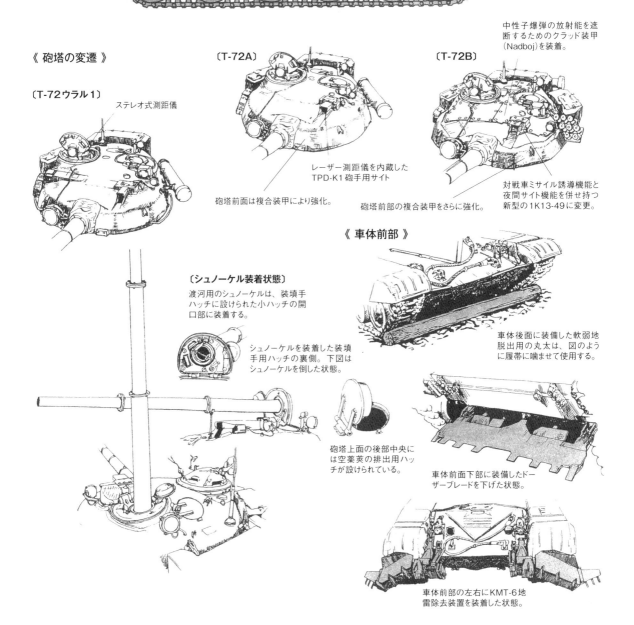

レバノンの戦闘車両

1982年のイスラエル軍侵攻時のレバノン国内には、レバノン軍以外に駐留シリア軍、パレスチナ解放機構（PLO）に所属するイスラム教系組織と、それに対立するキリスト教系組織などの複数の民兵グループが活動していた。特にPLOは、アラブ諸国からの軍事援助と戦闘で鹵獲した兵器を装備しており、その種類は小火器からロケット砲などの重火器、装甲車両まで新旧様々な兵器だった。

《 戦車 》

〔T-34-85〕PLO
中東戦争のベテラン戦車。PLOは、拠点防衛用として砲台代わりに使用していた。

〔FV4101 チャリオティア〕レバノン軍/PLO
レバノン軍がイギリスとヨルダンから輸入した20ポンド（83.4mm）砲装備の砲塔を搭載するイギリス製駆逐戦車。PLOは本車をレバノン内戦時にレバノン軍から数両を鹵獲し、使用している。

〔T-54/T-55〕レバノン軍/PLO
レバノンは、内戦により一時アメリカからの兵器供給が止められたため、イラクからT-54、T-55を含めたソ連製兵器が供与されている。また、レバノン軍から鹵獲したものをPLOも少数使用した。レバノン軍のT-54、T-55は、車長用キューポラ前方に機関銃マウントを増設し、DShKM重機関銃を搭載している。

〔AMX-13軽戦車〕レバノン軍
レバノン軍は、75mm、90mm、105mm砲を搭載する3タイプを装備していた。また、複数の民兵グループがレバノン軍から鹵獲するなどして戦闘に投入している。

〔M48A5〕レバノン軍
M48の最終型。イスラエル軍とヨルダン軍も本車を採用している。主砲防盾上にはイスラエル軍と同様にM2重機関銃を同軸銃として、また装填手ハッチの前方にはM60機関銃を搭載していた。

《 対空車両 》

〔M113改造ZUP-4 14.5mm4連装高射機関砲搭載型〕
レバノン軍

車長用キューポラ部分に砲架ごとZUP-4機関砲を搭載している。

〔M113改造ZU-23 23mm 高射機関砲搭載型〕レバノン軍

レバノンでは、地上掃射にも威力を発揮する対空機関砲を搭載した車両が多用された。

〔民間トラック改造車〕PLO

民間のピックアップトラックを利用して、ZUP-2 14.5mm連装機関砲を搭載。

〔BTR-152改造型〕PLO

BTR-152装甲兵員輸送車の後部にZU-23 23mm連装機関砲を搭載。

《 自走砲 》

〔2S3 (SO-152) 152mm自走榴弾砲〕シリア軍

ベッカー高原に駐留していたシリア軍が、イスラエル軍に対する砲撃で使用した。

《 トラック 》

〔GAZ-66 2tカーゴトラック〕

ソ連製の軍用トラック。輸送や野砲の牽引などに使用。1966年に採用され、1999年まで生産されたため、中東でも多くの国が装備している。

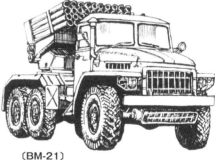

〔BM-21〕

ウラル-375D 6輪トラックをベースに造られた自走多連装ロケット砲。40連122mmロケットランチャーを搭載している。

〔M54 5tカーゴトラック〕

アメリカ製の6輪駆動トラック。イスラエル軍やエジプト軍も装備していた。

〔BM-25〕

12連装250mmロケットランチャーを搭載する自走多連装ロケット砲。ベースはKrAZ-214 6輪トラック。

市街戦テクニック

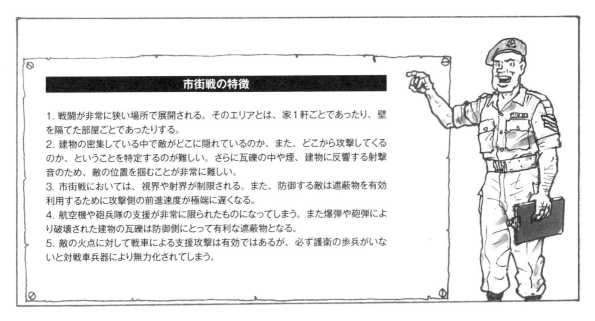

市街戦の特徴

1. 戦闘が非常に狭い場所で展開される。そのエリアとは、家1軒ごとであったり、壁を隔てた部屋ごとであったりする。
2. 建物の密集している中で敵がどこに隠れているのか、また、どこから攻撃してくるのか、ということを特定するのが難しい。さらに瓦礫の中や煙、建物に反響する射撃音のため、敵の位置を掴むことが非常に難しい。
3. 市街戦においては、視界や射界が制限される。また、防御する敵は遮蔽物を有効利用するために攻撃側の前進速度が極端に遅くなる。
4. 航空機や砲兵隊の支援が非常に限られたものになってしまう。また爆弾や砲弾により破壊された建物の瓦礫は防御側にとって有利な遮蔽物となる。
5. 敵の火点に対して戦車による支援攻撃は有効ではあるが、必ず護衛の歩兵がいないと対戦車兵器により無力化されてしまう。

ここでは『アメリカ軍のマニュアル』を用いて市街戦での攻略方法を解説しよう。

了解であります!

市街地攻略に関してリーダーは、下記のことが求められる。
1. 状況に応じて変化できる部隊区分の編制。
2. 部隊の全員が理解し、スムーズな行動ができる移動要領。
3. 安全かつ反撃しやすい経路の選択と、設定した経路から外れた場合の危険回避を持つ移動経路。
4. 即反撃可能な態勢を整えるための各自の役割分担を決めた撤収時の対応。
5. 非常時の行動および撤退ルートの設定。

市街戦における歩兵戦闘 Part1

《 市街戦における7つの移動原則 》

〔アメリカ軍兵士〕

よし、俺たちの目標はあの建物の中にいる敵を排除し、確保することにある。これからあらゆる市街戦のテクニックを駆使して、あの目標に取り付くぞ。

〔市街地行動での基本〕

1. 常に姿勢を低くして進む。
2. 開路地（オープンエリア）は避ける。
3. 移動前に次の潜伏地を選んでおく。
4. 可能な限り移動を秘匿すること。
5. 素早く移動する。
6. 支援射撃でその場を制圧。
7. あらゆる状況に対する用意をする。

市街戦における掃討任務は特に危険で、おまけに神経が磨り減る厄介な任務だ。市街地で移動する場合には、機関銃などによるカバーは忘れない。
機関銃手は、移動する味方の動きを完全に掴める所に位置し、移動する者は動く前に次に身を隠す場所を決めておくことが必要だ。

各戸の玄関口と窓、積み上げた砕石と見せかけの破棄車両。それぞれの頂部と地下通路等、静まりかえって安全そうな場所ほど敵の待ち伏せが考えられる。
路上では自分が確認するまで行動せず、どこに敵が潜んでいるかをよく観察して素早く行動することだ。

移動のテクニック

《 曲がり角ではこれから移動しようとするエリアのチェック 》

立ち上がってはならない。
不用意に頭を出すのは危険だ。

視界の利くギリギリの
高さまで姿勢を低くして、必要以
上に体や武器を露出させない。

必ずヘルメットを着用する。

銃は後方へ引いておく。

《 壁やフェンスを越える 》

この時は、敵の射撃に
対し、完全な無防備状
態となるため、できるだ
け低い姿勢を保つ。

塀の上部に伏せた状態で素早く登り、身体の軸を中心に半回転
して乗り越える。
さらに塀の反対側に何があるか分からない場合は、先に手榴弾
を投げ入れるなど状況に対応する。

《 狭い路地でも決して中央を歩いてはならない 》

建物に沿って
歩いても日の当
たる場所は目
立つ。

中央を歩くのは遠
方からも発見され
やすく危険だ。

常に自分がター
ゲットにならない
よう、建物や壁
に沿った暗い影
の部分を利用し
て歩く。

窓やドアに身をさらすな!
建物に近づいて移動するので、
窓の中にも注意する。
常に頭を窓より下の位置に
維持する。

同様に足元にも注意し、素
早く飛び越えて足を見せな
いようにする。

《 ドアからの移動 》

なるべく玄関などの
出入口は使用しては
いけない。敵にとっ
ては絶好の目標とな
るからだ。
出入口から移動しな
くてはならない場合
は、ドア横から表を
観察し、次のポジショ
ンを決めてから行動
に移る。

この場合、必ず最低1名の支
援を受けること。移動の際は、
後から移動する味方を支援でき
るポジションに移動するよう心
掛けておく。

153

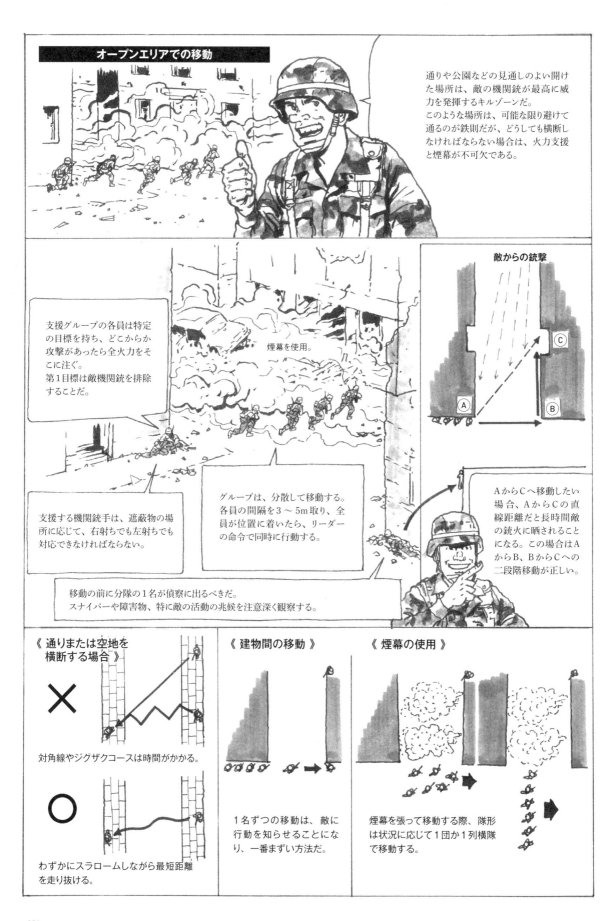

オープンエリアでの移動

通りや公園などの見通しのよい開けた場所は、敵の機関銃が最高に威力を発揮するキルゾーンだ。
このような場所は、可能な限り避けて通るのが鉄則だが、どうしても横断しなければならない場合は、火力支援と煙幕が不可欠である。

敵からの銃撃

支援グループの各員は特定の目標を持ち、どこからか攻撃があったら全火力をそこに注ぐ。
第1目標は敵機関銃を排除することだ。

煙幕を使用。

支援する機関銃手は、遮蔽物の場所に応じて、右射ちでも左射ちでも対応できなければならない。

グループは、分散して移動する。各員の間隔を3〜5m取り、全員が位置に着いたら、リーダーの命令で同時に行動する。

AからCへ移動したい場合、AからCの直線距離だと長時間敵の銃火に晒されることになる。この場合はAからB、BからCへの二段階移動が正しい。

移動の前に分隊の1名が偵察に出るべきだ。
スナイパーや障害物、特に敵の活動の兆候を注意深く観察する。

《 通りまたは空地を横断する場合 》

対角線やジグザグコースは時間がかかる。

わずかにスラロームしながら最短距離を走り抜ける。

《 建物間の移動 》

1名ずつの移動は、敵に行動を知らせることになり、一番まずい方法だ。

《 煙幕の使用 》

煙幕を張って移動する際、隊形は状況に応じて1団か1列横隊で移動する。

射撃位置

身を隠せる物はなんでも利用しろ！
敵に晒す自分の体が小さくなるほど、
弾は当たりにくくなる。

〔射撃時の原則〕

1. 伏せ射ちせよ。
2. 影になる所から射撃せよ。
3. 自身のシルエットを見せるな。
4. あらゆる場所、あらゆる物を身を隠すために利用せよ。

常にできるだけ姿勢を低くし、敵に与える目標（被弾面積）をできる限り最小にする。レンガや砕石などを隠蔽に利用する。

厚く堅固に造られた塀も利用できる。うまく身を隠しながら壊れた所を利用して射撃する。

銃が建物外に突き出ないように壁の内側で構える。射界を取るためにあまり窓に近付かないよう注意。

煙突を遮蔽物に利用して、自身のシルエットが屋根上に浮き出ないようにする。

屋根上は指揮ポジションでもあり、射撃位置としても有効で、広範囲な戸外射界を得ることができる。
また敵にとっては、上方への射撃という不利を強いることにもなる。

建物角からの射撃の場合、立射は行わず、ひざ射ちか伏せ射ちがよい。

右利きの射手の場合、遮蔽物が自分の左側にある場合は、体を隠しながら右射ちができるが、遮蔽物が右側の場合、銃を持ち換えて左射ちで自分の体を隠す必要がある。

フラッシュハイダー（消炎器）を装着している銃でも敵から銃炎はよく見える。建物などの内部から射撃することで、敵に銃炎を見難くすることができる。
銃口が建物の開口部から1m内側（できれば2mが望ましい）に位置するようにする。

建物への突入

目標とする建物は、人が住んでいないただの建物であるとは限らない。
すでに敵が潜伏し、内部に防御を施している場合がある。
迂闊に近付くと、とんでもないところから反撃を受けることがあるので、注意が必要だ。
ここでは突入に際しての注意箇所を挙げる。

《 敵が潜伏した建物内部の様子 》

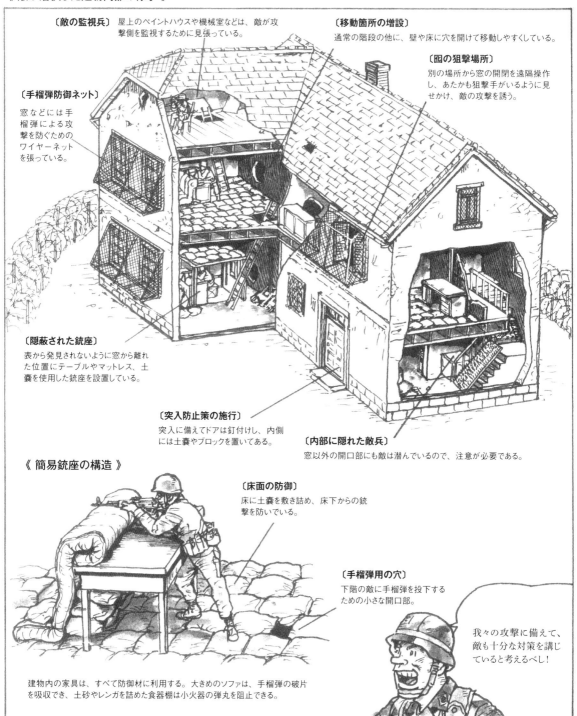

〔敵の監視兵〕 屋上のペイントハウスや機械室などは、敵が攻撃側を監視するために見張っている。

〔移動箇所の増設〕
通常の階段の他に、壁や床に穴を開けて移動しやすくしている。

〔囮の狙撃場所〕
別の場所から窓の開閉を遠隔操作し、あたかも狙撃手がいるように見せかけ、敵の攻撃を誘う。

〔手榴弾防御ネット〕
窓などには手榴弾による攻撃を防ぐためのワイヤーネットを張っている。

〔隠蔽された銃座〕
表から発見されないように窓から離れた位置にテーブルやマットレス、土嚢を使用した銃座を設置している。

〔突入防止策の施行〕
突入に備えてドアは釘付けし、内側には土嚢やブロックを置いてある。

〔内部に隠れた敵兵〕
窓以外の開口部にも敵は潜んでいるので、注意が必要である。

《 簡易銃座の構造 》

〔床面の防御〕
床に土嚢を敷き詰め、床下からの銃撃を防いでいる。

〔手榴弾用の穴〕
下階の敵に手榴弾を投下するための小さな開口部。

我々の攻撃に備えて、敵も十分な対策を講じていると考えるべし！

建物内の家具は、すべて防御材に利用する。大きめのソファは、手榴弾の破片を吸収でき、土砂やレンガを詰めた食器棚は小火器の弾丸を阻止できる。

市街戦における歩兵戦闘 Part 2

敵が立て籠もる建造物を攻める場合は、頂部から行うのが最良であり、突入点は可能な限り高い場所にする。

《 上部からの攻略 》

〔攻撃のポイント〕
1. 戦闘は、上から下方へ向かって戦う方が有利である。
2. 下から攻めた場合、敵は上階に追い詰められ、激しく反撃してくるか、あるいは屋根伝いに脱出してしまう。
3. 上から攻めた場合、敵は階下、さらに建物外へ逃げることになり、外にいる部隊が残敵を掃討できる。また奪取した建造物の中からも外に逃げる敵を射撃することが可能だ。

市街戦では、建造物を最大限に利用する。敵守備側の射線を前面に引き付け、周囲の建物に取り付き、高い射線を確保する。

率制射撃だ！
敵の射線を下方に集中させろ、ハデに撃ちまくれ！

一旦、建物1棟を掃討したら、目標の建物の屋根へと接近できる。その際にも、実際に突入するまでは敵に悟られないようにしなければならない。

ヘリコプターの支援があれば、屋上に強行降下し、急襲によって一気に制圧することも可能だ。

高い所に位置した敵火点は、LAWや機関銃などの強力な兵器を使って、一気に潰してしまう。

ヘリコプターの支援がない場合は、外部の配管やハシゴ、そしてロープを使用して屋根への接近を図る。
この鉤の付いたロープを投げ込んで登るのが手っ取り早い方法だ。

ロープは登りやすいように太めの物を使い、足掛かりのために30cm間隔の結び目を作っておく。
登る前にはしっかり鉤が固定されたかチェックすること！

登攀途中は、敵の攻撃に対して無力となるので、敵の射線から外れた場所を選定する。
また、登攀は狙撃兵を掃討してから着手する。
壁の途中に窓がある場合、情況に応じて手榴弾を投げ込む。

《 懸垂降下（ラペリング） 》

降下する方が登るより楽で、しかも迅速に行える。
可能なら屋根を移動し、頂部から懸垂降下で侵入、最上階より敵の掃討作戦を始める。

ロープは煙突などにしっかりと固定し、緊急時には引っ張り上げられるよう2名がロープの端を保持する。

銃はスリングで背負い、手榴弾は多めに携帯する。

窓の真上に降下し、手榴弾を投げ込み、爆発後に突入する。

《 地上からの侵入方法（高い位置の窓） 》

①2人で1人を持ち上げ、まず1人目が侵入する。

②2人目の足を持ち上げ、先に登った1人が引き上げる。

③3人目は上から2人が引き上げる。

《 ロープ（ザイル）を使用したラベリングハーネスの結び方 》

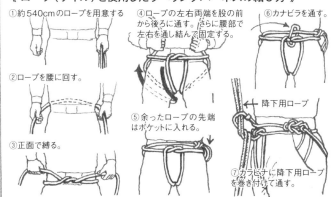

①約540cmのロープを用意する。

②ロープを腰に回す。

③正面で縛る。

④ロープの左右両端を股の前から後ろに通す。さらに腰部で左右に通し結んで固定する。

⑤余ったロープの先端はポケットに入れる。

⑥カナビラを通す。

← 降下用ロープ

⑦カラビナに降下用ロープを巻き付けて通す。

《 建物への侵入 》

いよいよ敵の拠点攻撃に移る。
いいか、あの建物から敵銃火がないとしても安心してはいけない。
まだ敵が潜んでいるかもしれないし、いないとしても撤退時にブービートラップを仕掛けていったと考えられる。
常に最悪の事態を想定して、1階のドアや窓はなるべく使用しないようにし、自分が爆発物で開口した箇所以外は疑ってかかるべきだ。

〔突入時における7つの原則〕

1. 時間をかけて突入地点を選ぶ。
2. ドアや窓から少し離れて待機。
3. 可能ならいつでも爆薬を使う。
4. ロケット弾や爆発物で突入口を作る。
5. 自分が入る前に建物や部屋に手榴弾を投げ込む。
6. 手榴弾の爆発後は、迅速に行動する。
7. 常に支援射撃を受けながら行動する。

敵が潜んでいそうな場所は、手榴弾を投げ込んでから制圧する。

注意！
点火して2秒待って投擲しないと、敵から投げ返されることがあるぞ。

目標とする建物が強力に防御されている場合は、梱包爆薬を使って壁を破壊する。

M72LAWやドラゴンミサイルは基本的に対戦車用だが、これを使って一気に壁に穴を開けてしまう。

BIANG

〔M60ヒューズ〕

ヒューズホルダーキャップ

シッピングプラグ

安全ピン　　撃針　　雷管

M60ヒューズは、TNTやC4爆薬の導火線点火用に使用する。
安全ピンを抜き、リングを引っ張ると撃針が前進して発火する。

市街戦では人の歩けない場所、すなわち敵が想像もできない場所を移動するのが成功の秘訣だ！

BAAM

ブービートラップの危険が高いドアや窓からは可能な限り突入しないで、壁を破壊して突入する。

↓

壁に穴が開いたからといってもすぐに突入しないこと。
まず手榴弾を投げ込み、内部を制圧する。

屋内戦闘

《 窓の通過の仕方 》

窓枠より姿勢を低くして移動する。

《 部屋に入る 》

3人1組の行動が安全だ。1人が安全確保のため室外に残り、手榴弾を投げ入れ爆発後に2人が突入する。
室内では1人は壁を背にして索敵する味方を掩護する。

↓

手榴弾の爆発に続いて内部に突入！ 敵に立ち直りの時間を与えてはならない。

《 廊下の移動 》

〔ネズミの穴〕
右図のように壁を爆破、またはくり抜いて開けた臨時の部屋への通路のことをいう。
穴の大きさの最低幅は、60cmである。

なるべく《廊下での移動は避けるべきだが、直接部屋から部屋への移動ができない場合は、できるだけ壁に密着して進み、敵の目標にならないようにする。
2人1組で行動して、互いの視野をカバーし、とっさの状況変化に対応できるようにする。

さらに次は部屋から部屋へと戦って敵を攻め、その拠点を制圧していくゾ！

《 部屋から部屋への戦闘 》

敵が占領する建築物を掃討するには、タイミングとチームワークが大切だ。
手榴弾や爆薬を最大限に活用して壁や天井からも攻撃する。しかし敵も同じことを考えて守備していることも忘れてはならない。

階段や踏板、敷居部分も要注意だ!

ドアにはブービートラップが仕掛けてあると思え。

敵が残していった兵器や装備にもトラップが仕掛けてある場合があることも忘れないで!

敵が残していった物や建物内の瓦礫にも注意が必要である。

さあ、
あの建物の敵を掃討しろ!

突入だ。
野郎ども!
行け!

入口および開口部から内部に侵入を行う場合は、必ず内部の状況を把握し、支援射撃が行えるように人員を配置すること。

廊下の移動が必要な際は、できるだけ壁に密着し、敵の目標になりにくいように行動する。また、前方・後方などへの警戒も怠らないこと。

部屋に入る時は、ドアノブを使ってはいけない。
ブービートラップが仕掛けられているかもしれないし、敵が室内にいる場合は侵入を悟られてしまうからだ。

ドア越しに一斉射を浴びせてから、ドアを蹴り開けるのだ。

次に手榴弾を投げ込む。この時、敵に投げ返されないようにピンを抜いたら2秒間待ってから投げ込む。

決して閉じているドアの正面に立ってはならないぞ。
ブービートラップやドア越しに発砲される危険があるからだ。

薄い壁の場合、爆発した手榴弾の破片が貫通することもあるので、力いっぱい中に投げ込むこと。

手榴弾が爆発したらすぐに、1名が銃を斉射しながら突入する。

最初に部屋に突入した兵は、壁際に位置し、いつでも射撃できる態勢を取る。

部屋の掃討が終わったら、大声で合図する。また部屋を出る時や階段の昇降の時にも同様に大声で警告する。

2番目に入った兵は、室内の探索を担当する。仲間に対しては大声で状況を常に伝え、連絡を絶やさぬこと。

ただし、敵が潜んでいる場合は待ち伏せされてしまうので、部屋の回り方や行動パターンは一部屋ごとに変えること。ドアではなく、壁を爆破して通ることも用心のため必要である。

とにかく、どんな場合でも部屋への突入時は、この手榴弾を最初に投げ込むことだ。

《 火点、建物の破壊 》

敵が潜伏している建物の中には簡易的な要塞となっているものもある。また、戦車や装甲車両を建物内に隠している場合もあるため、そのような建物に対しては大型火器を使用して攻撃することもある。

手軽な兵器として有効なのは、LAWやRPG、さらに破壊力のある梱包爆薬や火炎放射器などね。
でも味方の戦車が近くにいたなら、戦車に来てもらうのが一番よ！

占領した建造物の確保

敵兵を追っ払ったら、今度は防衛のための準備が必要となるぞ。グズグズするな!

〔戦力の再編成〕
1. 弾薬の補給・分配。
2. 味方に占拠を知らせ、安全を確認できるよう建物に目印を付けておく。
3. 味方の他の建造物への攻撃に対して援護射撃を行う。
4. 負傷者の治療、重傷者は後送する。
5. 建造物を長期確保する場合は、防御拠点を構築せよ。

よし、窓のバリケードから始めよう。

破片で怪我をしないよう、ガラスは取り除く。カーテンも視界を妨げないように外しておく。

可能なら手榴弾除けに金網を張るとよい。

こうした窓は居場所を変更できるように、できるだけ数多く準備しておくこと。

バリケードの材料としては、建物の内側から剥がした板などを利用するが、土嚢を準備できるならなおよい。

窓の左右や下の壁も補強しておくこと。現用の高速弾は、レンガ等を突き抜けてくることもあるからだ。

2階からの射撃では、テーブル等の上に乗ることで、より広い射界を得ることができる。

また射撃用の穴をあまりきれいに開けてしまうことも敵に気づかれやすくなるので要注意だ。

射撃場所は、左右正面の壁の補強はもちろん、2偕以上にいる時には床に土嚢を敷いておこう。そしてテーブルと土嚢で防御のための掩蓋を作れば、より安全だ。

屋根や壁に空いた穴は、広い射界を有する狙撃場所となるし、敵に発見されにくい。

レバノン侵攻時の軍装

レバノン侵攻時のイスラエル兵の軍装は、1970年代後半に採用された国産の戦闘用個人装備を使用。PLOに属する民兵グループの装備は、ソ連や中国など共産国製を多く使用しており、ユニフォームは民兵組織ということもあって、スポーツウェアから迷彩服までと、所属するグループごとに様々な服を着用していた。レバノン駐留シリア軍は、年代や部隊によりユニフォームに違いはあるが、装備はPLOと同様にソ連や中国製が主流であった。

《 イスラエル軍 空挺部隊 冬季装備機関銃手 》

防寒用オーバーオール

M76ヘルメット

FA MAG機関銃

RPG-7

《 PLO所属 最大派閥ファハタ狙撃兵 》

ヒジャブ

迷彩服

ボディアーマー

中国製チェスト型
マガジンポーチ

防寒ブーツ

ソ連製SSh-60
ヘルメット

ガリルAR

A10ロードキャリングベスト

ドラグノフ・スナイパーライフル

茶革の空挺ブーツ

《 イスラエル軍 空挺部隊兵士 》

スニーカー

ソ連製6B2ボディアーマー

中国製チェスト型マガジンポーチ

《 シリア軍 コマンド部隊兵士 》

リザードパターンの迷彩服

AK-74/GP-25グレネードランチャー装着

イスラエル軍機甲師団史

戦車部隊設立～第二次中東戦争

■イスラエル建国

1948年5月14日、ユダヤ国民評議会はテルアビブにおいてイスラエルの建国を宣言した。イスラエル建国は、それまでその地に住んでいたアラブ人（パレスチナ人）を排斥する形で成立したことから、新生イスラエルは誕生直後にエジプト、レバノン、シリア、イラク、トランスヨルダンのアラブ諸国から攻撃を受けることとなった。

この戦いは「第一次中東戦争」といわれ（イスラエルは「独立戦争」、アラブ側は「パレスチナ戦争」とも呼称する）、開戦当初は装備の優秀なアラブ諸国軍が優勢で、イスラエルは各地の拠点やエルサレム旧市街地を失ってしまった。そのような戦況の中、戦争の激化を抑えるため国連の仲裁により、6月11日、休戦となった。この休戦前にイスラエルは部隊を再編成して、5月26日、イスラエル国防軍が創設されている。

■イスラエル軍戦車隊

第一次中東戦争当時、イスラエル軍は1個戦車大隊を編制していた。その装備はM4中戦車3両、クロムウェル巡航戦車3両、そして第二次大戦前に造られたフランスのオチキスH39軽戦車10両だけであった。戦車兵の大多数は、ソ連軍にいたロシア系ユダヤ人で、三度戦闘に参加したが戦果を挙げることはなかった。

戦車大隊に装備されていたM4戦車は実はイギリス軍からの盗品であった。5月14日のイギリス委任統治の終了に向けてイギリス軍が撤退の準備を進めていた頃、ハイファ港近くで警備中のM4戦車の乗員をユダヤ人女性が近くのカフェに誘い出して、その隙にイギリス兵に化けたユダヤ人が戦車を操縦して盗み取った。このM4がイスラエルの戦車第1号になったといわれている。

■第二次中東戦争（スエズ動乱）

1952年のクーデターでナセルがエジプトの

《 イスラエルの最初の戦車隊装備 》

〔M4A2シャーマン〕
イギリス軍より盗み出した車両。

〔オチキスH39〕
この戦車を主力に2個中隊から成る戦車大隊が編制された。

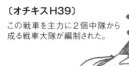

〔クロムウェル巡航戦車〕
この戦車もイギリス軍から盗み出したものだった。

〔M3ハーフトラック 6ポンド砲搭載型〕
ハーフトラックとジープを装備した機械化歩兵大隊は機動戦で活躍した。

《 第二次中東戦争時のイスラエル軍車両 》

〔M4A1 シャーマン 76mm 戦車砲搭載型〕

〔M4A3 シャーマン〕
戦後のパレード時には図のように車体前面中央に第7機甲旅団のマークを付けていた。

〔AMX-13〕
砂漠戦用に防塵オイルフィルターが取り付けられた。

〔M3 ハーフトラック〕
増設した銃塔に20mm対戦車砲、前部のキャブ右側にMG34を装備。

《 イスラエル軍機甲部隊の編制 》
（1956年）

第7機甲旅団

旅団司令部
├─ 戦車大隊（M4シャーマン系列）
├─ 軽戦車大隊（AMX-13）
├─ 機械化歩兵大隊（M3ハーフトラック）
├─ 予備自動車化歩兵大隊（トラック等）
├─ 偵察中隊（M3ハーフトラック、ジープ）
├─ 自動車化野砲兵大隊（25ポンド砲）
└─ その他諸隊

第37旅団

旅団司令部
├─ 戦車大隊（M4シャーマン系列）
├─ 軽戦車大隊（AMX-13）
├─ 機械化歩兵大隊（M3ハーフトラック）
├─ 予備自動車化歩兵大隊（トラック等）
├─ 偵察中隊（M3ハーフトラック、ジープ）
├─ 自動車化野砲兵大隊（25ポンド砲）
└─ その他諸隊

第27旅団

旅団司令部
├─ 機甲大隊
│   ├─ 戦車中隊（M4シャーマン系列）
│   └─ 機械化歩兵中隊（M3ハーフトラック）
├─ 機甲大隊
│   ├─ 軽戦車中隊（AMX-13）
│   └─ 機械化歩兵中隊（M3ハーフトラック）
├─ 予備自動車化歩兵大隊（トラック等）
├─ 偵察中隊（M3ハーフトラック、ジープ）
├─ 自動車化野砲兵大隊（25ポンド砲）
└─ その他諸隊

（資料に差異あり。推定含む）

実権を握ると、彼はソ連に接近しチェコスロバキアの援助を受けることに成功。1955年にT-34戦車230両を含む550両以上の装甲車両がエジプト軍に供給された。

それに対してイスラエルは、フランスからAMX-13と高初速76mm戦車砲搭載のM4シャーマン戦車200両を購入した。この戦車購入の裏には、スエズ運河の国有化を宣言するナセルに対して、スエズ運河の経営権と利権を持つイギリスとフランスが反発していた事情があった。

イスラエルがフランスから兵器を輸入した3週間後の1956年10月29日、イスラエル軍の奇襲攻撃によって第二次中東戦争が始

まった。この戦争におけるイスラエル軍戦車隊の活躍は目覚ましく、特に第7機甲師団はダヤン参謀総長の「歩兵の後から進め」という命令を無視してシナイ半島を一気に突破横断し、わずか100時間でエジプト野戦軍を撃破するという大戦果を挙げた。この活躍で機甲部隊の重要性が認識され、イスラエル軍における戦車部隊は空挺部隊と並ぶエリート部隊となったのである。

11月5日、イギリスとフランスも戦闘に介入するが、国連安保理の撤退決議やアメリカ、ソ連の圧力もあって、英仏は停戦後の12月、イスラエルも翌年3月にシナイ半島から撤退した。

《 第二次中東戦争時のエジプト軍車両 》

〔T-34-85〕

〔SU-100自走砲〕

〔アーチャー対戦車自走砲〕
17ポンド砲搭載のイギリス製自走砲。エジプト軍は200両を装備。

エジプト軍は、当時西側の兵器も多数装備しており、M4やセンチュリオン、AMX-13を各40両所有していた。第二次中東戦争ではイスラエルは西側、エジプトはソ連とチェコスロバキア等東側兵器が主力であったが、その多くが第二次大戦時の車両だった。

《 エジプト軍機甲師団の編制 》
（1956年）

第4機甲師団
├─ 機甲旅団
│   ├─ 戦車大隊（T-34-85）
│   ├─ 機械化歩兵大隊（OT-62）
│   └─ 自走砲中隊（SU-100）
├─ 機甲旅団
│   ├─ 戦車大隊（T-34-85）
│   ├─ 機械化歩兵大隊（OT-62）
│   └─ 自走砲中隊（SU-100）
└─ 機甲旅団（JS-3）

■第三次中東戦争

第二次中東戦争以来、中東情勢にしばらく大きな動きはなかったが、1960年代に入ると、アラブ諸国はソ連陣営との結び付きを強化していった。特にエジプト、シリア、イラクなどには大量のソ連製兵器が送り込まれ、中東の軍事、政治バランスは均衡を失い始めた。

それに対してイスラエルは、アメリカ、イギリス、フランス、ベルギーから兵器を購入し軍備を増強していた。その頃、パレスチナ・ゲリラのイスラエルに対するテロ活動も続発しており、1967年4月、イスラエルがシリア領内にあるゲリラ基地を攻撃したことから、両国の緊張は一気に高まった。

この事件をきっかけに、ナセル大統領はシナイ半島に軍を進駐させるとともに、国連軍の撤退を要求。さらにイスラエルの紅海への唯一の出入口だったアカバ湾のチラン海峡封鎖を発表。5月下旬になると、アラブ側は強硬姿勢を見せ、エジプトのナセル大統領が「アラブ連合とイスラエルとの間に戦闘が起これば、それは全面戦争になるだろう」と明言した。その言葉は、イスラエルに対する開戦の意思表明と受け取られ、それに応じてシリアとヨルダンも軍を国境地区に移動させた。

そのようなアラブ側の行動を見て、イスラエルは戦争は避けられないと判断し、5月中旬から秘密裏に動員を実施。そして1967年6月5日、イスラエル軍の先制電撃攻撃によって第三次中東戦争が始まった。イスラエル軍は、空軍の奇襲攻撃により、緒戦においてアラブ軍側の空軍を撃滅し、一挙に制空権を握った。決戦場をシナイ半島と定めたイスラエル軍は、地上戦に機甲部隊の主力を投入して、エジプト領内に進撃を開始した。当時のイスラエル軍機甲部隊は、センチュリオン250両、M48とM4シリーズ各200両、AMX-13 150両の計800両の戦車、さらに自走砲250両を合わせ1050両の戦闘車両を保有しており、その内650両がシナイ半島に投入された。それに対して、シナイ半島のエジプト軍は約1000両の戦車を装備していた（T-34 350両、T-54/T-55 450両、JS-3スターリン60両、センチュリオン30両、AMX-13 20両、SU-100 推定150両）。

戦闘は、イスラエル軍の攻撃で、1日目にしてエジプト軍は早くも壊滅状態となり、その後は敗走するエジプト軍をイスラエル軍機甲部隊が空軍の支援を受けながら追撃する形となり、開戦4日目の6月8日夜、戦闘部隊はスエズ運河に到達した。

ヨルダンとシリア方面では、主力部隊をシナイ戦線に投入したため、積極的な攻勢には出ず、シナイ方面での戦局が優勢になると、空挺部隊の投入や機甲部隊の転用によりアラブ軍を撃破して進撃を開始。そして各戦線でイスラエル軍は圧倒的に優勢になり、まずヨルダンが6月7日、エジプトが翌8日、シリアは10日に停戦に応じ、第三次中東戦争は6日間で終了した。イスラエルの圧倒的勝利で終わったこの戦争は「六日戦争」とも呼ばれる。

《 イスラエル軍機甲部隊の編制 》
（1967年）

イスラエル軍の機甲旅団は2個戦車大隊と1個機械化歩兵大隊の3個大隊編成。戦車および装甲車両は英米仏から購入したので統一感がない。ハーフトラック搭乗の機械化歩兵は戦車に比べ、砂漠での機動力に劣り、オープントップであったため損害も大きかった。

第7旅団（機甲旅団）
— 第82大隊（戦車大隊：センチュリオン）
— 第79大隊（戦車大隊：M48）
— 第9大隊（機械化歩兵大隊：M3ハーフトラック）

第37旅団（予備機甲旅団）
— 第377大隊（戦車大隊：センチュリオン）
— 第266大隊（戦車大隊：AMX-13）
— 第278大隊（機械化歩兵大隊：M3ハーフトラック）

第200旅団（予備機甲旅団）
— 第94大隊（戦車大隊：センチュリオン）
— 第125大隊（戦車大隊：センチュリオン）
— 第61大隊（機械化歩兵大隊：M3ハーフトラック）

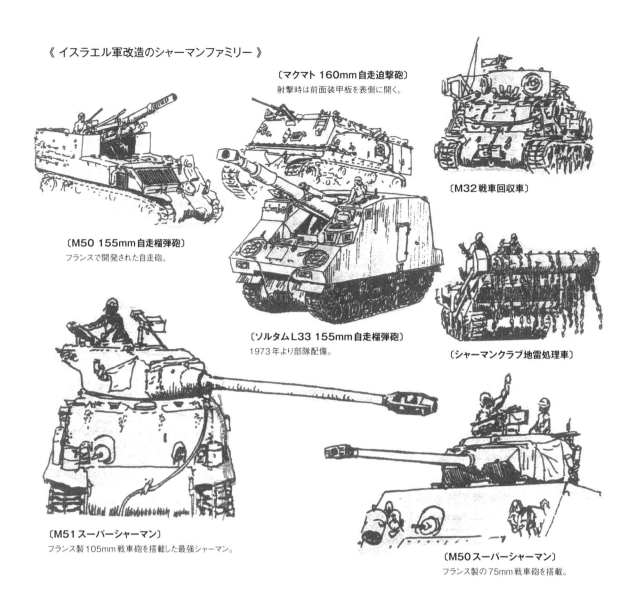

《 イスラエル軍改造のシャーマンファミリー 》

〔マクマト 160mm 自走迫撃砲〕
射撃時は前面装甲板を表側に開く。

〔M32 戦車回収車〕

〔M50 155mm 自走榴弾砲〕
フランスで開発された自走砲。

〔ソルタム L33 155mm 自走榴弾砲〕
1973年より部隊配備。

〔シャーマンクラブ地雷処理車〕

〔M51 スーパーシャーマン〕
フランス製105mm戦車砲を搭載した最強シャーマン。

〔M50 スーパーシャーマン〕
フランス製の75mm戦車砲を搭載。

《 第3次中東戦争時のアラブ諸国軍戦車 》

第 8 旅団 （機械化旅団）
- 第129大隊（戦車大隊：M50、M51）
- 第89大隊（戦車大隊：センチュリオン）
- 第121大隊（機械化歩兵大隊：M3ハーフトラック）

第 14 旅団 （機械化旅団）
- 第52大隊（戦車大隊：M50、M51、AMX-13）
- 第58大隊（機械化歩兵大隊：M3ハーフトラック）
- 第83大隊（機械化歩兵大隊：M3ハーフトラック）

第 45 旅団 （機械化旅団）
- 第39大隊（戦車大隊：M50、M51）
- 第25大隊（機械化歩兵大隊：M3ハーフトラック）
- 第74大隊（機械化歩兵大隊：M3ハーフトラック）

〔ヨルダン軍のM48〕

〔ヨルダン軍のM47〕
ヨルダン軍は米国製M47およびM48パットン戦車を装備。一方、ヨルダン方面のイスラエル機甲部隊はM4が主力だったため苦戦を強いられた。

〔エジプト軍のT-54〕
6月8日、エジプト第4機甲師団のT-54/T-55戦車60両とイスラエル軍第7機甲旅団のセンチュリオン、M48、M47との大戦車戦があったが、エジプト軍はほとんどの戦車を撃破されてしまう。

〔シリア軍のⅣ号戦車〕
ゴラン高原で砲台としてイスラエル軍戦車を迎え撃った。

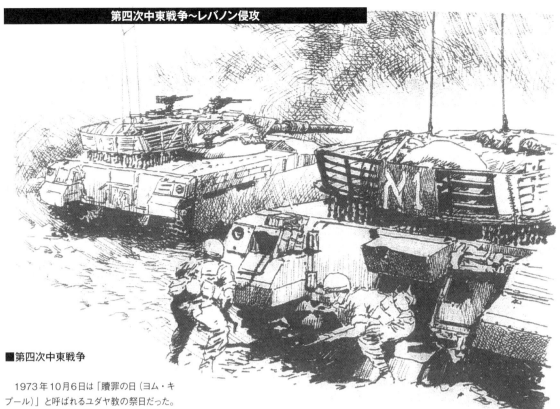

■第四次中東戦争

1973年10月6日は「贖罪の日（ヨム・キプール）」と呼ばれるユダヤ教の祭日だった。この日、エジプト軍はスエズ戦線から、シリア軍はゴラン高原戦線から、イスラエルに対して同時に攻撃を開始した。イスラエル情報機関は、アラブ側の軍事活動を察知していたが、彼らの開戦意図に確信が持てず、対応策に遅れを生じ、アラブ側の先制奇襲攻撃を許してしまった。

エジプト軍は20数カ所でスエズ運河を渡河し、対戦車兵器を装備したコマンド部隊を運河沿いに展開してイスラエル軍の反撃に備えた。これまでの戦闘経験からイスラエル軍機甲部隊は、一気にエジプト軍を運河に追い落とそうと、渡河の情報を得てから30分以内に反撃を開始した。しかし、エジプト軍は、イ

スラエル軍戦車に対する切り札としてソ連製9M14マリュートカ対戦車ミサイルとRPG-7を装備しており、突進してくるイスラエル軍戦車を次々に撃破していった。8日までに265両の戦車を失ったイスラエル軍は、今回のエジプト軍の手強さ、対戦車ミサイルを備えた防御陣地の堅固さを思い知ることになる。同時期、イスラエル空軍も地対空ミサイルやシルカ対空自走砲などの対空火器により大きな損害を出していた。

そしてゴラン高原のシリア軍の侵攻もソ連製の対戦車ミサイルや対空ミサイルが猛威を振るい、イスラエル軍は苦戦を強いられてい

た。10月7日朝までにシリア軍は10km以上も進出。イスラエル軍戦車部隊は混戦の中、地形を利用して三倍以上の敵戦車を相手に戦い、旅団長が戦死するなど混戦状態が続いたが、7日午後、予備戦車旅団を投入するなどして反撃を開始し、10日までにシリア軍をゴラン高原から押し返すことに成功する。戦後「涙の谷」と呼ばれるようになったゴラン高原東北部のこの戦いでは、4日間にわたる戦闘でイスラエル軍戦車が善戦し、シリア軍は戦車260両、その他の車両200両以上の残骸を残して撤退した。しかし、戦闘前には約180両保有していたイスラエル軍

《 イスラエル軍のセンチュリオン 》

〔イスラエル軍改修のショット・カル〕
105mm戦車砲を搭載し、パワーパックは高性能で信頼性が高いアメリカ製に換装された。第四次中東戦争において活躍し、搭載する105mm戦車砲はT-62戦車に対抗できることを実証した。

〔ショット・カル ブレイザー ERA 装着型〕
砲塔と車体にブレイザー爆発反応装甲を増設した防御性能向上型。レバノン侵攻に投入された。

も戦闘4日目には18両までに減っていた。

ゴラン高原の戦況が好転した頃、シリアを支援するため、シナイ半島でエジプト軍が攻勢を始める。そして8月14日、エジプト軍を迎え撃つイスラエル軍との間で、エジプト軍戦車1000両、イスラエル軍戦車700両の大規模な戦車戦が展開された。勝敗は午後までに決し、この戦闘で大きな損害を受けたエジプト軍は退却。この後、イスラエル軍がスエズ運河を逆渡河するなどして、戦局がイスラエル有利となると、エジプトとシリアはともに10月25日までに停戦し、戦いは終結した。

■レバノン侵攻

1982年6月4日、レバノンにあるパレスチナ解放機構（PLO）の拠点を壊滅すべく、イスラエル軍は「ガリラヤの平和作戦」を発動した。当時、PLOはレバノン南部に拠点を置き、武装グループのイスラエルに対する砲撃やロケット弾攻撃やテロ活動を行い、イスラエルにとって大きな脅威となっていた。国境を越えたイスラエル軍は、首都ベイルートを目指して電撃戦を展開。レバノン駐留シリア軍とベッカー高原などで交戦し、地対空ミサイル陣地の破壊や新鋭メルカバ戦車がT-72戦車30両を撃破するなど戦車戦でも戦果を挙げた。結果、シリア軍の撤退が始まり、6月25日に停戦に至った。

本来の目標であるPLOの拠点も各地で撃破占領し、6月13日にベイルートの包囲を完了する。その後、PLOは9月までにレバノンからチュニジアなどの海外に撤退し、イスラエル軍の作戦は終了した。

《 イスラエル軍装甲戦闘車両 》

〔M113装甲兵員輸送車〕
それまでのM3ハーフトラックに替わり、機械化歩兵部隊に配備された。

〔マガフ6B〕
M60A1の改良型で、車体、砲塔にはブレイザーERAを装着。レバノン侵攻時に投入された。

〔マガフ3〕
M48の改良型。主砲を90mm戦車砲から105mm戦車砲に、エンジンをディーゼルに換装した改良型。

〔メルカバMk.I〕
イスラエルの国産戦車。初の実戦でT-72を撃破する戦果を挙げた。

《 各国軍の装甲戦闘車両 》

国	車種	数両	備考
イスラエル	M48	90	90mm砲搭載
	M48	546	105mm砲搭載
	M60	364	
	センチュリオン	546	
	T-54/T-55	182	105mm砲に換装
	M4	320	105mm砲搭載
	AMX-13	210	
	戦車の合計	2258	
	M113	505	
	M3ハーフトラック	3521	
	APCの合計	4026	
エジプト	SU-100	144	自走砲
	PT-76	170	
	T-10	30	
	T-54/T-55	1670	
	T-62	470	
	T-34	280	
	戦車の合計	2714	
	BTR-152	88	
	BTR-50	1172	
	BTR-60	44	
	BRDM-1	108	
	BRDM-2	280	
	BMP	166	
	APCの合計	1858	
シリア	SU-100/SU-152	80	自走砲
	PT-76	76	
	T-54/T-55	769	
	T-62	620	
	JS-2/3	80	
	T-34	200	
	戦車の合計	1825	
	BTR-60	654	
	BRDM-1	72	
	BRDM-2	218	
	BMP	245	
	APCの合計	1187	

《 アラブ諸国軍の主力戦車 》

〔T-62〕
115mm滑空砲を搭載。第四次中東戦争に初投入されるが、数の上ではまだT-54/T-55が主力だった。T-54/T-55とともに戦場でイスラエル軍に多数鹵獲されている。

〔T-72〕
イスラエルのレノバン侵攻時は世界最強の戦車といわれていたが、イスラエル軍のメルカバ戦車に大敗を期した。

中東戦争
航空戦/海戦

中東戦争における空の戦い

■第一次中東戦争

第一次中東戦争おいて航空戦を展開したのは、イスラエル、エジプト、シリアの三カ国であった。ただしエジプトを除いて、その戦力は小規模であり、イスラエルに至っては、開戦時に空軍はまだなく、ハガナーなどの民兵組織の航空隊をベースに創設へ向けての編制を急いでいる状態であった（創設は1948年5月28日）。

第一次中東戦争における航空戦は宣戦布告の翌日、1948年5月15日にエジプト空軍スピットファイアによるテルアビブ襲撃により始まった。イスラエル空軍もアラブ側に対する航空攻撃を実施して、6月3日にはエジプト空軍のC-47輸送機2機をイスラエル空軍のアヴィアS-119戦闘機が撃墜。これはイスラエル空軍初の撃墜戦果となった。戦闘機同士の初の空中戦は、6月8日に発生した。この空中戦では、イスラエルのアヴィアS-119がエジプトのスピットファイア1機を撃墜している。

その後、航空戦は休戦まで続くが、まだ航空機の保有数が少なく、稼働率も低かったこともあって、大規模な航空作戦は行われなかった。

■第二次中東戦争

第一次中東戦争終結後の軍用機は、ジェット化の時代を迎えており、中東戦争における航空戦もジェット機が主流へと変化していく。1955年8月29日にイスラエル空軍のミーティア戦闘機がエジプト空軍のバンパイア戦闘機を撃墜するが、これは中東においてジェット戦闘機が撃墜された初めての戦果となった。

第二次中東戦争が1956年10月29日に勃発するとイスラエル空軍は、シナイ半島へ侵攻した味方地上部隊の支援と制空戦闘を行っている。そして開戦から10月31日までにエジプト空軍との間で164回の空中戦を行い、ミステールIVがエジプト空軍のMiG-15を3機、バンパイアを4機撃墜する戦果を挙げていた。

11月1日にはイギリスとフランスが参戦し、両国の空母機動部隊およびキプロスから出撃した航空部隊は、エジプト軍航空基地を攻撃して制空権を得た。この攻撃により、エジプト空軍は残存航空部隊の温存を図るため、エジプト南部の基地に航空機を移動し、イギリス、フランス、イスラエルが制空権を掌握したまま、戦いは11月7日に停戦となった。

■第三次中東戦争

1967年6月5日、イスラエル空軍の奇襲攻撃で第三次中東戦争が始まった。イスラエル空軍が実施したこの敵基地攻撃「フォーカス作戦」の成功により、エジプト、シリア、ヨルダン、イラク軍は開戦から数時間でほとんどの航空機を地上で破壊され、壊滅状態に陥ったのである。開戦初日にアラブ側が被った損害は、エジプト軍309機、シリア軍57機、ヨルダン軍30機などに達した。

初日に制空権を失ったことで、その後もアラブ側空軍の劣勢は続き、2日目が終わるまでに延べ416機、シリアが休戦に応じた6月10日には延べ452機を喪失していた。一方、この戦争におけるイスラエル軍機の損失はわずか26機であった。

■第四次中東戦争

第四次中東戦争のシナイ半島における攻撃は、1973年10月6日、イスラエル軍の航空基地や対空陣地などに対するエジプト空軍の攻撃と地上部隊のスエズ運河の渡河で始まった。

攻撃を受けたイスラエル空軍は、反撃に出るが、スエズ運河沿いに展開していたエジプト軍の地対空ミサイルを含む対空火器の防空網により開戦3日で約50機を失った。

第三次中東戦争でイスラエル空軍が失った航空機の総数は102機に登ったが、その中で空中戦による損失はわずか5機という結果を見ると、エジプト軍の防空網がいかに強力なものだったかがわかる。ただし、航空戦は一方的な勝利とはならず、戦争後半に始まったイスラエル軍の反撃により、エジプト空軍とシリア空軍も514機を失う損害を出したのであった。

■レバノン侵攻

1982年のイスラエル軍によるレバノン侵攻では、イスラエル空軍による大規模な航空戦が展開された。侵攻開始から3日目の1982年6月9日に行われた「モールクリケット作戦19」は、シリア軍がレバノンのベッカー高原に築いていた30基の地対空ミサイル陣地の破壊を目的としたものであった。この作戦にイスラエル空軍は、航空機90機を投入した。ミサイル陣地と地上攻撃は主にF-4EファントムII、A-4スカイホーク、IAIクフィルC2が行い、F-15 AイーグルとF-16は攻撃隊の援護に就いた。

イスラエル側の発表によれば、この作戦で29基の対空ミサイル陣地の破壊に成功し、空中戦ではシリア空軍のMiG-21やMiG-23など85機を撃墜、自軍の損失はゼロ（無人偵察機を1機喪失）という結果で作戦を成功させたのであった。

中東戦争における海での戦い

■各国海軍の創設

中東戦争は、地上戦が主流であったが、海の戦いも生起している。海上戦は主にイスラエル海軍とエジプト海軍よって行われ、第四次中東戦争直後には当時の最新兵器を使用する戦いへと発展していく。

イスラエル海軍は、ハガナーの海上部隊を基礎に1948年5月28日に創設された。当時の戦力は、沿岸警備用カッター「エイラート」と貨物船2隻であった。一方、エジプト海軍の創立は、空軍同様に参戦国の中で一番古く、その歴史は古代エジプトまで遡る。1800年代のオスマン帝国支配時代には近代化された海軍が創設され、第二次大戦後はイギリスから供与された駆逐艦を中心とした編成となっていた。

また、シリア海軍の創設は1950年8月29日で、保有する艦艇は旧保護国のフランスから供与されたものだった。その他、レバノン海軍が1950年、ヨルダン海軍は1951年に創設されている。エジプト海軍を除いた各国海軍の戦力の多くは哨戒艇や砲艦、魚雷艇、掃海艇などの小艦艇が中心であり、その保有数と兵力から沿岸警備隊規模の海軍であった。

■第一次中東戦争

第一次中東戦争では、イスラエル海軍とエジプト海軍が軍事作戦を実施している。その内容は、イスラエル南部の海岸線での哨戒、上陸部隊の支援や艦砲射撃、輸送船の護衛、敵の海上輸送の遮断であった。大きな海戦は生起しなかったが、1948年10月22日、ガザ沖でイスラエル海軍の自爆ボート攻撃により、エジプト海軍の旗艦エミール・ファルークが沈没している。

■第二次中東戦争

第一次中東戦争終結後もイスラエルとエジプトは、海軍戦力の増強を続け、1950年代半ばまでには、イギリスなどから第二次大戦時に建造された駆逐艦やフリゲート艦、コルベット艦などを入手した。

第二次中東戦争ではエジプト海軍は、イスラエル海軍だけでなくフランス海軍の艦艇とも戦火を交えることになった。1956年10月31日、海上封鎖のためイスラエルのファイファ沖に展開しファイファ市街地への艦砲射撃を行っていたエジプト海軍の駆逐艦ブラヒム・エル・アワルは、フランス海軍駆逐艦ケルサンおよびイスラエル海軍の艦艇と交戦した。お互いに損害はなかったが、その後、イスラエル空軍機の攻撃を受けて損傷し、ブラヒム・エル・アワルは、イスラエル軍に降伏、艦艇は鹵獲された。

■エイラート事件

第二次中東戦争以降、エジプトはソ連の軍事援助を受けて軍備の増強と新型兵器の導入を進めていた。エジプト海軍が入手した新型兵器の一つにコマール型ミサイル艇があった。このミサイル艇は、1959年に配備された対艦ミサイルP-15テルミート（NATOコード、SS-N-2スティクス）2発を搭載していた。

第三次中東戦争では、イスラエル、エジプト両海軍は、大きな作戦行動を行わないまま1967年6月10日に停戦に至った。そしてその年の10月21日、シナイ半島のポートサイド沖を哨戒航行中のイスラエル駆逐艦エイラートに対して、エジプト海軍ミサイル艇が放った2発のP-15が命中、同艦は沈没した。

対艦ミサイル初の戦果となったこの出来事は「エイラート事件」として、イスラエルだけでなく、各国の海軍関係者にも衝撃を与え、艦艇の対艦ミサイル防御を進める結果となった。

■第四次中東戦争

第四次中東戦争中には二つの海戦が行われたが、規模は小さくミサイル艇同士の戦いとなった。最初の戦いは、1973年10月7日、イスラエル海軍のサール型ミサイル艇5隻とシリア海軍のコマール型ミサイル艇2隻、オーサ型ミサイル艇1隻、魚雷艇、掃海艇各1隻の計5隻で戦われた「ラタキア沖海戦」である。1967年の「エイラート事件」を教訓にしたイスラエル海軍は、この戦いで対艦ミサイル防御のため初の電子戦を行っている。海戦は、イスラエル海軍のガブリエル艦対艦ミサイルなどの攻撃により、戦闘開始からから約1時間半の間にシリア海軍の艦艇5隻すべてが撃沈される結果で終了した。その後もイスラエル海軍は、10月10～11日にかけて、シリアのラタキアやアル・バイダなどの軍港を攻撃、港内に停泊するシリア軍艦艇に損害を与えている。

二度目の海戦は、10月8～9日未明にかけて行われた「ダミエッタ沖海戦（バルティム沖海戦）」である。同海戦はナイル・デルタ沿岸で発生したイスラエル海軍とエジプト海軍による夜戦であった。この海戦において活躍したのもミサイル艇で、イスラエルのサール型ミサイル艇6隻とエジプトのオーサ型ミサイル艇4隻が交戦した。戦闘では、砲撃と互いの対艦ミサイルの打ち合いになり、約1時間半の戦いでイスラエル海軍艇がエジプト海軍のミサイル艇3隻を撃沈し、勝利している。

中東戦争初期のイスラエル/アラブ両陣営航空機

エジプト空軍は、中東戦争参戦国の中で一番古い歴史を持つ。1932年に陸軍航空隊として設立され、1937年に空軍として独立した。第一次中東戦争開戦時、同空軍が装備する航空機は、第二次大戦中から戦後にかけてイギリスから供与されたものであった。

〔スーパーマリン・スピットファイア〕

第二次時大戦後、イギリスから供与されたエジプト空軍の主力戦闘機。1943〜1949年までMk.Vを26機、1946年からは約30機のMk.IX、その他にもMk.22を保有し、1956年まで運用した。Mk.IXの武装は20mm機関砲×2、12.7mm機関銃×2。

〔ホーカー・ハリケーンMk.II〕

第二次大戦中にイギリスより供与。戦後はスピットファイアへの換装が進み、第一次中東戦争開戦時の保有数は4機のみだった。

〔マッキC205〕

イタリアから62機を購入。第一次中東戦争の終戦までにイタリアから届いた16機を地上攻撃などに運用した。武装は12.7mm機関銃×2、20mm機関砲×2、160kg爆弾×2。

〔アブロ・ランカスター B Mk.I〕

1950年にイギリスから9機を入手している。第二次中東戦争では3機が実戦投入されたといわれている。爆弾の最大搭載量は10t。

シリア空軍は、1948年に創設された。1948年時点での同空軍が保有する航空機は約40機で、その約半数が練習機であった。

〔ノースアメリカンT-6テキサン〕

シリア空軍はT-6を17機装備しており、攻撃機として運用。1個飛行隊を対地攻撃に投入した。なお、爆撃任務だけでなく、イスラエル空運のアビアS-199戦闘機1機撃墜の記録も残されている。

イスラエル空軍は、イルグンやハガナーの航空隊を母体に1948年5月28日に設立された。第一次中東戦争中に運用した機体は、世界中からかき集めた第二次大戦後の余剰機であった。空軍創設に際して、航空機入手を急ぐイスラエルは、複数の国からの輸入に頼らざるを得なかったが、相手国の兵器輸出規制などもあり、正式な契約で入手した以外にスクラップなどと称しての密輸も実施された。

〔アヴィアS-199〕

第二次大戦後、メッサーシュミットBf109Gの生産設備やパーツを使用し、チェコスロバキアのアヴィア社が生産した戦闘機。第一次中東戦争中に23機を運用。6月3日、エジプト空軍のC-47輸送機2機を撃墜し、イスラエル空軍初の戦果を挙げた。武装は13mm機関銃×2、20mm機関砲×2。

〔スーパーマリン・スピットファイアMk.IX〕

チェコスロバキアから60機を購入した。最初の6機は1948年9月24日にイスラエルに到着したが、戦争終結までにイスラエルが入手できたのは18機に留まった。輸入機体の他に、不時着したエジプト空軍所属機を鹵獲後、再整備を行い運用している。

〔デ・ハビランドD.H.89ドラゴンラピード〕
イギリスのデ・ハビランド社が1934年に開発した
旅客機。イギリス委任統治時代のハガナー所有
の1機が空軍に編入された。その他、第一次中
東戦争の際にはイギリスから3機を購入している。

〔ビーチクラフト・ボナンザ〕
空軍創設時にハガナーから移管された1機の他に2機を
購入している。本来は民間の小型機であるが、胴体下
に爆弾ラックを増設して地上攻撃に用いられた。

〔ノースアメリカンT-6テキサン（ハーバード）〕
本来は練習機である本機を空軍創設当時は、攻撃機としても使用した。

〔ボーイングB-17G〕
アメリカからの兵器輸出が制限されていたことから、輸出
の際、貨物機に改造、商用機として1948年6月に3機
を入手した。その後、武装を施し、アラブ軍への爆撃を行っ
ている。爆弾搭載量は最大約5.8t。

〔ダグラスC-47スカイトレイン（ダコタ）〕
第一次中東戦争では輸送だけでなく、機体側面の貨物ド
アから爆弾を投下して爆撃任務にも投入された。

〔ノースアメリカンP-51Dマスタング〕
イスラエルが装備した3機種目の戦闘機。1948年9月、
アメリカからB-17同様密輸により、4機を入手した。そ
の後、1951年にはスウェーデンから25機を購入。第二
次中東戦争では、その航続距離を活かして地上攻撃など
で活躍した。武装は、12.7mm機関銃×6、爆弾最大
搭載量907kgまたはロケット弾×10。

〔ブリストル・ボーファイター TF Mk.X〕
スクラップ状態の機体7機を購入後、1948年8月には、映
画撮影を装いイギリス空軍を騙し、飛行シーンの撮影と称し
て4機を乗り逃げして入手した。武装は20mm機関砲×4、
7.7mm機関銃×2、113kg爆弾×2、またはロケット弾×8。

〔デ・ハビランド・モスキート〕
1951年、イギリスより戦闘攻撃機型のFB.6および写真偵察型のPR.16を購入。
1956年の第二次中東戦争まで地上部隊への近接航空支援に用いられた。武
装は7.7mm機関銃×4、20mm機関砲×4、爆弾の最大搭載量は920kg。

中東戦争で使用されたジェット機

アラブ諸国空軍 初期のジェット機

中東戦争が始まった当初、第二次大戦中の余剰レシプロ機を使用したアラブ諸国の空軍とイスラエル空軍は、第一次中東戦争が終結すると、当時主流となっていたジェット機を入手して空軍力を強化していき、中東の空の戦いは新たな時代を迎えることになる。

〔グロスター・ミーティア〕
第二次大戦中にイギリスが実用化したジェット戦闘機。アラブ側ではエジプト空軍とシリア空軍が装備。エジプト空軍はF.4、T.7、F.8と夜間戦闘機型のNF.13、シリア空軍はT.7、F.8、FR.9、NF.13の各タイプを運用した。F.8の最大速度は約1000km/h。武装は20mm機関砲×4、ロケット弾最大×16、または454kg爆弾×2。

〔デ・ハビラント・バンパイアFB.52〕
イギリスのジェット戦闘機としてミーティアに続いて開発され、イギリス空軍と海軍が採用した。アラブ側では、エジプト、シリア、ヨルダン、イラクの各空軍が装備している。最大速度は882km/h。武装は、20mm機関砲×4、225kg爆弾×2、またはロケット弾×8。

〔ホーカー・ハンター〕
ミーティアの後継機として開発された戦闘機。1950年代当時の最新型で、レバノン、イラク、ヨルダン空軍が装備。レバノン空軍では本機を2014年まで運用していた。最大速度は1150km/h。武装は30mm機関砲×4、爆弾またはロケット弾ポッドなど最大3.4t搭載可能。

〔MiG-15ファゴット〕
朝鮮戦争での活躍により、一躍有名になったソ連の戦闘機。エジプト軍は1955年にチェコスロバキアから150機を輸入、エジプト軍以外にはシリア空軍、イラク空軍が装備している。最大速度は1076km/h。武装は37mmと23mm機関砲×各2、50kgまたは100kg爆弾×2。

〔MiG-17フレスコ〕
MiG-15の改良モデル。エジプト空軍は1956年の配備から第四次中東戦争まで使用した。最大速度は1145km/h。武装は23mm機関砲×2、37mm機関砲×1、ロケット弾ポッド×2、または250kg爆弾×2。

〔MiG-19ファーマー〕
ソ連発の超音速ジェット戦闘機。エジプト、イラク、シリア空軍が装備。最大速度はマッハ1.35。武装は30mm機関砲×3、ロケット弾ポッド×2、または250kg爆弾×2。

〔イリューシンII-28ビーグル〕
1949年にソ連軍が採用した双発ジェット爆撃機。エジプト空軍は1956年、チェコスロバキアでライセンス生産されたB-228を70機入手した。第二次中東戦争ではイスラエル軍に対して夜間爆撃を行っている。他のソ連製航空機と同様に、シリア空軍とイラン空軍も本機を装備していた。最大速度は902km/h。武装は23mm機関砲×2〜3、爆弾搭載量は最大3t。

イスラエル空軍 初期のジェット機

〔ダッソー MD.450 ウーラガン〕
ミーティア戦闘機の後継機としてイスラエル軍が採用したフランスのダッソー社製戦闘機。MiG-15 より性能が劣るということで、主に地上攻撃任務で使用されている。最大速度は 940 km/h。武装は 20mm 機関砲×4、爆弾、ロケット弾などの最大積載量は 2270 kg。

〔グロスター・ミーティア〕
イスラエル空軍は、1953〜1957 年にかけてイギリスとベルギーから本機を輸入。運用したモデルは T.7、T.7.5、F.8、FR.9、NF.13 だった。1955 年 9 月 1 日、イスラエル空軍のミーティアがイスラエル領空に侵入したエジプト空軍のバンパイヤを撃墜するが、この時撃墜されたバンパイアは、中東の空中戦で撃墜された初のジェット戦闘機となった。

〔ダッソー・ミステール IVA〕
ウーラガンに続いてフランスのダッソー社が開発した超音速の戦闘機。イスラエル空軍は 1956 年 4〜8 月にかけて 60 機を受領。第二次中東戦争ではエジプト空軍機を 8 機撃墜した。第三次中東戦争では対地攻撃機として使用されている。最大速度はマッハ 1.12。武装は、30mm 機関砲×2、爆弾、ロケット弾などの最大積載量は 1000kg。

〔ダッソー・シュペルミステール B.2〕
ダッソー社製の戦闘機。イスラエル空軍は 36 機を保有し、第三次中東戦争においてはイラク空軍機など 16 機を撃墜する戦果を挙げている。最大速度は 1195 km/h。武装は、30mm 機関砲×2、爆弾、ロケット弾などの最大積載量は 2680kg。

〔S.O.4050 ボートゥール II〕
フランスのシュド・ウエスト社が開発した戦闘爆撃機。イスラエル空軍は 1958 年より 31 機を導入。A 型（単座戦闘爆撃機）、B 型（複座戦闘爆撃機）、N 型（複座全天候迎撃機）の 3 機種を運用した。1967 年の第三次中東戦争が初の実戦となり、開戦翌日の 6 月 7 日にはイラク空軍のホーカーハンター 1 機を撃墜する戦果を挙げた。A 型の最大速度は 951 km/h。武装は、30mm 機関砲×4、爆弾、ロケット弾などの最大積載量は 2725 kg 。

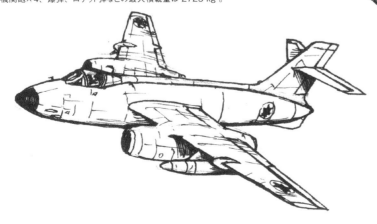

中東戦争における主力戦闘機ミラージュ

フランスのダッソーアビエーション社が開発したデルタ翼の超音速戦闘機。1952年に開発が始まり、1958年10月24日のテスト飛行でマッハ2の速度を達成している。シリーズ化され、海外への輸出も行われたことから、中東戦争の交戦国であるイスラエル、エジプト、シリアの各空軍もミラージュを装備することになった。

〔ミラージュIIICJ〕

イスラエル空軍は、1962年4月〜1964年7月までに70機をフランスから購入した。第三次中東戦争では主に爆撃任務に就き、続く第四次中東戦争では制空戦闘任務において、エジプト空軍機とシリア空軍機を106機撃墜したといわれる。

〔データ〕
全長：14.73m
全高：4.26m
翼幅：8.22m
エンジン：スネクマアター9Bターボジェット
最大速度：マッハ2.15
乗員：1名
武装：30mm機関砲×2、その他、増槽、空対空ミサイル、ロケット弾など
最大積載量：1360kg

〔ミラージュ5〕

ミラージュIIIEの改修モデル。1965年にイスラエルは本機をフランスに発注したが、フランス政府が1967年6月にイスラエルに対して禁輸措置を執ったため、部隊配備には至らなかった。一方、エジプトは、リビアやサウジアラビアに輸出された機体を購入して、1972年から運用している。

〔データ〕
全長：15.56m
全幅：8.22m
全高：4.25m
重量：7.05t
エンジン：スネクマ アター9Cターボジェット
最大速度：マッハ2.2
乗員：1名
兵装：30mm機関砲×2、その他、増槽、空対空ミサイル、ロケット弾など
最大搭載量：4500kg

〔ミラージュF1〕

ミラージュIIIの後継機として開発され、ミラージュ・シリーズではデルタ翼と水平尾翼を組み合わせたテイルドデルタ翼で設計された唯一のモデルである。1974年よりフランス空軍の主力戦闘機に採用された。それまでと同様に海外へも輸出されており、イラク空軍とヨルダン空軍が装備した。

〔データ〕
全幅：8.4m
全長：15.3m
全高：4.5m
エンジン：スネクマ アター9K-50ターボジェット
最大速度：マッハ2.2
乗員：1名
兵装：30mm機関砲×2、その他、増槽、空対空ミサイル、ロケット弾など
実用搭載量：4000kg

〔ミラージュ2000〕

ミラージュ・シリーズ最新型。操縦システムにフライ・バイ・ワイヤを採用するなどして設計された第4世代ジェット戦闘機。1984年からフランス空軍に配備された。エジプトは1981年12月に同機を発注し、1986年6月から1988年1月までに20機を入手している。

〔データ〕
全長：14.4m
翼幅：9.1m
全高：5.2m
自重：7500kg
エンジン：スネクマ M53-P2ターボファン
最大速度：マッハ2.2
乗員：1名
固定武装：30mm機関砲×2、その他増槽、空対空ミサイル、ロケット弾、対艦ミサイルなど
最大搭載量：6300kg

イスラエル国産戦闘機クフィルC2

ミラージュⅢやミラージュ5などをベースにイスラエルが開発設計した初の国産全天候型多目的戦闘機。1975年から生産が開始されると空軍部隊に配備され、1977年11月9日、レバノンのPLO訓練キャンプに対する爆撃任務が初の実戦になった。1979年6月27日にはシリア軍のMiG-21を初撃墜している。

〔データ〕
全長：15.65m
翼幅：8.22m
全高：4.55m
重量：7414 kg
エンジン：J79-J1Eターボジェット
最大速度：マッハ2.3
乗員：1名
武装：30mm機関砲×2、その他、
対空ミサイル、爆弾など
最大積載量：9390kg

イスラエルはクフィルのエンジンに、F-4Eファントムと同じゼネラル・エレクトリック社製J79ターボジェットを採用。これにより飛行性能や兵装搭載量はミラージュより向上した。

《 クフィルC2の内部構造 》

ドラッグシュート

UHFアンテナ

衝突防止灯

エンジンスターター

EL/M-2001Xバンド・パルスドップラー対空／対地レーダー

前部上方燃料タンク

酸素ボンベ

電子装置

電子装置

アフターバーナー

ピトー管

パイロット

カナード翼

J79-J1Eターボジェットエンジン

航法灯

シャフリル対空ミサイル（赤外線誘導）

アメリカ製万能戦闘機F-4EファントムⅡ

フランスからのミラージュ戦闘機の継続導入を断念したイスラエル空軍は、1969年にアメリカからの有償供与によりF-4Eを入手した。第四次中東戦争では、F-4Eは戦闘爆撃機として空中戦と地上攻撃で活躍している。

〔データ〕
全長：19.2m
翼幅：11.7m
全高：5m
重量：13757kg
エンジン：J79-GE-17A アフターバーニング ターボジェット×2
最大速度：マッハ2.23
乗員：2名
武装：20mmバルカン砲×1、その他、その他増槽、空対空ミサイル、ロケット弾など
最大積載量：8480kg

左イラストは、主翼下に370ガロン（約1680ℓ）増槽と胴体下にMk.82通常爆弾を搭載した対地攻撃兵装のF-4E。

《F-4Eの内部構造》

燃料放出弁
ドラッグシュート
衝突防止灯
胴体内燃料タンク
電子装置
フラップ
ウェポンシステムオフィサー（WSO）
パイロット
スロット
20mm機関砲弾マガジン
J79-GE-17A アフターバーニング ターボジェット
APQ-120レーダー
600ガロン増槽
主翼内燃料タンク
航法灯
M61A1 20mmバルカン砲
Mk.82通常爆弾

アメリカ製小型攻撃機A-4スカイホーク

イスラエルは1966年6月、アメリカとの48機購入契約を皮切りに第四次中東戦争前までに217機を購入、配備した。A-4スカイホークは10カ国に輸出されたが、その中でも最大の顧客がイスラエル空軍であった。第四次中東戦争ではエジプト軍とシリア軍の対空ミサイルや空中戦などにより53機を失っている。

〔データ〕
全長：12.2m
翼幅：8.38m
全高：4.62m
重量：4469kg
エンジン：J52-P-6A ターボジェット
最大速度：1077km/h
乗員：1名
武装：20mm機関砲×2、その他、増槽、空対空ミサイル、爆弾、ロケット弾など
最大積載量：3720kg

《 F-4Eの搭載兵器 》

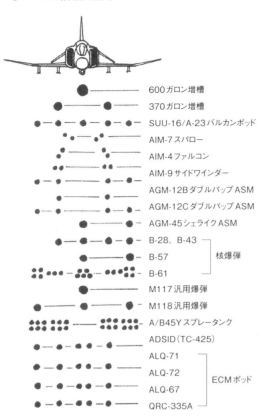

- 600ガロン増槽
- 370ガロン増槽
- SUU-16/A-23バルカンポッド
- AIM-7スパロー
- AIM-4ファルコン
- AIM-9サイドワインダー
- AGM-12Bダブルバップ ASM
- AGM-12Cダブルバップ ASM
- AGM-45シェライク ASM
- B-28、B-43 ┐
- B-57 ├ 核爆弾
- B-61 ┘
- M117汎用爆弾
- M118汎用爆弾
- A/B45Yスプレータンク
- ADSID(TC-425)
- ALQ-71 ┐
- ALQ-72 │
- ALQ-67 ├ ECMポッド
- QRC-335A ┘

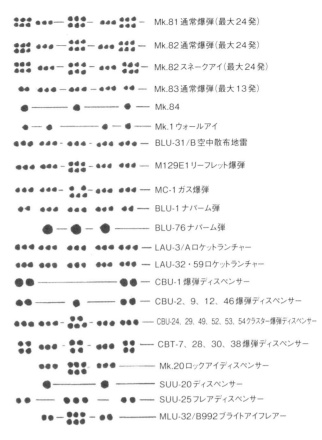

- Mk.81通常爆弾(最大24発)
- Mk.82通常爆弾(最大24発)
- Mk.82スネークアイ(最大24発)
- Mk.83通常爆弾(最大13発)
- Mk.84
- Mk.1ウォールアイ
- BLU-31/B空中散布地雷
- M129E1リーフレット爆弾
- MC-1ガス爆弾
- BLU-1ナパーム弾
- BLU-76ナパーム弾
- LAU-3/Aロケットランチャー
- LAU-32・59ロケットランチャー
- CBU-1爆弾ディスペンサー
- CBU-2、9、12、46爆弾ディスペンサー
- CBU-24、29、49、52、53、54クラスター爆弾ディスペンサー
- CBT-7、28、30、38爆弾ディスペンサー
- Mk.20ロックアイディスペンサー
- SUU-20ディスペンサー
- SUU-25フレアディスペンサー
- MLU-32/B992ブライトアイフレアー

《 F-4Eの兵器投下システム 》

〔ダイブ滑空爆撃〕

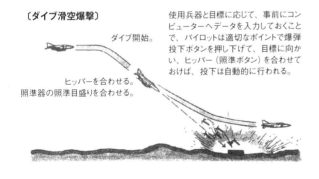

ダイブ開始。

ヒッパーを合わせる。
照準器の照準目盛りを合わせる。

使用兵器と目標に応じて、事前にコンピューターへデータを入力しておくことで、パイロットは適切なポイントで爆弾投下ボタンを押し下げて、目標に向かい、ヒッパー(照準ボタン)を合わせておけば、投下は自動的に行われる。

〔直接ダイブ爆撃〕

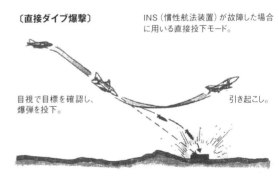

目視で目標を確認し、爆弾を投下。

引き起こし。

INS(慣性航法装置)が故障した場合に用いる直接投下モード。

〔ダイブトス爆撃〕

ヒッパーを合わせる。

引き起こし。

命中精度を向上させ、目標接近中に回避運動もできる。

〔ダイブ水平爆撃〕

目標を目視確認。

パイロットは目標に達するまで一定の地上軌跡を保持する。

《 F-16ファイティングファルコン 》

アメリカ空軍が1978年から使用している多用途戦闘機。イスラエルも1978年8月にアメリカ政府と購入契約を交わして、1980年4月に最初の機体F-16A/Bを受領した。1981年6月7日の「オペラ作戦」では、8機のF-16がイラクのオシラク原子炉を爆撃している。図の改良型C型は1986年から導入されている。

〔データ F16C〕
全長：15.1m
翼幅：9.96m
全高：4.9m
重量：12020kg
エンジン：F100-PW-200
最大速度：マッハ2.02
乗員：1名
武装：20mmバルカン砲×1、その他、空対空ミサイル、
空対地ミサイル、爆弾など
最大積載量：7700 kg

《 F-15イーグル 》

〔データ F-15C〕
全長：19.43m
翼幅：13.06m
全高：5.64m
重量：12701kg
エンジン：F100-PW-220 アフターバーニング ターボファン×2
最大速度：マッハ2.5
乗員：1名
武装：20mmバルカン砲×1、AIM-7スパロー×4、
AIM-9サイドワインダー×4、AIM-120 AMRAAM×8

アメリカ空軍が運用していたF-4の後継として開発された大型制空戦闘機。イスラエルもF-4に替わる戦闘機としてアメリカより購入し、1976年5月に最初の機体が引き渡され、以降、イスラエルは、F-15の改良型が造られるごとに購入を繰り返し、A/B型を44機、C/D型を27機保有、現在も運用を続けている。

《 イスラエル空軍機vsシリア空軍機 レーダー/空対空ミサイルの有効距離 》

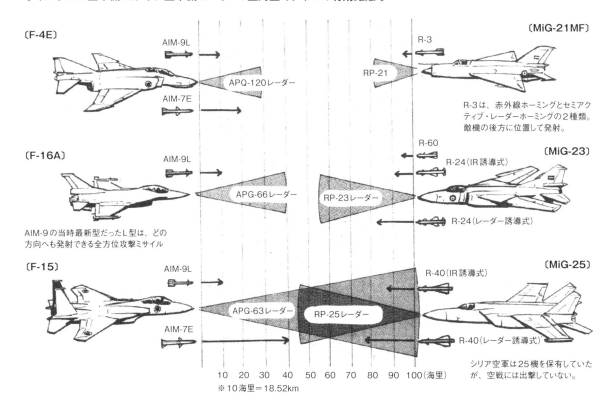

〔F-4E〕　AIM-9L　APQ-120レーダー　AIM-7E

〔MiG-21MF〕　R-3　RP-21

R-3は、赤外線ホーミングとセミアクティブ・レーダーホーミングの2種類。敵機の後方に位置して発射。

〔F-16A〕　AIM-9L　APG-66レーダー　RP-23レーダー

〔MiG-23〕　R-60　R-24(IR誘導式)　R-24(レーダー誘導式)

AIM-9の当時最新型だったL型は、どの方向へも発射できる全方位攻撃ミサイル

〔F-15〕　AIM-9L　APG-63レーダー　RP-25レーダー　AIM-7E

〔MiG-25〕　R-40(IR誘導式)　R-40(レーダー誘導式)

シリア空軍は25機を保有していたが、空戦には出撃していない。

10 20 30 40 50 60 70 80 90 100(海里)
※10海里＝18.52km

《 空中戦闘機動 》

現代の空中戦は、戦闘機の機体性能のみならず、レーダーや対空ミサイルの発達により、目視確認をしなくても敵味方を識別し、単機で複数の敵を撃墜することが可能である。しかし、近接戦が避けられない場合の格闘戦に必要な空戦機動を紹介する。

〔ブレイク（退避）〕

まさに射撃位置に着こうとする敵機に対して用いるもので、急旋回を行い、攻撃側の照準を逸らせてオーバーシュート（追い越し）させる目的がある。

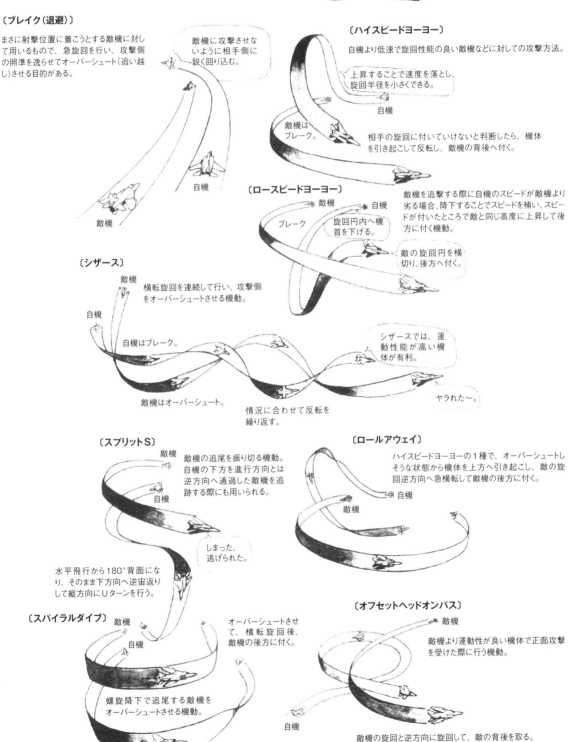

敵機に攻撃させないように相手側に鋭く回り込む。

自機

敵機

〔ハイスピードヨーヨー〕

自機より低速で旋回性能の良い敵機などに対しての攻撃方法。

上昇することで速度を落とし、旋回半径を小さくできる。

自機

敵機はブレーク。

相手の旋回に付いていけないと判断したら、機体を引き起こして反転し、敵機の背後へ付く。

〔ロースピードヨーヨー〕

敵機を追撃する際に自機のスピードが敵機より劣る場合、降下することでスピードを補い、スピードが付いたところで敵と同じ高度に上昇して後方に付く機動。

敵機

自機

ブレーク

旋回円内へ機首を下げる。

敵の旋回円を横切り、後方へ付く。

〔シザース〕

横転旋回を連続して行い、攻撃側をオーバーシュートさせる機動。

敵機

自機

自機はブレーク。

シザースでは、運動性能が高い機体が有利。

敵機はオーバーシュート。

情況に合わせて反転を繰り返す。

ヤラれた〜。

〔スプリットS〕

敵機の追尾を振り切る機動。自機の下方を進行方向とは逆方向へ通過した敵機を追跡する際にも用いられる。

敵機

自機

しまった、逃げられた。

水平飛行から180°背面になり、そのまま下方向へ逆宙返りして縦方向にUターンを行う。

〔ロールアウェイ〕

ハイスピードヨーヨーの1種で、オーバーシュートしそうな状態から機体を上方へ引き起こし、敵の旋回逆方向へ急横転して敵機の後方に付く。

自機

敵機

〔スパイラルダイブ〕

敵機

自機

オーバーシュートさせて、横転旋回後、敵機の後方に付く。

螺旋降下で追尾する敵機をオーバーシュートさせる機動。

〔オフセットヘッドオンパス〕

敵機

敵機より運動性が良い機体で正面攻撃を受けた際に行う機動。

自機

敵機の旋回と逆方向に旋回して、敵の背後を取る。

アラブ側主力戦闘機MiG-21

アラブ各国は空軍を所有していたが、地上戦力と同様に主力はエジプト空軍と
シリア空軍であった。1960年代以降、運用する航空機はソ連製が主となり、
MiG-21は主力戦闘機としてイスラエル空軍機との激闘を繰り返した。

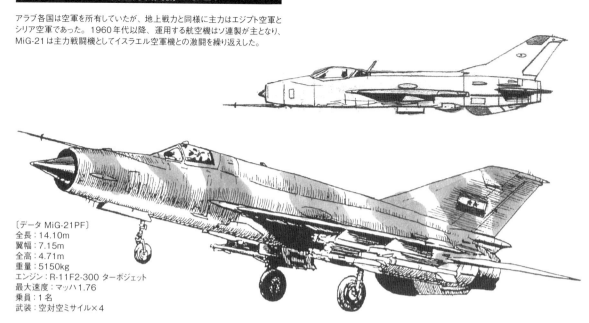

〔データ MiG-21PF〕
全長：14.10m
翼幅：7.15m
全高：4.71m
重量：5150kg
エンジン：R-11F2-300 ターボジェット
最大速度：マッハ1.76
乗員：1名
武装：空対空ミサイル×4

MiG-15からMiG-19を経て、ソ連のミコヤン・グレビッチ設計局が1959年
に開発した超音速戦闘機。冷戦期におけるソ連軍の代表的な戦闘機であり、
同盟国にも輸出された。NATO軍コードネームは「フィッシュベッド」。中東戦
争においてはエジプト、シリア、イラク空軍が運用した。MiG-21最初の空中
戦は、1967年7月14日にシリア空軍機4機がイスラエル空軍のミラージュ
4機と交戦し、MiG-21 1機が撃墜される結果で終わった。

空対空ミサイル兵装のエジプト空軍MiG-21PF。イスラエル軍
の奇襲攻撃でアラブ側の空軍戦力に大打撃を与えた第三次中
東戦争では、エジプト軍は100機ものMiG-21を失っている。

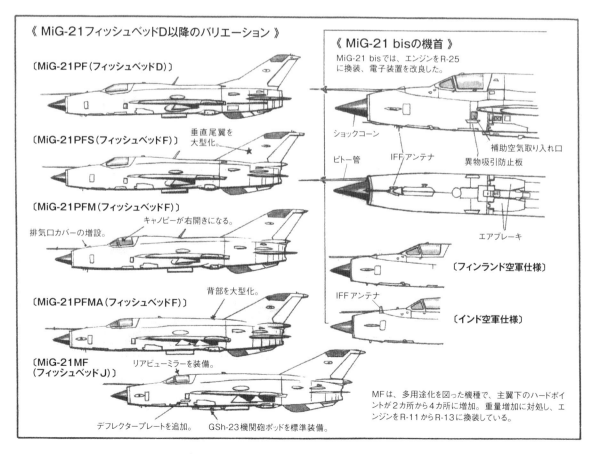

《 MiG-21フィッシュベッドD以降のバリエーション 》

〔MiG-21PF（フィッシュベッドD）〕

〔MiG-21PFS（フィッシュベッドF）〕
垂直尾翼を
大型化。

〔MiG-21PFM（フィッシュベッドF）〕
キャノピーが右開きになる。
排気口カバーの増設。

〔MiG-21PFMA（フィッシュベッドF）〕
背部を大型化。

〔MiG-21MF
（フィッシュベッドJ）〕
リアビューミラーを装備。

デフレクタープレートを追加。　GSh-23機関砲ポッドを標準装備。

《 MiG-21 bisの機首 》
MiG-21 bisでは、エンジンをR-25
に換装、電子装置を改良した。

ショックコーン
補助空気取り入れ口
ピトー管　　IFFアンテナ　異物吸引防止板

エアブレーキ

〔フィンランド空軍仕様〕

IFFアンテナ

〔インド空軍仕様〕

MFは、多用途化を図った機種で、主翼下のハードポイ
ントが2カ所から4カ所に増加。重量増加に対処し、エ
ンジンをR-11からR-13に換装している。

当初迎撃機として開発生産されたMiG-21は、ソ連空軍が採用後、全天候型
への最初の改良以降、3回にわたる大幅な改良を行い、制空戦闘機や戦闘爆
撃機など性能を向上させたバリエーションが次々に生産された。

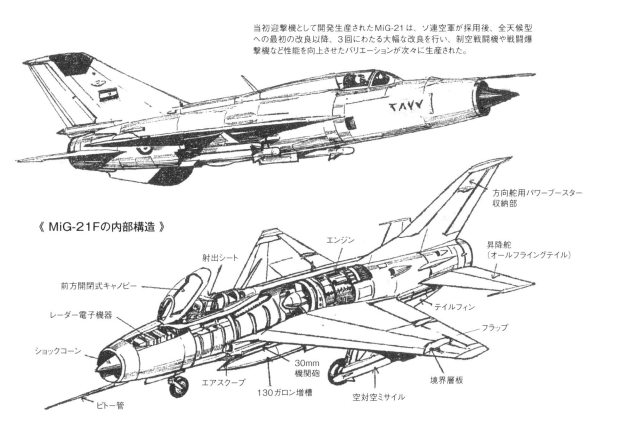

《 MiG-21Fの内部構造 》

方向舵用パワーブースター
収納部

射出シート

エンジン

昇降舵
(オールフライングテイル)

前方開閉式キャノピー

レーダー電子機器

テイルフィン

ショックコーン

フラップ

30mm
機関砲

境界層板

エアスコープ

130ガロン増槽

空対空ミサイル

ピトー管

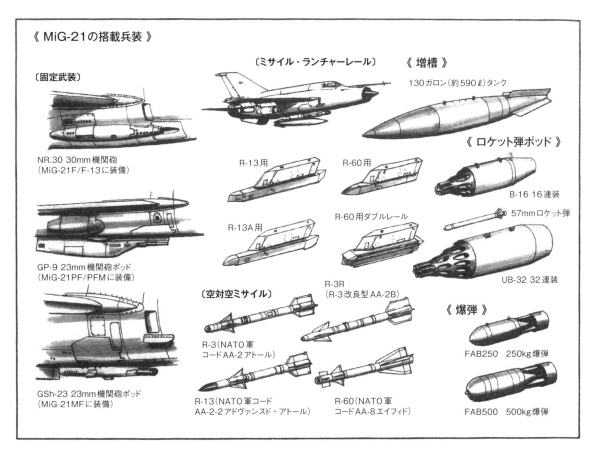

《 MiG-21の搭載兵装 》

〔ミサイル・ランチャーレール〕

《 増槽 》

〔固定武装〕

130ガロン(約590ℓ)タンク

NR.30 30mm機関砲
(MiG-21F/F-13に装備)

R-13用

R-60用

《 ロケット弾ポッド 》

B-16 16連装

R-13A用

R-60用ダブルレール

57mmロケット弾

GP-9 23mm機関砲ポッド
(MiG-21PF/PFMに装備)

UB-32 32連装

〔空対空ミサイル〕

R-3R
(R-3改良型 AA-2B)

《 爆弾 》

R-3(NATO軍
コードAA-2アトール)

FAB250 250kg爆弾

GSh-23 23mm機関砲ポッド
(MiG-21MFに装備)

R-13(NATO軍コード
AA-2-2アドヴァンスド・アトール)

R-60(NATO軍
コードAA-8エイフィド)

FAB500 500kg爆弾

その他のアラブ側ジェット戦闘機/爆撃機

〔MiG-23 フロッガー〕

MiG-21の後継戦闘機として1965年に開発された。可変翼機能を持ち、NATO
コードネームは「フロッガー」。戦闘機のM型と戦闘爆撃機B型などのバリエーション
も造られている。エジプト、シリア、イラクが1974年から導入しているが、本機を
最も多く装備したのはシリア空軍だった。同空軍は総計90機を運用しており、イス
ラエル軍のレバノン侵攻（1982年）に際しては、イスラエル空軍機と交戦している。

主翼は飛行高度と速度に合わせて
16°、45°、72°の角度に可変する。

〔データ〕
全長：16.7m
翼幅：13.97m（可変角72°）、7.78m（可変角16°）
全高：4.82m
重量：14840kg
エンジン：R-29-300ターボジェット
乗員：1名
最大速度：マッハ2.04
武装：23mm連装機関砲×1、その他空対空ミサイル、爆弾など
最大搭載量：2000kg

〔データ〕
全長：17.08m
翼幅：13.97m（可変角72°）、7.78m（可変角16°）
全高：5.0m
重量：20300kg
最大速度：マッハ1.7
エンジン：R-29-B-300アフターバーニングターボジェット
乗員：1名
武装：30mmガトリング砲×1、または23mm機関砲×1、
その他、対空ミサイル、ロケット弾、爆弾など
最大搭載量：4000kg

〔MiG-27 フロッガー〕

MiG-23をベースに開発された戦闘爆撃機。発展・改良型のMiG-23BMとして1973年
から生産が開始されるが、1975年2月に名称がMiG-27に改められた。

〔MiG-25 フォックスバット〕

アメリカ軍の爆撃機や偵察機に対応するため、高高度、高速性能を備えた超音速迎撃戦闘機として1959
年より開発（同時に偵察型も開発している）が始まり、試作機の初飛行を経て、1970年に空軍に配備され
た。NATO軍コードネームは「フォックスバット」。エジプト、シリア、イラクが1970年代前半に導入し、
エジプト空軍は第四次中東戦争、シリア空軍はレバノン侵攻時に本機を戦闘に投入している。

〔データ〕
全長：23.82m
翼幅：14.01m
全高：6.1m
重量：20000kg
エンジン：R-15B-300 アフターバーニン
グターボジェットエンジン×2
最大速度：マッハ3.2
乗員：1名
武装：空対空ミサイル×4〜6

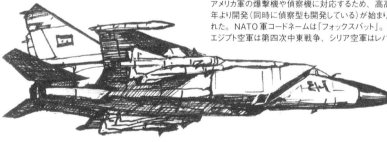

〔データ〕
全長：17.32m
翼幅：11.36m
全高：4.73m
重量：11000 kg
エンジン：RD-33アフターバーナーターボファンエンジン×2
最大速度：マッハ2.3以上
乗員：1名
武装：30mm機関砲×1、その他、空対空ミサイル、ロケット弾、爆弾など
最大搭載量：4000kg

〔MiG-29 フルクラム〕

アメリカ軍のF-14やF-15に対抗するため、ソ連が1983年に導入した戦
闘機。当初は制空戦闘機として開発が始まったが、空中戦以外にも対地攻
撃などにも対応する多用途戦闘機として運用されている。NATOコードネーム
は「フルクラム」。シリア空軍とイラク空軍が1980年代に導入している。

〔スホーイSu-7 フィッター〕

ソ連が1955年に開発した超音速戦闘機。低空で
の高速飛行に特化した戦闘機として設計されたが、
性能不足のため後に戦闘爆撃機として運用された。
NATOコードネームは「フィッター」。エジプト空軍が
第三次／第四次中東戦争、シリア空軍が第四次中
東戦争で運用した。

〔データ〕
全長：16.8m
翼幅：9.31m
全高：4.99m
重量：8940kg
エンジン：AL-7F1-100 ターボジェットエンジン
最大速度マッハ1.74
乗員：1名
武装：30mm機関砲×2、その他、通常爆弾、ロケッ
ト弾など
最大搭載量：2000kg

〔データ〕
全長：19.02m
翼幅：10.02m（可変角30°）、13.68m
（可変角63°）
全高：5.12m
重量：1万2160kg
エンジン：クレイドル AL-21F-3
乗員：1名
最大速度：マッハ1.7
武装：30mm機関砲×2、その他、空
対空ミサイル、対レーダーミサイルなど
最大搭載量：4000kg

〔スホーイSu-20/Su-22 フィッター〕

Su-20/Su-22は、Su-7の後継として開発されたSu-17戦闘爆撃機の輸出モデルで、NATOコードネー
ムはベースとなったSu-7と同じ「フィッター」。MiG-23と同時期に開発されたことから、主翼は可変翼
が採用されている。エジプト空軍（Su-17/Su-20）は第四次中東戦争、シリア空軍（Su-20/Su-22）は
第四次中東戦争とレバノン侵攻時にイスラエル軍に対する爆撃に本機を使用している。

〔ツポレフTu-16 バジャー〕

1954年に実戦配備されたソ連軍初のジェット爆撃機。NATO軍コードネームは「バジャー」。通常爆弾や核爆弾の他、
対艦ミサイルを運用するミサイル爆撃機型も生産された。エジプト空軍は第三次中東戦争前にTu-16を25機保有し
ていたが、開戦後、イスラエルの基地攻撃によって23機を失っている。その後、ソ連から補充し、第四次中東戦
争の際には32機を保有し、Tu-16の部隊は通常爆撃や巡航ミサイルなどでイスラエル軍拠点への攻撃を行ってる。

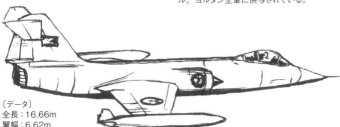

〔データ〕
全長：34.8m
翼幅：32.98m
全高：10.35m
重量：3万7200kg
エンジン：TRD AM-3、RD-3Mまたは
RD-3M-500×2
乗員：6～7名
最大速度：1050km/h
武装：23mm機関砲×6～7、その他、
通常爆弾、機上発射対艦ミサイルなど
最大搭載量：9000kg（推定）

〔ノースロップF-5E タイガー II〕

アメリカのノースロップ社が開発した輸出向
け小型ジェット戦闘機F-5A/Bの改良モデ
ル。ヨルダン空軍に供与されている。

〔データ〕
全長：16.66m
翼幅：6.62m
全高：4.11
重量：11720kg
最大速度：マッハ2
エンジン：J79ターボジェット
乗員：1名
武装：20mmバルカン砲×1、空対空ミサイル、
ロケット弾など
最大積載量：1800kg

〔ロッキードF-104A スターファイター〕

最高速度マッハ2級の全天候型超音速機として
ロッキード社が開発した制空戦闘機。1967年に
アメリカからヨルダンに単座戦闘機型F-104A 29
機と複座練習機型F-104B 4機が供与された。

〔データ〕
全長：14.68m
翼幅：8.13m
全高：4.077m
重量：4347kg
エンジン：J85-GE-21ターボジェット×2
乗員：1名
最大速度：マッハ1.63
武装：20mm機関砲×2、空対空ミサイル、空対地
ミサイルなど
最大積載量：3200kg

輸送機

《 イスラエル軍 》

〔ノール・ノラトラ〕
双発双胴のフランス製軍用輸送機。1955～1962年にかけてフランスおよび西ドイツから合計20機程を輸入している。乗員は4～5名、貨物スペースには兵員45名、空挺隊員36名、傷病兵18名、または最大8.5tの貨物を搭載可能。

〔ボーイング377ストラトクルーザー〕
ノラトラより大型の輸送機を必要としたイスラエルが、パンアメリカン航空で使用していた中古のストラトクルーザー10機を1961年に購入、輸送機と空中給油機に改造して使用した。その後、アメリカからKC-97空中給油機も9機購入している。輸送型は兵員134名、負傷兵69名(担架)、最大搭載量は16tで、2t半トラックなどの車両も積載可能だった。給油型の燃料搭載量は34000ℓ。

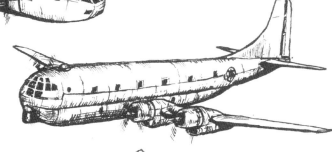

〔ロッキードC-130ハーキュリーズ〕
アメリカ軍を始め、各国で使用されている軍用輸送機ハーキュリーズをイスラエルは1971年から導入した。陸軍はH型、空軍はE型を運用している。1976年7月の「エンテベ作戦」では、人質救出の特殊部隊と人質の輸送に使用された。乗員は5名、兵員92名、空挺隊員64名、最大搭載量は19tになり、M113装甲車2両、ハンビー2～3両などの車両の輸送もできる。

《 アラブ諸国軍 》

〔アントノフAn-26〕
1969年から生産されたソ連製の双発軍用輸送機。胴体後部に貨物ドアが設置されているため、小型車両の輸送も可能。シリア、イラク、イエメン各軍やパレスチナ自治政府が使用している。乗員5名の他、兵員39名、空挺兵30名が搭乗できる、最大積載量は5.5t。

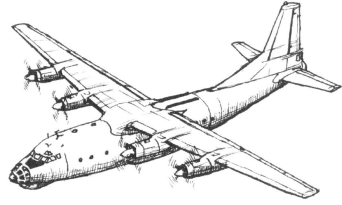

〔アントノフAn-12〕
An-10旅客機を改良した軍用輸送機。1959年にソ連軍に配備され、1972年まで生産された。機体後部には23mm機関砲2門を搭載可能という特徴を持つ。イスラエルの周辺国ではエジプト、シリア、ヨルダンが運用した。乗員は5名、最大積載量は20tで兵員90名、空挺隊員60名の輸送が可能である。

〔パイパー L-4〕
アメリカのパイパー・エアクラフト社製 J-3 パイパーカブの
軍用型。本機はハガナー航空部隊からイスラエル空軍
が引き続いで運用し、砲兵の観測や連絡用に使われた。

〔ドルニエ Do28〕
1959 年に西ドイツで開発された双発多用途機。イスラ
エル空軍は 1971 年から輸送飛行隊で運用している。

〔フーガ CM.170 マジステール〕
1950 年後半に開発されたフランス製のジェット練習機。イスラエ
ルは 1959 〜 1964 年までライセンス生産を行った。練習機として
パイロットの育成に運用されていたが、第三次中東戦争ではロケッ
ト弾や爆弾を搭載して、近接支援攻撃を行っている。

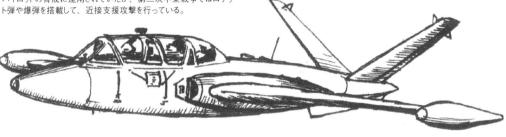

〔マクドネル・ダグラス RF-4E〕
F-4E に偵察用 KS-87 カメラや、ASS-18A
赤外線偵察装置、ALQ-125 戦術電子偵察
装置などを搭載した偵察型。

〔グラマン E-2C ホークアイ〕
イスラエルが 1981 年に 4 機導入した
戦術空中早期警戒機。1982 年のレ
バノン侵攻ではシリア戦線ベッカー高原
の航空戦において情報収集と攻撃隊
の航空管制に活躍した。エジプト軍も
1985 年にアメリカから購入して現在も
改良型の運用が続いている。

〔シコルスキー S-58〕
イスラエル軍が1958年に導入した多用途輸送ヘリコプター。1967年の第三次中東戦争では空挺部隊を敵後方に輸送するヘリボーン作戦を行った。
乗員：2名、兵員：18名、最大搭載量：1700kg。

ヘリコプター

《 イスラエル軍 》

イスラエル軍によるヘリコプター運用は、1951年5月にアメリカから輸入した2機のヒラー360ヘリコプターから始まる。ヘリコプターはメーカーが限られるため、導入当初からアメリカ製が多い。

〔ベル205〕
第三次中東戦争後、S-58に替わり1968年に採用されたベル205（UH-1）。当時、アメリカからの兵器輸入が制限されていたことから、軍用のUH-1ではなく民間型の本機を入手した。
乗員：2～4名、兵員：11～14名、最大積載量：1760kg。

〔ベル212〕
ベル205の後継機として1975年6月に導入。翌年までに64機が導入された。本機も軍用型のUH-1Nではなく民間モデルを輸入後、イスラエルで軍用仕様に改装している。
乗員：2～4名、兵員：6～8名、最大積載量：2268kg。

〔SA 342Mガゼル〕
フランス軍の要求によりフランスのシュド・アビアシオン社（後のアエロスパシアル社）が開発した小型汎用ヘリコプター。イスラエル軍は、1982年のレバノン侵攻の際にシリア軍から鹵獲した機体を整備し、テスト運用した。乗員：2名。

〔シコルスキー CH-53シースタリオン〕
アメリカのシコルスキー社が開発した大型輸送ヘリコプター。イスラエル軍は1969年に導入を始めた。第四次中東戦争では、1973年10月22日にヘルモン山のシリア軍前哨基地占領に参加する空挺部隊の移送に使用された。
乗員：2～4名、兵員：55名、最大積載量：3630kg。

〔ベル 206 ジェット レンジャー〕
イスラエル軍は、1971 ～ 1973 年にかけて、イタリアのア
グスタでライセンス生産されていた AB206A を購入し、パイ
ロット訓練、観測、連絡などの任務に使用している。
乗員：1 ～ 2 名、兵員：4 名。

〔SA-321K シュペルフルロン〕
1960 年代初期にフランスで開発・設計された大型輸送ヘリコプター。イスラ
エル軍は 1966 年に導入し、第三次／第四次中東戦争で運用している。
乗員：3 名、兵員：27 名、最大積載量：3630kg。

〔ヒューズ 500M ディフェンダー〕
ベトナム戦争で活躍したアメリカ陸軍の
OH-6 観測ヘリコプターをベースに開発さ
れた小型多用途ヘリコプター。イスラエ
ル軍は AH-1 の不足を補うため、1979
年に TOW 対戦車ミサイルランチャー搭
載の 30 機を調達して装備した。
乗員：2 名、武装：TOW 対戦車ミサイ
ル×4。

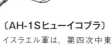

〔AH-1S ヒューイコブラ〕
イスラエル軍は、第四次中東
戦争の経験から対戦車ヘリコプ
ターの必要性を認め、ベトナム
戦争での実績があるアメリカ陸
軍の AH-1 対戦車ヘリコプター
の導入を決定し、1977 年から
配備を開始した。1982 年のレ
バノン侵攻作戦では、搭載する
TOW 対戦車ミサイルの攻撃で
T-72 戦車など 29 両を破壊する
戦果を挙げている。
乗員：2 人、武装：20mm ガト
リング砲×1、対戦車ミサイル×
8 発など。

《 エジプト軍 》

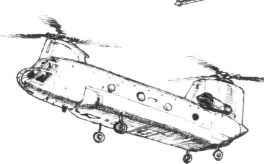

〔CH-47C チヌーク〕
ボーイング・バートル社が開発した大型輸送ヘリコプター。1962
年 8 月から量産が始まり、アメリカのみならず、多くの国に輸出さ
れた。CH-47C は、イタリアのエリコッテリ・メリディオナーリ社による
ライセンス生産が行われており、エジプト空軍はそのイタリア製 CH-
47C を 15 機購入し、運用している。
乗員：3 名、兵員：33 ～ 55 名。

〔S-61 シーキング〕
シコルスキー・エアクラフト社が開発した大型ヘリコプター。エジプト軍は 1970
年代にアメリカ製の S-61 と英国ウエストランド社のライセンス生産型で海上哨戒
機型シーキング Mk.7 および輸送機型のコマンド Mk.1/Mk.2 を合わせて約 55
機導入している。
乗員：2 名、兵員：30 名。

《 ミルMi-24ハインドのバリエーション 》

1972年にソ連軍が採用した大型攻撃ヘリコプター。NATOコードネーム「ハインド」の名でも広く知られている。対地／対戦車攻撃を行うため、キャノピーの一部やコクピットは防弾仕様で設計されている。また、ハインドは重武装の他に輸送能力も兼ね備えており、機体後部のキャビンには人員8名または最大2.4tの貨物などが積載可能である。現在の中東地域ではエジプト軍、シリア軍、イラン軍、レバノン軍などが装備している。

〔Mi-24A（ハインドA）〕
エンジンは、Mi-8の駆動系を利用して開発された。

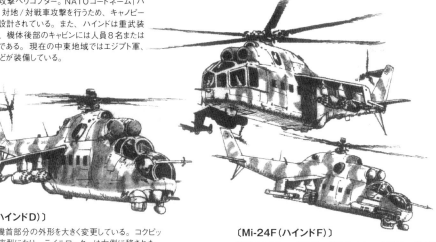

〔Mi-24D（ハインドD）〕
A型を改良し、機首部分の外形を大きく変更している。コクピットはタンデム複座型になり、テイルローターは左側に移された。

〔Mi-24F（ハインドF）〕
機首の12.7mm機関銃に替わり、30mm機関砲2門を装備。

《 Mi-24Dの搭載兵装 》

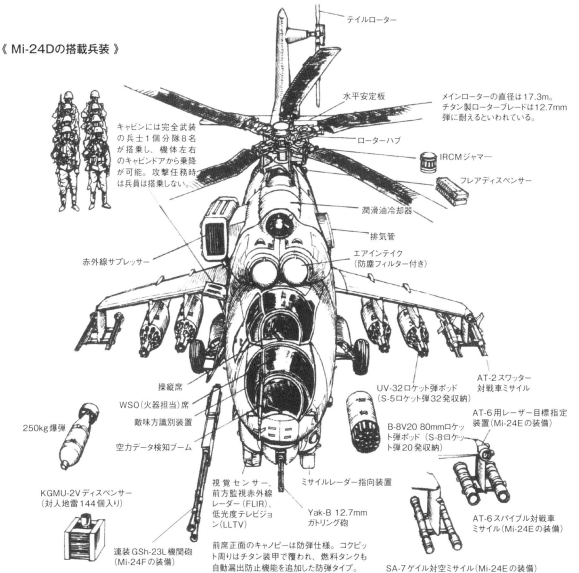

テイルローター

水平安定板

メインローターの直径は17.3m。チタン製ローターブレードは12.7mm弾に耐えるといわれている。

ローターハブ

IRCMジャマー

フレアディスペンサー

キャビンには完全武装の兵士1個分隊8名が搭乗し、機体左右のキャビンドアから乗降が可能。攻撃任務時は兵員は搭乗しない。

潤滑油冷却器

排気管

エアインテイク（防塵フィルター付き）

赤外線サプレッサー

操縦席

WSO（火器担当）席

敵味方識別装置

空力データ検知ブーム

250kg爆弾

UV-32ロケット弾ポッド（S-5ロケット弾32発収納）

AT-2スワッター対戦車ミサイル

AT-6用レーザー目標指定装置（Mi-24Eの装備）

B-8V20 80mmロケット弾ポッド（S-8ロケット弾20発収納）

KGMU-2Vディスペンサー（対人地雷144個入り）

視覚センサー、前方監視赤外線レーダー（FLIR）、低光度テレビジョン（LLTV）

ミサイルレーダー指向装置

Yak-B 12.7mmガトリング砲

AT-6スパイブル対戦車ミサイル（Mi-24Eの装備）

連装GSh-23L機関砲（Mi-24Fの装備）

前席正面のキャノピーは防弾仕様。コクピット周りはチタン装甲で覆われ、燃料タンクも自動漏出防止機能を追加した防弾タイプ。

SA-7ゲイル対空ミサイル（Mi-24Eの装備）

《 ミルMi-8ヒップのバリエーション 》

ソ連軍の多用途ヘリコプター主力モデル。侵攻輸送型から攻撃型まで複数のバリエーションが造られており、エジプト軍は1968年から現在も運用を続けている。

〔Mi-8ヒップB〕
試作型。A型は単発エンジンだった。

〔Mi-8ヒップE〕
兵員38名が搭乗可能。

〔Mi-14ヘイズ〕
Mi-8をベースに造られたソ連海軍仕様。胴体下部は船底型をしており、着水も可能だ。

エアインテイクに防塵フィルター装備。

テールローターを右側に変更。

〔Mi-8ヒップC〕
胴体左右の兵装搭載パイロンにはロケット弾ポッドの他にAT-2スワッター対戦車ミサイルの搭載も可能。機首に12.7mm機関銃を搭載。

〔Mi-17ヒップH〕
Mi-8の発展改良型。エンジンを換装して出力をアップしている。機首に12.7mm機関銃を装備。

〔Mi-4ハウンド〕
1952年にソ連軍が採用した中型輸送ヘリコプター。兵員8〜12名を輸送できる。イラストの攻撃型Mi-4AVは、機体下部に12.7mm機関銃ポッドを装備している。

《 その他の輸送ヘリコプター 》

小型で小回りの利くMi-2は、連絡任務などにも使用された。

〔Mi-6フック〕
多目的大型輸送ヘリコプター。メインローターの直径は35m。搭乗員61名、貨物は最大12t搭載可能。

〔Mi-2ポプライト〕
ソ連で設計・開発され、ポーランドで製造された小型汎用ヘリコプター。パイロット1名の他に乗員8名、または貨物700kgを搭載可能。

エジプト軍の対空兵器

1973年の第四次中東戦争では、イスラエル軍の航空戦力に対抗するため、エジプト軍は航空機だけでなく対空兵器の強化に努めた。そして、ソ連から提供された最新の地対空ミサイルと高射機関砲を組み合わせた強力な防空網を構築してイスラエル空軍を迎え撃ち、多大な損害を与えたのだった。

対空ミサイルを避けて低高度を飛行するイスラエル軍航空機に対して、エジプト軍は高射機関砲を活用し、対地攻撃を阻止している。

エジプト軍の防空網

射程の違う対空兵器を組み合わせて、防空網を構成していた。

〔S-75〕
中/高高度用、
有効高度：1500～24000m

〔S-125〕
低/中高度用、
有効高度：300
～15000m

〔2K12〕
低高度用、
200～
13000m

〔ZSU-23〕
近距離用、
有効高度：2000m

〔9K32 携帯式対空ミサイル〕
近距離用、有効高度：3600m

エジプト軍の対空兵器

〔データ〕
口径：23mm
弾薬：23×152mmB弾
装弾数：ベルト給弾50発
重量：1.8t
有効射程：2000m（地上）、1400m（高度）
発射速度：400発/分

〔ZU-23-2 23mm連装機関砲〕
ソ連軍が1960年に制式採用した対空用の23mm連装機関砲。エジプトはライセンス生産を行っている。

《 牽引式対空機関砲 》

ミサイルサイトや対空レーダーを低空攻撃する敵機に対しては、機関砲で対応した。

〔データ〕
口径：57mm
弾薬：57×348mm SR弾
装弾数：クリップ4発
重量：4.66t
有効射程：4000m
（光学照準）、6000m
（レーダー照準）
発射速度：120発/分

〔AZP S-60 57mm対空機関砲〕
射撃管制装置と対空レーダーを組み合わせたシステム運用が可能な低/中高度用高射機関砲。レーダー管制射撃装置の組み合せにより、同一目標に対して最大8門の管制射撃が行えた。

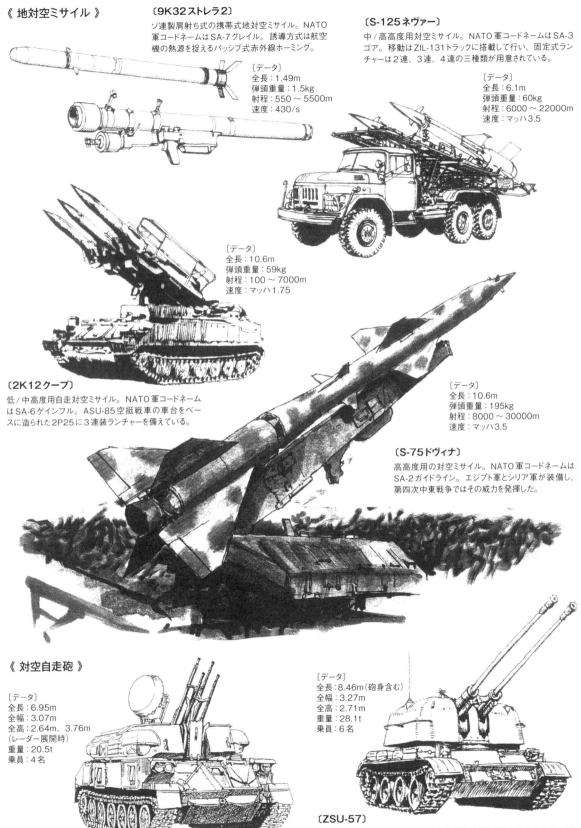

《 地対空ミサイル 》

〔9K32ストレラ2〕
ソ連製肩射ち式の携帯式地対空ミサイル。NATO
軍コードネームはSA-7グレイル。誘導方式は航空
機の熱源を捉えるパッシブ式赤外線ホーミング。

〔データ〕
全長：1.49m
弾頭重量：1.5kg
射程：550 〜 5500m
速度：430/s

〔S-125ネヴァー〕
中／高高度用対空ミサイル。NATO軍コードネームはSA-3
ゴア。移動はZIL-131トラックに搭載して行い、固定式ラン
チャーは2連、3連、4連の三種類が用意されている。

〔データ〕
全長：6.1m
弾頭重量：60kg
射程：6000 〜 22000m
速度：マッハ3.5

〔データ〕
全長：10.6m
弾頭重量：59kg
射程：100 〜 7000m
速度：マッハ1.75

〔2K12クープ〕
低／中高度用自走対空ミサイル。NATO軍コードネーム
はSA-6ゲインフル。ASU-85空挺戦車の車台をベー
スに造られた2P25に3連装ランチャーを備えている。

〔データ〕
全長：10.6m
弾頭重量：195kg
射程：8000 〜 30000m
速度：マッハ3.5

〔S-75ドヴィナ〕
高高度用の対空ミサイル。NATO軍コードネームは
SA-2ガイドライン。エジプト軍とシリア軍が装備し、
第四次中東戦争ではその威力を発揮した。

《 対空自走砲 》

〔データ〕
全長：6.95m
全幅：3.07m
全高：2.64m、3.76m
（レーダー展開時）
重量：20.5t
乗員：4名

〔データ〕
全長：8.46m（砲身含む）
全幅：3.27m
全高：2.71m
重量：28.1t
乗員：6名

〔ZSU-23-4シルカ〕
ソ連が高速化するジェット機に対応するためZSU-57の後継として、1957
年に開発した対空自走砲。NATO軍コードネームはB-76ガンディッシュ。
AZP-85 23mm4連装機関砲と索敵・追尾レーダー1基を搭載する。

〔ZSU-57〕
オープントップ式の砲塔に57mm連装機関砲を搭載した対空自走砲。車
体はT-54戦車をベースに設計された。エジプト軍は1962 〜 1963年に
かけて100両をソ連から輸入している。57mm機関砲の威力は強力だっ
たが、レーダーを装備しておらず、連射速度も遅いことからジェット機に対する
射撃では命中精度が低かった。

イスラエル空軍の対地攻撃

1982年6月9日に行われたベッカー高原のシリア軍防空網制圧「モールクリケット19作戦」に投入されたイスラエル空軍機。

対地攻撃に使用されたイスラエル空軍機

E-2Cホークアイ
早期警戒機として、航空作戦の空域を監視。

〔F-15Aイーグル単座戦闘機〕
攻撃隊の上空掩護にあたった。

〔F-16Aファイティングファルコン〕
攻撃機の援護および地対空ミサイルサイト攻撃。イスラエル空軍での愛称は「ネッツ」。

〔RF-4EファントムII〕
F-4Eをベースとし、機首内部に偵察機器を搭載した偵察機型。

〔IAI クフィルC2〕
攻撃隊の上空掩護と対地攻撃を担った。

〔A-4スカイホーク〕
地対空ミサイルサイトの攻撃前にPLOの拠点を攻撃。イスラエル空軍での愛称は「アヒト」。

〔F-4EファントムII〕
対レーダーミサイルを搭載して地対空ミサイルサイトを攻撃。

イスラエル空軍の対SAM戦術

《 レーダー誘導式SAM（S-75/S-125）への対抗 》

S-75またはS-125の対空レーダーによるロックオンを感知すると、パイロットに警報を発する。

ECMポッドによりミサイル誘導電波をジャミング（妨害）する。

チャフを散布してレーダー反射を攪乱させる。

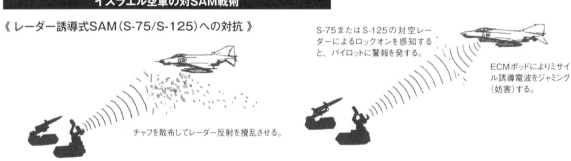

《 熱線ホーミング式SAM（2K12）への対抗 》

偵察ヘリコプターがSA-6の発射を監視し、発射を確認すると、味方の攻撃機に警報を発する。

急旋回などを行い、ミサイルを避ける。

フレアを発射して熱源ホーミングを欺瞞する。

発射前の2K12に対し、急降下で接近し、攻撃する。

2K12は、発射時に低い弾道を描くので急降下攻撃に対して反撃できない。

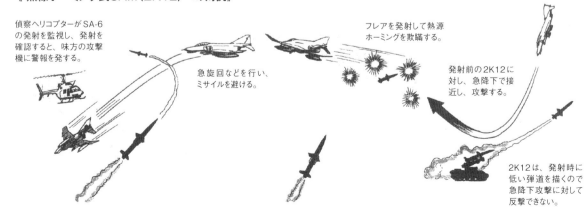

《 F-4EによるSAMサイト攻撃 》

SAM攻撃には、AGM-65マーベリック空対地ミサイルやAGM-45シュライク対レーダーミサイルを装備したF-4EファントムⅡが使われた。

シリア軍の地対空ミサイル（SAM）サイトへの攻撃は、次のような手順で行われた。
①目標を無人偵察機やE-2Cで監視し、最新情報を攻撃部隊へ伝達する。
②航空攻撃の前に、長距離砲と対地ミサイルでサイトを攻撃する。
③ECMでシリア軍のレーダーを妨害する。
④それと同時に航空隊が直接ミサイル攻撃を行う。
この作戦では19カ所を攻撃して、17カ所の破壊に成功した。

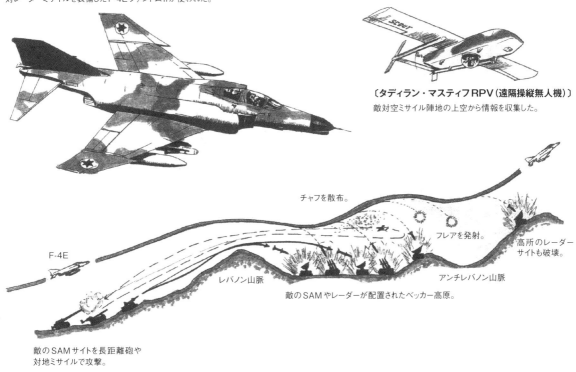

〔タディラン・マスティフRPV（遠隔操縦無人機）〕
敵対空ミサイル陣地の上空から情報を収集した。

チャフを散布。

フレアを発射。

高所のレーダーサイトも破壊。

F-4E

レバノン山脈

アンチレバノン山脈

敵のSAMやレーダーが配置されたベッカー高原。

敵のSAMサイトを長距離砲や対地ミサイルで攻撃。

《 クフィルC2によるSAMサイト攻撃 》

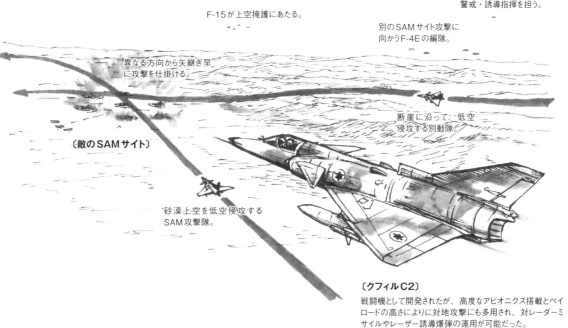

F-15が上空掩護にあたる。

上空では、E-2Cホークアイが警戒・誘導指揮を担う。

別のSAMサイト攻撃に向かうF-4Eの編隊。

異なる方向から矢継ぎ早に攻撃を仕掛ける。

断崖に沿って低空侵攻する別動隊。

〔敵のSAMサイト〕

砂漠上空を低空侵攻するSAM攻撃隊。

〔クフィルC2〕
戦闘機として開発されたが、高度なアビオニクス搭載とペイロードの高さにより対地攻撃にも多用され、対レーダーミサイルやレーザー誘導爆弾の運用が可能だった。

艦対艦ミサイルの活躍

エジプト海軍の大戦果

中東戦争における海での戦いは小規模なものだったが、対艦ミサイルの活躍で世界から注目された。対艦誘導弾は、既に第二次大戦ドイツで実用化され、Hs293、フリッツⅩといった空対艦誘導爆弾による敵艦の攻撃や撃沈を記録していたが、艦対艦ミサイルの実戦投入および敵艦撃沈はこの中東戦争が初となった。第3次中東戦争（六日戦争）の数カ月後、陸戦では惨敗続きだったエジプト軍の士気を一気に鼓舞したのが、エジプト海軍のミサイル艇2隻によるイスラエル海軍駆逐艦の撃沈である。それは、初めて艦対艦ミサイルが実戦で使用され、敵艦を撃沈したという海戦史に残るほどの大戦果だった。

《 SS-N-2スティクス艦対艦ミサイル 》

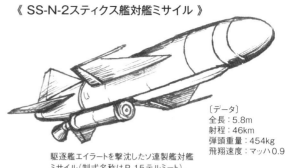

〔データ〕
全長：5.8m
射程：46km
弾頭重量：454kg
飛翔速度：マッハ0.9

駆逐艦エイラートを撃沈したソ連製艦対艦ミサイル（制式名称はP-15テルミート）。

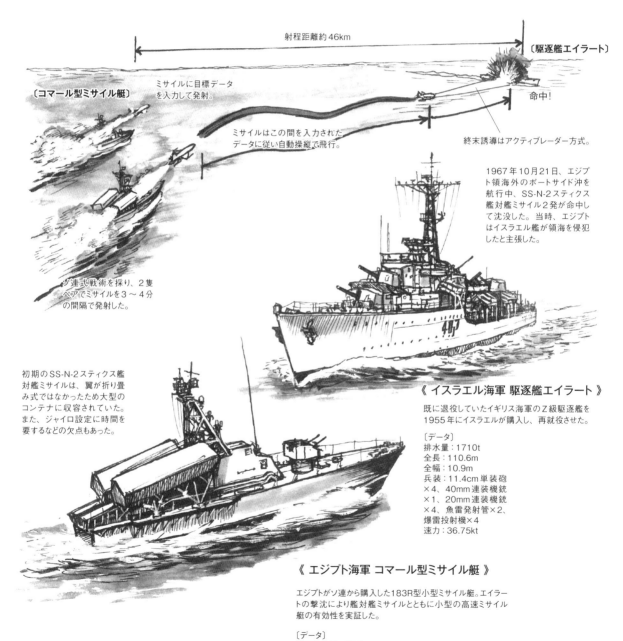

射程距離約46km

〔駆逐艦エイラート〕

〔コマール型ミサイル艇〕

ミサイルに目標データを入力して発射。

命中！

ミサイルはこの間を入力されたデータに従い自動操縦で飛行。

終末誘導はアクティブレーダー方式。

ソ連式戦術を採り、2隻ペアでミサイルを3～4分の間隔で発射した。

1967年10月21日、エジプト領海外のポートサイド沖を航行中、SS-N-2スティクス艦対艦ミサイル2発が命中して沈没した。当時、エジプトはイスラエル艦が領海を侵犯したと主張した。

初期のSS-N-2スティクス艦対艦ミサイルは、翼が折り畳み式ではなかったため大型のコンテナに収容されていた。また、ジャイロ設定に時間を要するなどの欠点もあった。

《 イスラエル海軍 駆逐艦エイラート 》

既に退役していたイギリス海軍のＺ級駆逐艦を1955年にイスラエルが購入し、再就役させた。

〔データ〕
排水量：1710t
全長：110.6m
全幅：10.9m
兵装：11.4cm単装砲×4、40mm連装機銃×1、20mm連装機銃×4、魚雷発射管×2、爆雷投射機×4
速力：36.75kt

《 エジプト海軍 コマール型ミサイル艇 》

エジプトがソ連から購入した183R型小型ミサイル艇。エイラートの撃沈により艦対艦ミサイルとともに小型の高速ミサイル艇の有効性を実証した。

〔データ〕
満載排水量：66.5t
全長：25.4m
全幅：6.24m
兵装：25mm連装機関砲×1、12.7mm機関銃×1、SS-N-2艦対艦ミサイル×2
速力：44kt

ラタキア沖海戦

第四次中東戦争勃発の10月6〜7日、ラタキア沖の海上でイスラエル海軍艇5隻とシリア海軍艇3隻が遭遇。イスラエル海軍艇は艦対艦ミサイルによる攻撃と砲撃により、それらシリア海軍艇を撃沈した。さらに発見したシリア海軍の掃海艇と魚雷艇も撃沈し、イスラエル側の完勝で終わった。

《 ガブリエル艦対艦ミサイル 》

イスラエルが1960年代半ばから開発に着手した国産の艦対艦ミサイル。

〔データ〕
全長：3.35m
射程：20km以上
弾頭重量：180kg
飛翔速度：マッハ0.65

《 ラタキア沖海戦の推移 》

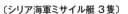

〔シリア海軍ミサイル艇 3隻〕
コマール型2隻、オーサ型1隻

ラタキア

ミサイルを発射。

ミサイルを発射。

シリア海軍艇がミサイル発射

シリア海軍の掃海艇、魚雷艇を撃沈。

シリア海軍艇を捕捉。

オーサ型撃沈。

コマール型撃沈。

コマール型撃沈。

イスラエル海軍艇の航路。

〔イスラエル海軍ミサイル艇〕
サールⅡ/Ⅲ型とサールⅣ型（レシェフ級）計5隻

《 イスラエル海軍ミサイル艇 》

〔サールⅣ型（レシェフ級）〕

〔データ〕
満載排水量：450t
全長：58.1m
全幅：7.6m
兵装：76mm単装速射砲×1、20mm単装機関砲×1、12.7mm単装機銃×2、ガブリエル艦対艦ミサイル×6発
速力：32kt

西ドイツ・リュールセン社が設計した大型ミサイル艇をベースにしており、サールⅡ/Ⅲ型より大きい。

〔サールⅡ/Ⅲ型〕

〔データ〕
満載排水量：250t
全長：45.0m
全幅：7.0m
兵装：40mm単装機関砲×2、12.7mm単装機銃×2、ガブリエル艦対艦ミサイル×5発
速力：40kt

リュールセン社設計のヤグアル級をベースとした拡大改良型。政治的な理由で建造はフランスCMN社が行った。

ダミエッタ/バルティム沖海戦

ラタキア沖海戦の翌日の1973年10月8〜9日、今度はイスラエル海軍のミサイル艇6隻とエジプト海軍のミサイル艇4隻との間で海戦が生じた。エジプト側は12発のSS-N-2スティクス艦対艦ミサイルを発射したが、イスラエル側の電子妨害や欺瞞装置、チャフの使用によりそれらは命中しなかった。一方、イスラエル側は自軍のガブリエル艦対艦ミサイルの射程が敵ミサイルの半分ほどの射程しかなかったにもかかわらず、巧みな接近戦術を駆使し、エジプト海軍艇すべてを撃沈している。

《 ダミエッタ/バルティム沖海戦の推移 》

オーサ型撃沈。

オーサ型がミサイル発射。

イスラエル海軍艇がミサイル発射。

〔イスラエル海軍ミサイル艇〕

〔エジプト海軍 ミサイル艇〕

オーサ型4隻

イスラエル海軍艇がミサイル発射。

オーサ型がミサイル発射。

〔イスラエル海軍ミサイル艇〕
上はサールⅣ型×2隻
中央はサールⅠ型×1隻、サールⅡ型×1隻
下はサールⅢ型×2隻

バルティム

オーサ型撃沈。

オーサ型撃沈。

イスラエル海軍艇が砲撃。

イスラエル海軍艇がミサイル発射。

ダミエッタ

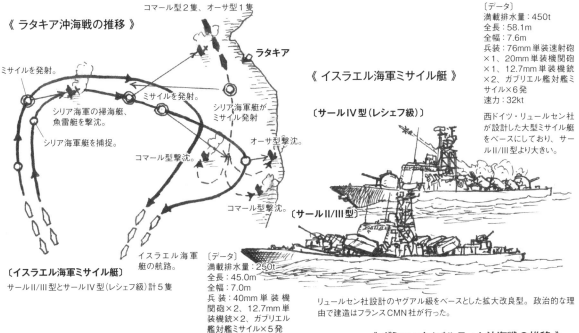

〔オーサ型〕
1950年代にソ連で開発された205型大型ミサイル艇。第三次/第四次中東戦争においてシリア海軍とエジプト海軍で運用された。

〔データ〕
満載排水量：210t
全長：37.5m
全幅：7.64m
兵装：AK-230 30mm連装機関砲システム×2、SS-N-2スティクス艦対艦ミサイル×4発、9K32ストレラ2携帯式対空ミサイル×16発
速力：38kt

《 エジプト海軍 ミサイル艇 》

【図解】中東戦争

■作画 上田 信
■解説 沼田和人

編集　　　塩飽昌嗣
デザイン　今西スグル
　　　　　〔株式会社リパブリック〕

2023 年 11 月 10 日　初版発行
発行者　　　福本皇祐
発行所　　　株式会社 新紀元社
〒 101-0054 東京都千代田区神田錦町 1-7 錦町一丁目ビル 2F
Tel 03-3219-0921　FAX 03-3219-0922
smf@shinkigensha.co.jp
http://www.shinkigensha.co.jp/
郵便振替　00110-4-27618
印刷・製本　中央精版印刷株式会社

ISBN978-4-7753-2109-6
定価はカバーに表記してあります。
©2023　SHINKIGENSHA Co Ltd　Printed in Japan
本誌掲載の記事・写真の無断転載を禁じます。